品牌智慧

◎唐仁承 著

上海远东出版社

图书在版编目（CIP）数据

品牌智慧 / 唐仁承著. --上海：上海远东出版社，
2021

ISBN 978-7-5476-1721-2

Ⅰ.①品… Ⅱ.①唐… Ⅲ.①企业管理—品牌战略—
研究—中国 Ⅳ.①F279.23

中国版本图书馆 CIP 数据核字(2021)第 139037 号

责任编辑 陈占宏
封面设计 叶青峰

品牌智慧

唐仁承 著

出 版 **上海遠東出版社**
（200235 中国上海市钦州南路 81 号）
发 行 上海人民出版社发行中心
印 刷 上海文艺大一印刷有限公司
开 本 890×1240 1/32
印 张 11
字 数 256,000
版 次 2021 年 8 月第 1 版
印 次 2021 年 8 月第 1 次印刷
ISBN 978-7-5476-1721-2/F·674
定 价 48.00 元

献给培育我的上海轻工业

序

品牌的智慧价值

唐仁承先生是我认识近 40 年的老友，他长期在上海轻工业系统担任企业负责人，我则在上海高校中任教。他几十年来孜孜以求办好企业，建构卓越的上海品牌；我在高校内讲课，著述立说。1995 年，有上海企业家建议我开设品牌研究课程，我有邵隆图、唐仁承等不少闻名上海的品牌研究者和经营者，就一边向他们学习，一边开始建设《品牌建设》课程。品牌研究课程，在高校中很受欢迎。

去年，听唐仁承先生说，他想把自身经历几十年的上海企业和香港企业的管理经营品牌的经验和理论加以总结并结集出版，我拍双手赞成。大多数在高校院墙内开讲品牌研究课程，使用类似国外《战略品牌管理》（凯文·莱恩·凯勒）等著作的教材，援引《管理百年》（斯图尔特·克雷纳）中列举的福特汽车、IBM、丰田汽车等品牌建设案例，以此考核学生学习品牌经营的心得。高校中品牌研究课程增加本土化经验和理论，却缺乏相关实在案例的支持，师生都缺这方面的专业教学参考书。现在，唐仁承先生既有《品牌透

视》，又有《品牌智慧》，这两本著作可算是补上了这个缺。

我一直认为，品牌是商品的一种高级形态，是物理产品，是有价商品之上的资产商品。品牌的价值，是一种可列入企业财务损益表上的商誉资产。在企业资产交换中，品牌商誉是能换算有形资产并进行商业交易的。企业经营者一大使命，是集聚、提炼、升格企业持有品牌的资产及其商誉。做到这一点并不容易，品牌要从商品层突围升格为有优良资产的商品品牌，企业经营者要能精准有效建设品牌的卓越商誉，都需要特别的智慧——品牌智慧。

在《品牌智慧》这本书里，作者运用中国传统文化的精华理念，列举介绍了如何进行品牌经营和建设的思想、策略、方法和案例。这些论述写得生动有趣，精悍有力，不仅对于品牌持有人来说，而且对高校内学习品牌的师生来说，都很有参考价值。品牌价值的设计，直接取决于品牌经营设计。品牌经营设计，包括品牌生产、品牌品质、品牌物流、品牌零售、品牌服务、品牌消费等环节的价值生成，都需要品牌经营者的智慧思想。

企业经营者的品牌思想，不是天生具有的，而是聪明觉悟和匠心实践结合而成。当然，品牌的智慧决策更需要掌握天时、地利、人和的调谐。我现场听过作者在企业给中层干部做品牌智慧决策的报告，不由感叹，他是品牌智慧决策的高手。说到底，品牌智慧的最高体现，是把云天之间（政府主管部门可能给出）的品牌资源同地面人间（指品牌消费）资源，在企业品牌经营中被别出心裁的巧妙结合起来。多年前，美国学者大卫·艾克尔在其名著《广告管理》中介绍了美国企业车间里设立"品牌经理"岗位。唐仁承先生的著作，把企业"品牌经理"岗位使命的系统化程度，大大推进了。

品牌商誉的级别和建构设计，直接决定了品牌价值的伊始。随后，品牌智慧在于如何生发品牌建构产业链，品牌价值链的分蘖，管控品牌价值分蘖商业化进程，引领品牌消费价值的社会化进程，这些方面，《品牌智慧》都有专门介绍。我觉得，这本《品牌智慧》的学术价值，还在于决策者如何因人因事因时因地因材，巧妙地智慧决策，谋取品牌价值的优势化。

前几年，笔者曾应邀参加北京大学举办的一个中国经济发展座谈会，其中，有品牌经济的话题。讨论中国品牌经济，需要留意中国品牌生产如何抓取我国产业研发和生产的企业资源，需要留意中国品牌流通对我国县域经济的拉动机制，需要关注中国品牌营销对我国消费力的抓取程度。这三大课题，至今仍是中国经济发展需要抓住的要领。在唐仁承先生这本《品牌智慧》中，都能找到引领思索的方向性线索。

祝贺唐仁承先生《品牌智慧》出版。

张祖健

上海大学新闻传播学院教授

原上海大学广告学系主任

前　言

这本小册子是我的读书笔记。

《品牌透视》一书于 2020 年国庆期间付印出版之后，意犹未竟，我又集中大半年时间，专心学习研读中国古代成语，查找出典，领会意义，品味启示，联想应用。随着学习的展开，我越来越深切地感受到中华传统文化所蕴含的丰富的哲学智慧，对于当今品牌事业极具启迪和引领的意义。从品牌的立牌之本、待客之道、发展之路，一直到管理之律、竞争之策、传播之法等，无一不是那样深邃和亲切，就好像先哲们面对面地授课和传教。于是，我动笔做起了一篇篇小品般的读书笔记。

中国传统文化富有辩证思维，需要慢慢咀嚼，细细品味。而过去的我却往往浮光掠影，一知半解，不求甚解。这次只是稍微认真，稍加努力，慢读细品兼拆解，竟发现内中自有大千世界，甚为高兴，补益良多。

我在成语的世界里，寻找原意，探索深意，抒发新意，放飞创意，收获颇丰。诸如："事在人为"的"为"，比"力"多了两点，我体会，上面一点是眼力，中间一点是心力；为，决不是蛮力，更不是蛮干。"后来居上"，最初的出典竟是一句牢骚话，后来才变成赞美语和鼓动词，激励后来者奋起直追。"狗恶酒酸"，无论是有形的恶狗，还是无形的恶狗，一样破坏品牌与顾客的情谊。"笨鸟先

飞",那只先飞的笨鸟,其实不笨,因为它知道先飞的诸多益处。"闻鸡起舞",在赞美早起的勇士之余,是不是也该学学那只每天准时司晨的雄鸡,为受众提供适时提醒。"酒香巷深",这简直是最早的品效合一的立体传播,充分调动人的各种感官功能,令人印象深刻。"高山流水",说明认知不是单向的,而是双向的,只有深切了解受众,受众才会深切了解你;甚至还是共向的,共同去认知世界。"对牛弹琴",是个完整的故事,反映了弹琴者的善于修正,也反映了牛对音乐的喜爱,而两者共鸣的枢纽是抓准关心点。如此等等。

品牌是市场的产物,又是人文的表达。品牌是商业的行为,又是哲学的阐发。品牌内含着对立统一的辩证思维。品牌对应着形形式式的人际关系。品牌离开人,一无是处。品牌的成立,离不开多层次多侧面的人的需求、人的感受、人的领悟、人的行为……。建设品牌确实需要人文素养的滋养,需要中华传统文化的滋养。

中华民族几千年积累提炼的成语故事,博大精深,恢宏无比。成语故事内核所蕴含的精神、哲理,对于品牌建设极具意义。她可以端正和丰富品牌思想,端正和丰富品牌行为,让品牌更加健康苗壮地成长。

小心翼翼地读成语,悟成语,我好象沐浴在中国传统文化的温泉之中。这温泉既像乳汁滋润着品牌,又像是清泉催动着品牌洗心革面,更像是仙液蕴育着品牌的提纯和升华。

目　录

105　第三编　发展之路

第一编

立牌之本

宗旨

原则

精神

众 望 所 归

但凡品牌，几乎都想自己变得伟大。盛世长城国际广告公司的凯文·罗伯茨说，伟大的品牌有两个优点：一是激发尊重，具有应有的技术性、耐用性和有效性；二是激发钟爱，一种由用户和受众内心而发的喜爱。

成为伟大，足以让任何一个品牌蠢蠢欲动；成为伟大，又足以让任何一个品牌望而生畏。这是因为任何一个人要得到其他人的尊重，至少要拿出一点真本事来。

平庸，碌碌无为，无所作为，或者平淡无奇，太过一般，都不可能赢得尊重。

众望所归，是中国古代成语。出于《晋书·列传三十传论》中"于是武皇之胤，惟有建兴，众望攸归，曾无与二。"也可见于宋代陆游《贺礼部曾侍郎启》："所养既厚，万钧亦何足言；众望所归，九迁犹以为缓。"从字面去看，众：代表人多，不是一个人，是很多人。望：代表期望、希望。望，应该不是虚幻的空想。归：是归心，也是归途、归宿，更可以是归向、向往，是一种向心力。归，应该是自愿的，而非强迫的。

众望所归，连起来解读，就是众人所期望的归宿或指向。或者是得到普遍认同、信任、尊重和钟爱的人或物。再简化一点，就是大家一致期望的标的。

而要达到众望所归、众人信服的地步，必是德高望重、技高一筹。既有德，又有技，德技相辅。有德无技，或有技无德，都不行。必须是"德技双馨"才行。而这双馨也不是一时一事，而是一以贯之，方能让人口服心服。如果只是一时兴起，过后却不能坚持，那也只能让众人兴奋一时，而不能长久。

众望所归里的"众"，因为众的范围有大小不同，所以又有了大众、小众、分众、精众的区分。

小众，如百达翡丽。皇家御用，贵族分享，范围很小，品位很高。直至现今，年产量也仅限于 5 万只左右。这与我们上海过去一家手表厂年产量可以达到 100 万只、1 000 万只完全不同。它不是以数量取胜，而是以精致和高贵取胜。可能我们卖出 1 万只甚至 10 万只、50 万只手表，才能够抵它 1 只。这个创立于1839 年的瑞士腕表品牌，是现存唯一一家由家族独立经营、唯一采用手工精制，且可以在原厂内完成全部制表流程的制造商。集7 种传统制表工艺于一身，汇集了设计师、钟表师、金匠、表链匠、雕刻家、瓷画家以及宝石匠的精心之作。目前也是全球唯一的全部机芯获得"日内瓦优质印记"（Geneve Seal）的品牌。由此，名列世界十大钟表品牌之首。为上流社会所独享，也为全社会所仰望。

大众，如波司登羽绒服。专注这一领域达 40 多年，保暖御寒，为社会各阶层大众所喜爱，现在是中国销量最大的羽绒服。2019年波司登的营业收入超过 100 亿元。这一大众产品有三大特点：一是羽绒获得瑞士蓝标认证，所采用的大朵羽绒，蓬松度高，保暖效果好；二是穿着体验好，轻便舒适，不会有压迫感，也不会觉得闷热，同时因为采用特制的德国针线和先缝线后充绒的工艺，也完全不会出现跑毛现象；三是颜值时尚，花样很多，有针对追求个性新潮的 oversize（指特大的服装风格）款和设计师合作款，还出过迪士尼合作款。此外，其面料不仅防风防水，还能防油防污。因为有特色，被国际认可，也就在情理之中。

分众，如飞鹤奶粉，这是奋斗了 40 余年的成功奶粉。飞鹤的 6 万头奶牛生活在丹顶鹤的故乡，那里没有雾霾，环境优良；奶牛喝的是天然苏打水，吃的是无激素的种植草，住的是恒温舒适的牛舍；挤牛奶全部使用封闭式自动化转盘，十分钟内将牛奶迅速降温，以保证牛奶的营养活性。曾经因为三聚氰胺事件，"城门失火，殃及鱼池"，造成国产奶粉的普遍沦陷。飞鹤奶粉虽经严格检查，成为国产奶粉的幸存者，却也经不起洋奶粉涌进中国内地的冲击。人们甚至一度涌到中国香港去购买奶粉，以致造成香港奶粉断档，被迫实施限购政策。但是，经过飞鹤奶粉策划团队的工作，以"一方水土养一方人"的理念，给品牌最新定位，提出"更适合中国宝宝体质"的新概念，这是任何洋奶粉所不能比拟，由此得到市场的广泛认同，营业额一路上升，2020 年达到创纪录的 185 亿元。

精众，是一众追求精致生活的人群。上海有家"庄氏隆兴蟹粉面道"，正是为此而生，把蟹粉点心做到极致。一份 98 元双人套餐，包括蟹粉捞面和蟹粉小笼，捞面相伴 100 克的蟹粉，色香味俱全，逗人食欲；小笼则是一口就是一包汤水，蟹味十足。而 168 元的双人套餐，则又增加了两样：蟹粉春卷和蟹粉小馄饨。因为用料十足，做工精致，蟹香远飘，排队等候的长龙沿着浙江中路，从宁波路口一直排到南京路口，足有一百多米长。这家面馆的月利润达到 170 万元，一年达 2 000 万元。现在，已经准备开到追求精致生

活的香港去。

众望所归，是品牌所寻求的目标，是品牌的理想境界。但是，成功决非容易。

成 人 之 美

成人之美是品牌的崇高目标和至高境界。这里的人，自然是指人民大众，是目标客户，是服务对象。品牌的职责就是努力去编织和营造人民群众追求美好生活、塑造美好形象、成就美好事业的梦，让梦想成真。离开了成人之美，品牌没有任何意义。

成人之美这句成语最早出自《论语·颜渊》："子曰：君子成人之美；不成人之恶。小人反是。"成人之美的意思是成全别人的好事或帮助他人实现他的愿望。成人之美是君子之为，是高尚的行为。只有小人才不希望别人成功。

中国古代有很多引用成人之美的示例，比如《后汉书·王梁传》："'君子成人之美'，其以梁为济南太守。"《官场现形记》第六十回："妹夫见他有志向上，而且人情是势利的，见他如此，也就乐得成人之美。"《儒林外史》第三回："众人一齐道：'君子成人之美'。又道：'见义不为，是为无勇'。俺们有甚么不肯！只不知周相公可肯俯就？"

这些示例生动诠释了成人之美。但是，我总觉着字里行间难免流露出那些年代成人之美的某种被动、某种勉强、某种无奈。于是，成人之美，也就带着些残缺、敷衍和不友善。

时代不同了。今天，我们重提成人之美，应该是一种自觉、一种主动、一种追求。成人之美应该是认真的、完美的、亲善的、贴

心的。

因为我们深深知道，目标消费者是品牌的根基，品牌彰显着经营者与消费者的亲密联系。成人之美应该是品牌与生俱来的天然使命。

被誉为"岭南才子"的李嘉宝先生早年为广东的"鸿运"牌转页扇做广告策划时，妙笔生花，提炼出"柔柔的风，甜甜的梦"这8个字，简炼而又准确，营造了温馨和谐、浓浓人情味的氛围，点明了美满幸福家庭的意境之美，表述了成人之美的品牌宗旨。

酷暑严夏，有风固然好，柔柔的风更好，可是，也有人不喜欢风，对风过敏。于是，格力空调的当家人董明珠女士就领军研发了一种没有风的空调。这是另一种成人之美，给特别需要的人们营造了一种温湿调节、无风舒适的环境之美。

被誉为"业界黑马"的张小平先生在1989年的时候受人之托，为华宝空调写过4个字："着着领先"，居然被采用了。后来不仅华宝乐意用，以至差不多成了华宝的"商标"，而且在珠江三角洲，很多市镇上卖水果的、卖雪糕的、卖服装的，以至卖楼盘的，也拿来用，各自郑重其事地写上"着着领先"。因为这4个字给人带来别样的心境之美。

成人之美，并非一定是给人带去财运、官运或其他什么幸运，更多的应该是，与人方便、与人周全、与人丰实。只要是为用户大众解决一两个实际的难题，那就是成人之美。室雅何须大，为善不嫌小。

近来听闻商场的试衣间也在改进。据说有一种魔镜，新衣未穿上身，已可显示出穿上新衣后的形象效果，减却了换衣穿衣的不少麻烦和功夫。这应该算是成人之美。还有一种虚实整合的试衣间，内置一个联网的大落地镜，手指轻轻一点，就会变成一个大型电脑屏幕。如果您换上一件新衣，不仅可以对镜自我观赏评判，还可以输入自己的脸书用户名和密码，通过屏幕实时链接最亲近的朋友，即时听取他们反馈，帮助自己做出正确选择。这也应算是一种成人之美。而在试衣室外的等候区内，提供了充电器，还提供了高速互联网，与人方便，以供浏览，让等候变成快乐和丰实，这更是一种成人之美。只要有成人之美的心思，什么样的成人之美不能创造出来。

快递业的发展，提供着种种方便。可是同样是方便，却也有着品质和境界的差异。比如同是冷饮品的快递，某个品牌只是普通包装，而有的品牌却是冷袋包装，还内附干冰袋，生怕有半点融化，给人带来不便和麻烦。同是一份毛豆，一家是塑袋包装，而别一家却是理得清洁整齐，装进塑盒，让顾客感受到一份体面和尊重。其实，尊重总是对等的，你尊重别人，别人也尊重你。唯有成人之美，才有成己之美。

成人之美是一种无上之美。品牌若是有志于此，那真是时时、处处、人人皆可有所为之。让我们做得更加完美。

抱诚守真

抱诚守真，意思是为人处事必须抱着诚信，守着真元，而决不可以虚假不实，欺世盗名。只有诚信致真，才会行稳致远。而虚假不实，总有一天会身败名裂。品牌也一样。

抱诚守真，同时也告诉人们，保持诚信守住真元，并不容易。必须抱，张开双臂，贴胸贴怀，才能抱紧抱实。必须守，坚定不移，百毒不侵，才能守住守定。否则，一不小心，一不留神，或者摇摇摆摆，就有可能失去诚与真。而一旦失去，再想挽回，就难了。真所谓"一失足而成千古恨"。

这就映衬了，抱诚守真，的确很可贵，很宝贵，很珍贵。得来不容易，坚守也不容易，发扬光大与传承更不容易，必须珍视、珍惜、珍守。

抱诚守真的出典，一时无法查证。可是历史上却有不少讲究诚信的小故事。比如有个"曾子杀猪"的故事，说的是，曾子之妻欲上街买菜，幼儿吵闹不让她去。妻子就随口哄道：不吵，我回家就杀猪煮肉给你吃。幼儿便不闹了。当妻子回家后，曾子便拿刀去杀猪。不料妻子拦住：我只是说说而已。曾子就严肃地说：大人的言行都是幼儿的榜样，如果言而无信，幼儿便会学样，长大后又会怎样。说罢就把猪杀了。即使这样的家庭小事，曾子也一点不马虎，真不愧是孔圣人的得意弟子。（见《韩非子·外储说左上》）

不少名人在字里行间也常常会用到抱诚守真。鲁迅先生在《坟·摩罗诗力说》中写道:"上述诸人,其为品性言行思惟,虽以种族有殊,外缘多别,因现种种状,而实统于一宗;无不刚健不挠,抱诚守真。"这是对于某些人士为人处事的立场和态度的一种肯定。

抱诚守真,对于品牌而言,实在是安身立命之本,为商待客之道。

人无信而不立,更不必说一个企业、一个品牌。一个普通人如果无诚信,至多是影响亲友圈,或者是扩大延伸的亲友圈;而企业和品牌若是无诚信,则可能直接影响千万用户,甚至可能祸国殃民。

品牌践行抱诚守真,体现在哪里?过去,以我的认知,常常局限在言行一致,品质如一。我曾多次以张瑞敏锤砸冰箱和高伟斧劈椅子作为诚信营商、一丝不苟的典型案例。今日再思,抱诚守真的含意远远不止这些。它的核心应是:不忘初心,牢记使命,明晰职责,长期坚守。深知品牌为谁而生,为谁而存,为谁而长,目标和立场相当清楚。唯如此,才会高度自觉,才会保持真元,坚守诚信。

具体而言,抱诚守真,至少体现在五个方面,用最简单的话语去描述,就是一品质,二时效,三维权,四态度,五言行。

品质,求的是货真价实。严守品质标准和技术标准,决不偷工减料,决不马虎凑合,决不蒙混过关。同时,还要与时俱进,力求不断变革与更新,以不断适应时代的需求。

时效,求的是按时履约。不延迟、不脱期。该何时交付即何时交付。决不胡乱搪塞,决不胡编借口。

维权，求的是自主产权。对于知识产权，高度尊重，高度敬仰。绝对不骗不偷不抢。同时还要严防别人来骗来偷来抢。既尊重他人的知识产权，也维护自身的知识产权。凡有所借鉴，必以法规为依据。凡有所学习，必取之桑下，报之桃李。

态度，求的是老少无欺。无论人前人后，都一个样。过去"工业学大庆"，大庆人就讲究"三老四严"。三老就是当老实人、说老实话、办老实事。四严就是对待工作要有严格的要求、严密的组织、严肃的态度、严明的纪律。他们还提倡"四个一样"，就是黑夜和白天一个样，坏天气和好天气一个样，领导不在场和领导在场一个样，没人检查和有人检查一个样。正是有了大庆精神，才有了大庆油田，让中国脱掉了"贫油"的帽子。这应该是千千万万品牌的模板和榜样。

言行，求的是实在准确。不夸大，不虚假，没有水分。任何一分对于公众的承诺，都将不折不扣兑现。决不搞花言巧语、胡言乱语。有一分，就说一分，决不说两分；任何美妙的创意，也都有底线，以事实为依托；即使有多么热切的市场意图，也不允许讲过头话、过热话、过火话、过辣话；坚守言行一致、表里一致。

抱诚守真的可贵之处，不在于一时一事，而在于一以贯之，天长地久；不在于激烈言行，夸张举动，而在于平和相守，融于生活之中，融于平常之中，融于习惯之中，融于随意的一举一动之中。

舍身饲虎

舍身饲虎，在好多名篇巨作中都有引用，描述的是一种为事业而义无反顾的牺牲精神。

近来一查出典，原来舍身饲虎是一个佛经故事，出自《贤愚经》，也见于《大唐西域记》。说的是印度宝典国王的三个王子一起到山中打猎，见到一只母虎带着几只小虎饥饿难忍，此时母虎欲把小虎吃了。三王子不忍此状，就支走两位兄长，爬上山岗，刺伤自己，然后跳下山崖，让母虎啖血；待母虎恢复体力之后，三王子的肉身就被母虎与小虎一起食尽。而这位舍身饲虎的三王子就是佛祖释迦牟尼的前世。故事颂扬了佛祖前生忍辱牺牲、救世救人、行善济世的精神和事迹。这在敦煌石窟、龙门石窟、麦积山石窟，以及新疆克孜尔石窟等著名古迹中都有壁画或者浮雕生动描述。据说佛祖前生舍身济世还不止这一回，而是多回。

经过历朝历代去芜存精的改造，舍身饲虎，赋予了积极的意义，常被引申用来比喻仁人志士的爱国牺牲精神。

1894 年，在中国近代史上是一个转折性的年份。这一年，中国在甲午海战中惨败，并屈辱地割地赔款。许多能人志士为此寻找救国救民之道。当时有三位知识分子各自做出人生选择：康有为选择了变法，孙中山选择了革命，而张謇选择了实业救国。张謇放弃仕途，以状元身份投身实业，在当时实为惊世骇俗之举。他自称是

"舍身饲虎"。尽管困难重重，受尽排挤压迫，他仍坚定不移。从大生纱厂起步，继而又广泛投资染织、面粉、酿造、食品等轻工业，不断扩大规模。之后又以实业之盈利举办教育，乃至市政建设和社会公益的方方面面。有人赞他："独立开辟了无数新路，做了三十年的开路先锋""造福于一方，而影响及于全国"。

今天我们从事品牌建设，是否也需要有一点舍身饲虎的献身精神，为中华民族的伟大复兴而奋斗不已，答案应该是肯定的。

只不过，舍身所饲的不再是一虎或者几虎，而是千家万户的幸福美满，民族复兴的繁荣富强，自立于世界民族之林的壮美自豪。舍身饲虎，应该是品牌背后的深厚基础和无尽动力。

成就一个中华自主品牌，首先就要具有自我牺牲的精神。虽然这里不是炮火连天、硝烟弥漫的战场，但却同样有着生死考验和艰难磨炼的洗礼。

且不说创业之初的困苦，都是那么不堪。漏雨草棚里规划蓝图、拉着板车吆喝上街、闷热阁楼里集思广益、简陋小车床加工样品、不分日夜的录制教程、上门推销时的冷嘲热讽、资金缺乏时的走投无路、记不清多少次的失败和困境……等等，等等，如果经不起这一切考验，就没有今天和明天。

即使有所成就又如何？还不是群狼环伺、虎视眈眈、明抢暗卡、生死围剿、百般阻挠、千般刁难。自以为霸主的国家或是加税以阻止前进，或是禁令以限制发展，或是制裁以无妄罪名，或是重罚以迫使破产，无所不用其极，逼你缴枪，逼你退让，……如果经不起这一切，就没有烈火重生，凤凰涅槃。

若是有所领先，打破格局，那更是捅了马蜂窝，闯了阎王殿。面对的是枪林弹雨和腥风血雨。华为的遭遇就是一个生动证明。因为 5G 技术的遥遥领先，不但横遭罪名，频遇禁令，屡受制约，在全球范围遭到围追堵剿，还被某国以莫须有罪名通过第三国滥抓无辜。但是华为仍矢志不移，毫不动摇。任正非告诉我们，他就经常在炮火连天、危机四伏的国家之间穿梭奔波，促进 5G 技术的推广应用。往往是他前脚刚走，身后已是枪声四处。如果贪生怕死，就没有一切的一切。

伟人激励我们："下定决心，不怕牺牲，排除万难，去争取胜利。"品牌也应如此。赢字头上是个亡。想赢，首先就要有时刻迎战死亡的足够准备。不怕下地狱，才敢上天堂。

愿一切有志品牌为了中华复兴，义无反顾，勇往直前。

削足适履

削足适履这句成语，出自西汉刘安的《淮南子·说林训》："夫所以养而害所养，譬犹削足而适履，杀头而便冠。"此处的"足"，是脚；履，是鞋。削足适履，意思是说，因为鞋小脚大，就把脚削去一块，去凑合鞋的大小。通过自残而去穿上原本不合适的鞋，这究竟是高明，还是糊涂。削足适履，分明是一种不知主次、不知死活的迁就和凑合，分明是一种不顾具体情况、不计利害关系的生搬和硬套。

这个成语，文字很简单，却很荒唐；蕴含的道理很普通，却又深刻；成语的背书，既是遗憾，更是谴责。

鞋是用来做什么的？之所以需要一双鞋，就是为了保护一双脚。方便脚的站立、行走，甚至跳舞、体操、武术、旅行等等。跋山涉水无所碍，雨雪冰霜无所惧。鞋的诞生和使用，以及不断改进不断丰富，体现了人类文明的进步。

合脚、舒适、耐用，是脚对鞋的基本要求。至于豪华、时尚、靓丽，则是基本要求之后的附加要求。合脚，是其中最基本的要求。宁可委屈了鞋，也不能委屈了脚。更谈不上削了脚去适合鞋。以削脚而去适合鞋，岂不是本末倒置，黑白颠倒。

由削足适履引起的哲学思考是：脚与鞋，究竟谁是主体，谁服从谁，谁才具有决定权和主导权？

引申开来，鞋与脚的关系，也可比喻为品牌与用户的关系，两者之间，谁才是主体，谁决定谁，谁服从谁？

用户是当之无愧的主体，在鞋的面前，应该拥有必要而充分的知情权、决定权、选择权，乃至一票否决权。选鞋，当然首先要选择合脚而又称心的鞋。然后，发现了鞋的毛病，就应该可以换购或者修理，甚至可以退货。用户不应该委屈自己，去勉强接受鞋，挤进鞋。如果不合脚，不合眼，不合心，要鞋干什么。

品牌只是服务者，在目标用户面前，只有服务的权力，而没有强制乃至强迫的权力。品牌应该尽己所能，提供公开、透明、完善，乃至完美的服务。以鞋为例，应该提供尺码齐全可供充分选择的鞋；更进一步，应该能够提供特殊尺寸乃至可以私人定制的鞋；如若卖出的鞋，用户感到不合适，应该承诺在一定时间内的保修保换保退。千万不可只有断码鞋，要也是它，不要也是它。不同的态度，足以反映品牌经营的不同的理念和宗旨。

削足适履是荒唐的，可笑的，甚至是违反常理的，是违背人性的，是精神失常的，谁会蠢到削自己的脚而硬要挤进那只鞋。这是一双什么鞋，居然可以让人不计代价，不惜伤残，去接受它。难不成是灰姑娘的水晶鞋，一旦穿进，就可以麻雀变成凤凰，就可以得到心爱的白马王子？

削足适履是荒唐的、可笑的，因此很多人也就以为，这可能只是一个笑话而已。可是，在日常生活中，偏偏有各种各样的削足适履行为，并且还经常发生。就是有那么些人，认为可以去愚弄人，欺蒙人，把人当傻瓜，千方百计让人上当受骗。

别忙着去对照、去嘲笑别人，我们自己有可能也是其中之一。

各种各样的霸王条款和出门不认账就是一种削足适履。硬逼着

善良的人们去吃下恶心的苍蝇。

货品打闷包，不付款就不能拆，不能看，也不能试，是另一种削足适履。这好比买办婚姻，只有等到揭开红盖头的那一刻，方才能够知道新娘子的美丑与善恶。

网上展示的样品是美的，可是快递送上门的货品却是丑的，这是又一种削足适履。如同京剧折子戏《狸猫换太子》，让用户蒙受不白之冤。

更有那些垄断资源、垄断空间、垄断时间的商界恶霸，独断专行，要也是他，不要也是他，逼人就范，这是更为恶劣的削足适履。欺市霸道，横行不法。

凡此种种，应该都是削足适履。这不是用户犯病，而是品牌犯病。以为可以一手遮天，愚弄百姓。

当今时代，老百姓并不蠢，也不可欺；蠢的只是那些作弄老百姓的人。凡是欲叫别人去削足适履的，最后必定弄得自己寸步难行。

知足常乐

常听人说知足常乐，不仅用以宽慰自己，也用以宽慰亲友。每逢节庆假日，人们更以知足常乐相互勉励或劝慰。知足常乐被广为流传，四处颂扬，还演绎出无数动人的故事。

知足常乐，最早出于先秦李耳《老子》第46章："罪莫大于可欲，祸莫大于不知足，咎莫大于欲得。故知足之为足，恒足矣。"魏国王弼也说过："天下有道，知足知止，无求于外，各修其内而已。"唐代杜光庭说得更为透彻："贪之与足，皆出于心。心足则物常有余，心贪则物不足。贪者，虽四海万乘之广，尚欲旁求；足者，虽一箪环堵之资，不忘其乐。"

细细品味知足常乐，作为个人修身养性之用，确实必要。人不可贪婪，切不可贪得无厌、追求无边、享乐无度、荒淫无耻。万物来之不易，应须知道感恩，知道节制。时时用知足常乐诫律自己，警示自己，才会有安定、安详、平和、愉快的生活。

但是，如果把知足常乐作为企业理念，作为品牌思想，却又觉得过于消极。知足常乐，不啻是一种心理障碍，一种阿Q精神，一种自我麻醉。不求上进，不求努力，安于现状，小富即安，还知足常乐，是不是太没志向，太没出息。

知足常乐，应该也有其适用范围。对个人，可以用知足常乐来自律；而对他人、对社会，则不可以用知足常乐来限制发展、限制

进步。即使个人而言，对于生活待遇和生活享用，可以用知足常乐来规制；而对于学识提高、技能增长、社会贡献、境界提升，则不可以用知足常乐来束缚。

年轻的如朝阳，正初升，不可知足常乐。中年的如日中天，光芒万丈，不可知足常乐。老年的已夕阳，仍余晖，同样不可知足常乐。不是说"有一份光，发一份热"吗？不是说"活到老，学到老，学不了"吗？不是说"老骥伏枥，志在千里"吗？不是说"生命不止，战斗不息"吗？干吗要知足，要停顿，要止步，而且还要常乐？如果大家都知足常乐，都是那么满足于甚至迷恋于陶醉于现状，社会还怎么进步，历史还怎么变革，共产主义什么时候才能实现。

元曲里有个"十不足"，是这样唱的："身着绫罗绸缎衣，床头缺少美貌妻；娇妻美妾都娶进，又嫌出门没马骑；千金买下高头马，马前马后少跟随；千奴万仆任呼唤，有钱无势被人欺；花钱捐个知县位，又嫌官小势位卑；一攀攀到阁老位，每日思想要登基；有朝一天朝南坐，想和神仙下象棋；洞宾与他把棋下，又问哪是上天梯？上到天上还嫌低。"邵隆图先生曾这样评论道：人心不知足，是社会前进的原动力。问题是不劳而获、利欲熏心、急功近利、贪得无厌，这样整个社会就浮动着险。贪婪者也必然身败名裂，自取灭亡。

"十不足"仅有一点可取之处，就是不知足。正是无穷无尽的不知足，才有了永不停歇的追求，才有了滔滔不绝的创新。这是不是可以借用来，成为品牌的内生动力和奋斗目标。

根本区别在于，为谁解不足，为谁不止步。如果是为千千万万人民大众去解不足，为人类社会进步事业而不止步，又有什么错？

由此一想，对于知足常乐，真应该具体情况具体分析，不能一概而论。

经过40多年的改革开放，当前的中国已经进入了一个新时代。这个新时代的主要矛盾就是人民日益增长的美好生活需要和不平衡不充分的发展之间的矛盾。不平衡不充分，就是不足；日益增长，就是不满足。怎么可以知足常乐呢？应该知不足，恨不足，解不足，除不足。我们不是有两个一百年的奋斗目标吗？不是有中华崛起民族复兴的中国梦吗？怎么可以知足，怎么可以止步？

任何一个品牌都是有使命的，不可以知足常乐，而是应该知不足，不知足，知足不，常奋斗。品牌路上没有终点，只有一个接一个新的起点。所有过往，都是序章。前进路上，永不止步。

从这个意义上看，应该对知足常乐改上一改。不知足才常乐！知不足才常乐！

不 拘 一 格

　　不拘一格，见于清末学者龚自珍的《巳亥杂诗》，其中有一首是这样写的："九州生气恃风雷，万马齐喑究可哀；我劝天公重抖擞，不拘一格降人材"。诗的大意是，中国要有生气，就要凭借疾风迅雷般的社会变革。我奉劝天公重新振作起来，不要拘泥于常规，把有用的人材降到人间来吧。这首诗体现了龚自珍的爱国热情和忧国忧民、主张变革、寻求人材的迫切心情。

　　不拘一格，是指不要局限于某种规格或者某种常规，不要拘谨于一定之格，而是要敢于变革，敢于创新，敢于打破旧框框，开创新局面。不拘一格，是一种积极的进取的开放的人生哲学和处世态度。

　　不拘一格，不仅仅适用于人才开发，也应该适用于品牌建设事业。只有不拘一格，才不会墨守成规，才不会循规蹈矩，才不会束手束脚，才不会前怕狼后怕虎，才不会不敢越雷池半步，才不做唯唯诺诺踩着碎步的小脚女人。

　　格，是什么？格是清规戒律，格是条条框框，格是已有认知。格，代表着过往的总结，前人的积累，历史的贡献，但是并不代表今日的开拓，明日的遐想，未来的构造。

　　任何格都有两重性，既有规范性，又有束缚性。任何格都有相对性，既有针对性，又有局限性。任何格都有时间性，既有适时性，又有过时性。

对于格，我们既要敬畏，又要重识；既要尊重，又不可拘泥；既要吸取有益成分，又要敢于大胆创新。传承和扬舍是同时存在的。必须深信"无边落木萧萧下，不尽长江滚滚来"。

鲁迅先生说过："其实地上本没有路，走的人多了，也便成了路"。路是这样，格也是这样。所谓一定之格，也是人为构成。大家形成共识，约定俗成，就成了制度，成了条规，成了格。

所以，对于格也好，路也好，都不用过分迷信。路可以开，格也可以改。

也有学者认为，世上本有路，因为走的人多了，也就没了路。因为太顺畅了，太方便了，就容易滋长惰性，消磨锐气，减退热情，也就有了失路、迷路，乃至无路可走的风险。

所以，对于格也好，路也好，都不可以安享其成，不思改进。正是不拘一格，才是对格的最大的尊重，最纯的敬畏。

品牌是有定义的，那些定义就是格。品牌是有教程的，那些教程就是格。品牌是有认知的，那些认知就是格。事实上，所有这些格都不是一成不变的，势必随着品牌实践的发展而不断丰富和延伸。实践出真知，实践也出新格。冲破原有的格，建立新颖的格，是常有的事。不拘一格，就是破旧格，建新格。旧格不破，新格不来。不拘一格，才有品牌的精彩多姿，万紫千红。

于是，有了更多的跨越，更多的迭代，更多的首创，更多的跨界，更多的融合。

您能想象大白兔以"奶"为一根主线，居然可以孵育出那么多的"宝宝"，形成那么大的家族。先是有了奶茶，后来又有了唇膏，有了香氛，之后又有了冰淇淋。今后还会有什么，尽可以想象。

您能想象封闭在铁罐头里的梅林，也会变萌，也会弄萌，也会耍萌，乃至直奔高贵的音乐殿堂。将丰盛鲜美的午餐肉与补给精神能量的音乐相结合，让万千食客从味蕾的满足一直到心灵的富足。联手营造"五百里音乐节"，开创"梅林音乐厂"。

您能想象小小搪瓷，居然也能感召乃至聚合百多名画家大师巨匠，齐心协力，众志成城，妙笔生辉，描绘并烧结成一幅长达百米的"一带一路"宏大历史画卷。

您还能想象，可口可乐开始经营火锅组合套餐，是不是有点"水火不容"？肯德基居然销售越南牛油鸡，是不是有点"敌我不分"？7-11也去供应各种便利快餐，并且还时不时变换花样，是不是有点"不务正业"？诸如此类，比比皆是。

变了。早变了。一切都在变。

不拘一格降人材，不拘一格长品牌。不拘一格，就是最大的格，就是无限的格，就是无量的格，就是无边的格。不拘一格，正构筑着品牌灿烂辉煌的明天。

邯郸学步

　　邯郸学步，是一则寓言故事，始见于《庄子·秋水》。讲的是，燕国寿陵地方有个年轻人，听说赵国邯郸人走路姿势特别漂亮，于是特地赶去学习如何走路。结果，东学西学，没学到人家的真本事，却忘记了自己原来走路的姿势，最后连路也不会走了，只能爬着回到自己老家。李白有诗云："寿陵失本步，笑煞邯郸人。"说的就是这件事。一般用来比喻学习模仿别人不到位，反而把自己原来会的本领也丢了。

　　历史上是否真有其人其事，没有考证过。不过这个故事的意义，却发人深思。对于品牌事业的启示也是多方面的。我体会至少有以下四点：

　　一是必要的自信。尺有所短，寸有所长。人对自己要有起码的评估，必要的信心。不要轻易否定、轻易放弃自己原有的本领和特长。正确的态度应该是扬长补短，为我所用。寿陵人本来会走路，哪怕走得再难看，那也是走啊。如果连走路都没有一点自信，最后也就只能爬了。这真是莫大的讽刺！

　　相信通过 2020 年那场空前未有的新冠肺炎疫情，经历了生死考验和无情洗礼，今天应该有更多的人对我们的国家，对我们的民族，对我们的社会制度，有了更多的自信心。

　　品牌也是如此，已经被实践证明是正确的东西，千万不要轻易

放弃。任何学习都是为了发展自己、壮大自己，而不是取代自己、取消自己。无端消除自身的特点和优势，就等于解除武装、废掉武功，不仅丧失战斗力，连生存力都没有。

二是必要的适用。走路为什么？为了到达目的地，这才是根本。至于好看不好看，潇洒不潇洒，那都是其次，都是形式。白猫黑猫，捉住老鼠就是好猫，管它什么颜色、什么姿势。走路也是，只要能走，走得稳、走得快、走得顺、走得对，什么姿势都可以，没有好看难看之分。

品牌也一样。既需要形式，又不拘泥于形式。任何时候不可以本末倒置，图虚名而招实祸，图形式而忘根本。即使学习先进，那也不是越先进越好，越有名越好，越漂亮越好，而是以"适用""适我"为前提。任何技术都以适用作为先决条件。适用者，取；不适用者，弃。根本无须勉强自己，硬撑自己。

我想起20世纪80至90年代，上海轻工业曾经出现过技术引进的热潮。当时有个争论：是先进一点好，还是适用技术更重要。讨论的结果还是适用更重要。当时的时代背景是：对外开放的大门刚刚打开，与国际先进水平的差距太大，如果急于求成，势必消化不良，反而糟蹋了宝贵的外汇和先进的技术。而在改革开放40余年的今天，再提适用技术，则技术水准与当初就不可同日而语了。今天完全可以起点更高、更尖端，因为基础条件完全不同了。

三是必要的专注。一心一意，瞄准一个目标，才可能瞄得准，打得赢。而三心二意，忽东忽西，忽而飞禽，忽而走兽，岂不分神走心。心思太活，今天学张三，明天学李四，朝三暮四，势必丢三拉四。见异思迁，这山望着那山高，最后肯定一事无成。

品牌若成大事，必在一定时期内盯紧一个目标而不放松。不达目的，决不罢手。聪明的品牌决不四面开花、分兵出击；而是集中优势，攻其一点，誓求突破，誓求围歼。甚至几十年只做一件事。

中国工艺美术大师、金山丝毯的程美华女士深情地告诉我：芭蕾舞名家是用脚尖跳舞，而她是用指尖跳舞。从 18 岁投入丝毯编织业，40 多年间只做了一件事，就是用指尖跳舞，先后独创了丝毯雕刻等一系列新工艺新技术，登上了丝毯编织的峰巅。获奖无数，扬名海内外。如果没有专注，哪里会有如此的成就。

而四面开花，必然四面楚歌。不仅不能取胜，还会造成极大的被动，甚至造成失败，造成全军覆没。这又何苦呢。

四是必要的清醒。破除迷信，克服盲目。任何专家权威都是人，不是神，不可能十全十美，更不需要上香叩首，盲目崇拜。天大的英雄，也是来自咱老百姓。伟人说过这样的话："高贵者最愚蠢，卑贱者最聪明。"伟人还写过这样的诗："春风杨柳万千条，六亿神州尽圣尧"。实践出真知，平民出英雄。天下没有绝对的权威，人人也都可以成为权威。千万不可因为迷信和崇拜而丢失了自己，迷失了自己。

群众中蕴藏着极大的首创精神和巨大能量。品牌应该善于组织员工投入创造性和创新性的劳动，把自己的潜能发挥得淋漓尽致，这才是品牌应该尽心尽力去做的头等大事。

邯郸学步，是一面清晰的明镜，它告诉我们品牌应有的学知之路。

东施效颦

　　与邯郸学步相似的成语，还有一个，叫做东施效颦。所不同的是，这个成语不止含有学习的意思，更多的是模仿或依样画葫芦的意思。效，就是仿效；颦，就是皱眉头。

　　东施效颦的故事，见于《庄子·天运》，说的是西施因为病痛，皱着眉头，按着心口。虽然样子非常难受不舒服，可是见到的村民都说她这个模样比平时更美丽。同村有个丑女名叫东施，见大家都夸西施，于是也学着皱眉头、按心口，结果变得丑上加丑。村里人见了她都讨厌极了。有的人忙着关紧大门，有的人急拉妻儿躲躲远远的，唯恐避之不及。

　　西施是中国古代四大美女之一。天生丽质，有沉鱼落雁之美，不仅令无数男士仰慕，也令无数少女追羡。以美作为效仿的榜样，本来没有什么不妥当。可是丑女东施竟以西施因心痛而皱眉头，也作为美态，作为榜样，也去效仿，故作姿态，那就不妥当，反而变得丑上加丑。

　　东施效颦，看似一个笑话，其实提出了一个严肃的话题：应当如何对待学习和仿效。

　　一切学仿为了超越。学习先进，仿效先进，应当得到肯定，得到鼓励。本质的东西应该学，形式的东西也可以学。学习的目的，全在于创造，创造更有个性的我。并不是一招一式都学得一模一样，才是上乘。也不是不分青红皂白照搬照抄，才是得体。如果连某些不足或者病态也当作宝贝，模仿得惟妙惟肖，那更是走到邪路上去了。所以，国画大师齐白石老人会说："学我者生，似我者死。"也就是说，向我学习真谛的人一定会成功，而只知道一味模仿而不懂得创新的人一定会失败。

一切学仿都应该有所选择。应该思考什么样的学仿才适合自己，为我所用。皱眉头，本来就不是一种美态。只因为西施是大美女，连皱眉头也被认为是一种美——病态美。就如同现在那些有气质的老太太，满头灰白相间的头发，被美誉为"奶奶灰"，居然也流行起来。不过，那些女孩子也去弄个"奶奶灰"，总觉着有点不伦不类。仿效并不是人人适用。本身是否天生丽质，是否名流名家，是否气质足够，是否相称相配，所得到的社会印象和公众评价，都是不一样的。所以，还得从自身条件出发，切不可以盲目仿效。

一切学仿都有条件。这是对于知识产权的高度尊重。好东西不能顺手拿来就占为己有。很多时候引用和借用都应该是有契约，有补偿的。即使我们引用名人名言，以此证明自己的分析和判断，那也得注明出处，致以谢意和敬礼。

一切学仿不如首创。最后还是应该提倡首创精神。鲁迅先生在《朝花夕拾》中说过："第一个把女人比作鲜花的是天才，第二个是庸才，第三个是蠢才。"把女人比作鲜花，并不见得特别高明。但是因为首创，也就值得夸奖。可是，如果第二位、第三位，以至后来各位都照着这么说，那就不雅反俗了。所以，还得学会创新，有一点别样的另类的溢美之词。一切效仿不能胜过原创。

品牌诉求也一样。记得20世纪80年代，浙江康恩贝的经理到

上海，找我们为他们的新产品"贝贝"牌婴幼儿天然补血剂做广告。根据权威机构的数据，在当时的婴幼儿中缺铁性贫血的比例非常高。然而，经过一场头脑风暴，创意仍然没有头绪。不经意间，邵隆图先生提到，现在的出生证很有意思，会印上婴儿的小脚印……。话音未落，我脱口而出："人生之路，贝贝起步。"大家一品味，都说好。贝贝起步是双关语，既是产品的品牌，又是产品的用户。从婴幼儿起就应该适当补血，才能健康成长，为人生之路营造一个好的开始。后来这句广告语被无数次仿效复制。什么产品都开口就说"人生之路，XX 起步"。这就滥了，俗了，没了新意，也没了冲击力。其实很多产品并不适用这句广告，真有点牵强附会，卖弄时髦。

市场上最大的问题似乎就是仿冒。反复的仿冒，无止的仿冒，无耻的仿冒。一个好东西出来，没过几天，社会上就会有无数双胞胎、多胞胎。这究竟是仿效，还是抄袭。一哄而上，往往一哄而散。结局可想而知。

由此看来，东施效颦的故事，还真正是古代智者哲人提早向我们发出的忠告。

铁 杵 成 针

　　铁杵成针的故事，几乎家喻户晓。说的是，唐代大诗人李白小时候读书不努力，经常开小差，逃学。有次走到溪边，见到一位老婆婆正在溪边石上磨一根铁杵，于是好奇地问道：这是做什么？不料老婆婆回答道：磨针。李白惊讶道：那得磨多久啊。老婆婆说：只要坚持下去，日积月累，总有一天会磨成。李白为之感动，联想自己，逃学太不应该。从此发奋攻读，做成学问，终成一代诗仙。

　　杵，本是一头粗一头细的圆木棒。而铁杵就更为坚硬了。把杵与针这两样反差悬殊的物件放在一起，就产生了强烈对比，相当感人。

　　凡欲成就一些学问，成就一番事业，必是贵在持之以恒。且不去争论以粗大的铁杵去磨成细小的针，是愚笨还是智慧，是可笑还是可爱，但至少证明了以下四点：

　　坚持的可贵。坚持可以改变一切。杵与针，大小粗细轻重，质量相差多悬殊，恐怕至少一万倍以上。可是只要坚持，也能成功。这说明一切不可能都可以转变成可能。积少成多，聚沙成塔，滴水穿石。只要盯准一个方向，专注一项事业，持久努力，坚持许久，必定有所收获。沙漠变成绿洲，曾经是多少代人可望而不可即的梦想。可是在共产党的领导下，经过坚韧不拔的持久努力，竟然变成了活生生的现实。据报道，中国北方的毛乌素沙漠和卡布其沙漠已

经变成了绿洲。昔日这些不毛之地，飞沙走石，寸草不生，而今森林密布，草原葱绿。不仅自然环境得到极大地改善，而且还产生了巨大的经济效益。这正是数十年不变的坚持的成果。

坚持的可悟。冰冻三尺，非一日之寒。铁杵成针，非一日之功。品牌事业都得有长期作战、长期坚守的思想准备。任何成功绝不是突发奇想，一步登天，一夜致富。注水和充肥都是没用的，也是不牢靠的。那位磨杵的老婆婆就有这个觉悟，具有长期磨炼的精神准备。如果经不起时间的考验，就难免半途而废。这个长期，一般而言，至少以 10 年为一尺度。比如"十年寒窗，一朝功名""十年树木，百年树人""君子报仇，十年不晚"，等等。10 年，只是一个约数，证明时间之长。其间还会有这样那样的变化、波动、意外、干扰。如果没有必要的思想准备，很难坚持下去。

坚持的可知。杵，可分为有形与无形。有形之杵可见，或望而生畏，或望而生为；敢上，或不敢上，都是考验。无形之杵更多，也更不容易辨别，有时明明是杵而不知其杵，直至碰了壁才知是杵。其实，杵，只是一种比喻。凡是工程浩大、时间浩漫、对比悬殊、难度空前的，就是杵。只要是考验韧劲、磨炼恒心、挑战毅力、消耗时空的，就是杵。二万五千里长征是杵，"两弹一星"是杵，揽月探海是杵，芯片超微是杵。这些都是对于战略耐心和耐力的真切考验。铁杵成针，方见得真功夫，真耐力，真心情，真豪情。凡事业成功，必是决心和意志的收成。

坚持的可变。坚持，并非一成不变，并非一根筋不转弯，一条道走到黑。坚持中也须摸规律，握主动，变手法，找窍门。铁杵成针的大方向不变，但是方法和技术可以变，也应该变。方向不变，宗旨不变，方法、手段、路径、技术都可以变。如是不变，仍是手工在石上磨，未免费时费料费工夫，性价比不太高。所以，技术革新和思路创新应该是常有的事。任何有助于提高工作效率的思想和方法，都应该得到鼓励和支持。铁杵成针，应该是坚定性和灵活性的统一，战略性和战术性的统一，全程性和阶段性的统一，笨功夫和巧手段的统一。

现实生活中，人们往往容易看到成功后的辉煌，而看不到成功前的艰辛与努力，更看不到成功之后的再接再厉。总是梦想着自己不用吃苦，也不用费劲，就可以攀上事业的高峰，光彩夺目。而一旦遇到挫折，又容易沮丧，容易悲观，容易动摇，以至怀疑人生，怀疑社会。这种态度实在是要不得的。

"华哥读报"中说得好："谁的人生不是荆棘前行。你跌倒的时候，懊恼的时候，品尝眼泪的时候，都请你不要轻言放弃，因为从来没有一种坚持会被辜负。请你相信你的坚持终将美好。"

艰 难 玉 成

　　钻石、石墨、煤炭，同宗同源，成分都是碳。但是，质地和价值天壤之别。煤炭只能作为燃料，或是取暖，或是发电，或是炼铁，或是烹饪；当然也可以进行煤化工：价值是以吨来计算的。石墨很松软，可以磨成粉，做干电池，做油墨，做铅笔芯，其价值用公斤来计算。而钻石是珍贵的奢侈品，或镶嵌在皇冠上，或镶嵌在戒指上，或镶嵌在手表里，或镶嵌在刀具上用来切割坚硬物件，其价值以克拉来计算。"钻石恒久远，一颗永流传"。为人们津津乐道。

　　为什么三者相差悬殊？因为在形成过程中，所承受的压力、温度和时间各有不同。在大自然中，钻石形成原因有两种：一种是在地质内的高温高压中形成，一般压力在 4.5～6 Gpa，温度在 1 100～1 500℃；另一种是带石墨的陨石与地球撞击，产生高温高压，使得石墨转化成为钻石。

　　人工条件下，石墨可以变成铅笔芯，也可以变成钻石。条件也是高温高压，以及必要的时间。我在铅笔制造厂亲眼看到，先将石墨粉压成铅芯模样，整整齐齐排放进坩埚里，送进烘炉高温焙烤一定时间，之后就成为可以书写的笔芯了。

　　付出越多，煎熬越多，牺牲越多，价值也就越高。这证明了一个成语：艰难玉成。经过艰难的磨炼和煎熬，岂止是玉成，钻石成，再宏伟的事业都能成。

艰难玉成出自北宋张载《正蒙·乾称篇》："富贵福泽，将厚吾之生也；贫贱忧戚，庸玉汝于成。"玉，在此处作动词，是琢磨璞玉的意思。汝，是你。全句意思是，贫穷卑贱和令人忧伤的客观条件，其实可以磨炼人的意志，助其达至成功。后来又演化为"艰难困苦，玉汝于成"，并简化为艰难玉成。意思是要成大器，必须经过艰难困苦的磨炼。艰难玉成，具有普遍意义和普世价值。

我曾经从事罐头食品行业，于是很多人就来问我："罐头食品里有没有添加剂或者防腐剂？"我回答：没有。但他们仍然不放心，将信将疑。其实，真的不需要防腐剂。因为罐头食品是经过高温高压处理而形成的。出厂之前，还要经过一道保温仓库，在模拟生态环境中让细菌加速繁殖。如果出现"胖听"，就说明杀菌不彻底，予以淘汰。所以，出厂的罐头食品保质期可以很长。罐头食品的成功，就在于经受住了严酷的考验。

成功，来自于压力和严酷。越是优质，越是严酷。轻轻松松，没有好品质，也没有好品牌。

做品牌，得有吃苦的准备，受压的准备。如果没有这三个准备，什么也做不成。

金山丝毯的核心人物程美华女士，她的那双手是不能像正常人那样捏紧的。因为编织这种特别的立体丝毯，每一个平方米面积内，就要打成一万三千多个8字形结头。长年累月，手指都变形了。"梅花香自苦寒来"，由此才创出丝毯世界的艺术奇葩，连老牌丝毯伊朗专家也不得不表示敬佩。而程美华的作品也屡屡荣获国家级金奖，她本人也成为中国工艺美术大师。

鲁迅先生是中国文化战线的伟大旗手，著作等身。他曾说过：

"世界上哪有什么天才，我只是把别人喝咖啡的时间用在工作上。"
"铁人"王进喜也说过："井无压力不出油，人无压力轻飘飘"，体现了强烈的责任感和使命感。正是敢于吃苦，敢于牺牲，经受压力，历经磨难，才造就了一批又一批平民英雄。

艰难玉成，在一般意义上，几乎谁都能够理解。但是追根究底，却始终还有一个方向问题、路线问题。再怎么能吃苦，也不能白吃苦，吃冤枉苦，吃糊涂苦。吃苦，也须吃得明明白白，吃得清清楚楚，吃得心安理得，吃得心甘情愿。这才是艰难玉成的更高境界。如果没有这样一种自觉，不弄清为什么吃苦，就难免动摇，经受不住，甚至打退堂鼓。

红军二万五千里长征，苦不苦？苦！为什么"红军不怕远征难，万水千山只等闲"？因为一开始就明白，为了突出重围，实现战略转移，寻找新的根据地，以图东山再起；继而又是为了北上抗日，救国救民。如果没有这样明确的目的和使命，吃那么多苦，干什么？

品牌同样，从一开始就得有自己的明确的战略方向和战略目标。以此动员和团结全体同仁，自觉加压，百折不挠，坚定不移，去奋斗。这样的长征也必然能成功。

筚 路 蓝 缕

　　筚路蓝缕，筚路的路，不是道路的路，而是柴车，简陋的车。蓝缕，也作褴褛，指的是破烂的衣服。连起来解读，就是身着破衣烂衫，赶着破车，去赶路。其狼狈不堪的模样可想而知。这个成语常用来比喻创业的艰难困苦。

　　在我记忆中，能够真正称得上筚路蓝缕的，应该是中国共产党领导的中国革命，尤其是工农红军的二万五千里长征。那真是艰苦卓绝。天上飞机炸，地上强敌追，一路上还有无数艰难险阻。爬雪山，过草地，破天险，啃树皮吃草根，战士们只穿着草鞋，甚至还有很多赤脚的，艰难曲折，百般煎熬，披星戴月，日夜兼程，最后终于到达陕北，实现了伟大的战略转移。因此，人们把它称之为艰难辉煌，是当之无愧的。

　　建国以后，给我印象深刻的则有工业的大庆、农业的大寨、解放军的边防战士，以及人间奇迹"红旗渠"。那真是因陋就简，不畏艰险，开山辟路，爬冰卧雪，勇往直前。我以为，同样也可以用筚路蓝缕去形容。这些创业事迹背后的精神力量同样给我们以巨大鼓舞。

　　可是现在有些人动不动就把自己的经历称之为筚路蓝缕。我却觉得无论如何也够不上这个比喻。因为今天的我们，尽管也有这样那样的困难，但无论环境和条件，都比想象中好得太多了。毕竟上

有支持，下有基础，虽然也有难度，也有曲折，也有不理解，也有冷嘲热讽，但是，还远远够不上筚路蓝缕。

是不是筚路蓝缕，并不是自夸的，而是公认的。我认识几位从浙江来上海艰苦创业的朋友，倒是真的有一点筚路蓝缕的意思，令我感动。

一位是方加亮先生，现在是绿亮集团董事长，也是上海市政协委员。当初来上海时他随身只携带了 5 000 元人民币，就到浦东一个工地的旁边，搭了一间十多平方米的草棚，算是安家落户了。靠山吃山，他一开始做的是建筑材料生意；之后，又做别人不愿涉足的"热重脏累"的翻砂件，且承包了上海人民广场道路铁铸栏杆工程，积累了第一桶金。后来他对电动车发生兴趣，就买来一辆拆散开来，弄清楚一件件配件，下决心自己做，创出了绿亮品牌，越做越大，成了这个行业的领先品牌。再后来，涉足的产业领域也越来越广，包括铁皮石斛、创意园区，以及信贷金融等。

另一位是陈泉苗先生，现在是双鹿上菱集团董事长。最初，他做过钟表零配件的小生意，后来又做闹钟，也试过做音响，生意一直不大。他见到家用冰箱正在崛起，很羡慕，可是资金又不够。他动了一个脑筋就是借，什么都是借来的：生产线是借的，技术工人是借的，连品牌也是借来的，只需每年付一点租金就行了。他先从农村市场做起，居然也做出了名堂。现在他的企业很大，光是一个总装车间就有七八万平方米；还把工厂开到了孟加拉国。

这两个实例都有点筚路蓝缕的意思。

以我个人来说，1991 年从机关下到企业，也遇到过一些困难，让我体会了一点筚路蓝缕的味道，当然还称不上筚路蓝缕。说是梅林集团，名声在外，可是当初集团总部手里，一无钱财，二无人手，连办公地点也破败不堪。屋顶是漏的，外面大雨，里面小雨；外面雨停，里面还没停，地上全是桶桶盆盆用来接水。二楼地板缝隙很大，可以看见一楼；朋友来了也不能热烈握手，因为地板会抖得厉害。但是借着邓小平南巡讲话的东风，我们胆子很大，就在这样的楼里策划发展蓝图，立誓改变上海食品工业的落后面貌。困难确实有，但远远比不上长征之艰难。依托建国 30 年积累下来的丰厚家底，采取市场经济的办法，让它实现增值和变现，从而引进大量外资和社会资本，建成一座座现代化工厂，促成了产品结构和生产面貌的大变样。

对品牌而言，不一定真的筚路蓝缕，但确实需要有一点筚路蓝缕的精神。品牌历程对于人的考验是综合性的。若是准备不足，那就经不起从物质到精神的种种考验。人们往往容易看到成功后的辉煌高光，而不关注所经历的酸楚辛劳。而事实上，每一个成功品牌的背后都有一大把辛酸泪。

今天条件好多了，仍旧要有一点筚路蓝缕的精神。如能这样，那么胜利就在向我们招手。

驽马十驾

　　驽马十驾，这个成语不常用，也容易弄错。其中的驽马，是指体质不好的马。十驾，不是 10 辆马车，也不是 10 匹马，而是指马走 10 天的路程。驽马十驾，功在不舍。意思就是，驽马虽然走得慢，但只要努力不懈，连续走上 10 天，也一样可以到达目的地。这个成语比喻资质差或起点低的人，只要认准方向，坚持努力，不自暴自弃，一样可以取得令人瞩目的成绩。

　　成语出自《荀子·劝学篇》。原文是："骐骥一跃，不能十步；驽马十驾，功在不舍。"骐骥，是日行千里的骏马；千里马超群出众，可是它的一跃，最远也达不到十步，并没有什么可以特别值得骄傲的地方。而普通的老马，虽然走得很慢，可是如果能连续走上十天，也能走出很远的距离，并没有什么可以特别令人丧气的地方。这是不是有点像龟兔赛跑。乌龟明显不如兔子走得快，但是有毅力，有耐心，有坚持，兔子一不小心，就让乌龟占了先机，夺了冠军。

　　驽马十驾，是不是也有点像品牌竞争。明明强势的，不一定永远领先；而暂时落后的，也不一定永远落后。

　　各个品牌，起点各有不同，基础也有强弱之分。有的起点高一点，基础和条件好一点；有的则是起点低一点，基础和条件也差一点。但是，只要不妄自菲薄，只要认准方向不懈努力，就一样可以取得进步，取得成就。

所以，即使暂时领先，也不可麻痹大意；即使暂时落后，也不必自认晦气。谁能笑到最后，谁才是最终的胜利者。

可惜的是，市场并没有终点，只有一个又一个新的起点。于是，也就始终没有可以骄傲和松劲的机会。百舸争流，你追我赶，你未唱罢我又登场，这才是常态。

比如饮料市场，那也是新闻层出不穷，竞争如火如茶。

喜茶，主攻奶茶，更注重体验式消费，与其他奶茶清晰地区别开来。它们突破性地使用原叶茶、鲜牛奶、芝士等原料的结合，打破粉末冲兑的饮品，取得独特的形态和风味。并在商场里开出一家又一家空间设计精美的门店，重新定义了更健康、口感和颜值更好的茶饮。于是，吸引众多消费者去排长队，体验这种新饮品的风味。

三顿半，则针对一批对口味有要求的商务、旅游、运动爱好者，开发了一种"精品即溶"的小众品类。它的特点是基于低温萃取工艺的口味保证、三秒速溶能力，以及创新的小罐包装。可以迅速解决这类人士"随时随地喝上一杯高品质咖啡"的需求。于是立即得到 KOL（关键意见领袖）或 KOC（关键意见消费者）的响应，并在他们带动下，迅速热起来。

元气森林，打出"0糖0脂0卡"的市场定位，针对健康饮品细分市场，利用这种强记忆符号迅速提升消费者认知。不仅如此，它们在产品质量上针对年轻消费者的健康需求进行突破。利用赤藓糖醇取代安赛蜜、阿斯巴甜等常见人工代糖，在保证口感的同时确保0糖0脂0卡。差异化策略让它们后来居上。

新饮品新生活的不断涌现，也逼得百年品牌可口可乐不得不检

视和反省自身的不足，以跟上时代的节拍，开始将"减糖"概念引入产品线。2019 年在中国地区共降低了 17 种产品含糖量，甚至有了零卡雪碧和零卡芬达；与此同时，收购了运动饮料品牌 BodyArrmor，以企与对手一争高下。可口可乐还调整战略，将全部产品划分为五大全球品类，分别是"可口可乐""风味汽水""瓶装水、运动、咖啡和茶""营养、果汁、牛奶和植物饮料"和"新兴品类"，重振旗鼓，以应对新的竞争。

正是这种种革新和追赶，才使得世界变得精彩纷呈，需求变得踊跃积极，生活日益丰满升华。

我自己体会自己，并不算天资聪慧，但是肯吃苦、肯努力，因此小有成绩。即使退休以后，也坚持"头脑散步"，每天有所学习、有所思考，于是每天有所心得。日积月累，居然也有小文一迭，收获颇丰。由此，被人称之为驽马十驾。我觉得也蛮光荣。

世事无常又有常。只要不卑不亢，不泄不馁，自己对自己有信心，有要求，有追赶，终能到达胜利的彼岸。

014

事 在 人 为

　　事在人为，最早出于何处，尚未考证。但可见于明代冯梦龙《东周列国志》第六十九回："事在人为耳，彼朽骨者何知。"事在人为的一般解释是事情要靠人去做的。在一定的条件下，事情能否做成要看人的主观努力如何。

　　我却以为，这样的解释略嫌简单和保守。事在人为的为，是倍加努力的为。为与力相比，多了两个点。上面一点是眼力，反映了视野、探测和认知。正中间一点是心力，反映了胸襟、气魄和胆量。事在人为，应该是有胆有识、有谋有略的作为。因而是具有科学性而非莽撞性的作为，是朝着正确方向创新开拓、奋勇前行的作为。

　　虽然与大自然、大宇宙相比，人只是沧海一粟，相当渺小。可是人的认知能力和作为能力却是无限的。只要登高望远，方向正确，目标清晰，敢于作为，积极作为，进取作为，创新作为，沟壑可变坦途，险境可变乐园，哪怕上天入地、改天换地，也是办得到的。君不见，高峡出平湖，天堑变通途，环球如家访，揽月也无阻。只要不懈努力，奇迹就会一个接一个创造出来。

　　事在人为，就在于，人可以探知规律，可以识破规律，可以应用规律，可以运筹规律。在规律面前并非无能为力，一筹莫展，而是可以因循规律，有所作为。主观努力一旦与客观规律相合拍，相

协调，就会产生不可估量的力量。所以，当年大庆油田的"王铁人"会说："有条件要上，没有条件，创造条件也要上。"凡做品牌的，就得有一点事在人为的豪情和气魄。

事在人为，与"人算不如天算"，不相矛盾；与"计划不如变化"，不相矛盾。很多成功正是产生于努力，努力，再努力之中。即使暂时困难、挫折、变化、被动，又如何？只要认准方向，咬定青山不放松，坚持不懈，努力再努力，照样可以变被动为主动，杀出一条血路来。

困中有为。这是困境之中再坚持一下的努力。根据真人真事编写的《沙家浜》中，有十八位伤病员被困在芦苇荡中，与上级失去了联络，缺医少药，又逢暴雨狂风，不可谓不困难。但是，指导员郭建光说：胜利就产生于"再坚持一下的努力之中"。熬过去就是光明。十八个伤病员就是十八棵青松。困境之中，就看谁更有耐力，更有恒心，更有韧劲。据说，后来就以这些伤愈的战士为骨干，这支新四军队伍扩展成为一个师，成为一支攻关克隘的劲旅，屡立战功。

制中有为。这是规制面前再争取一下的努力。任何制度、规定或政策，总有缝隙，总有区别对待这一条。可分为一般与特殊、常规与非常规、下限与上限，等等。就是在规制范围内也要积极有为。凡是国家规定可以做的，要坚决地去做；凡是国家规定不允许做的，就要坚决不做。在社会实践中也会有许多以往没有遇到过的情况，也会有一些以往没有说过的事情，应该可以在实践中去探索，在实践中去检验。这也是按国家的要求去做。

迷中有为。这是创新试错陷于迷局之中，再尝试一下的努力。当年王林鹤试制高压电桥，前前后后失败了 272 次，最后终于在第

273 次探索中取得了成功。272 次失败，多么考验人，也多么折磨人。但是不为所动，坚定不移，一次又一次尝试，终于在迷局之中看见一丝光亮。今天我们也不能在一次两次试探失败之后，就轻言放弃。因为开拓创新，走前人没有走过的路，所以必然会有这样那样的迷惑、谜团、迷津。只有敢试、敢下水、敢探路，才可能闯出一条生路。不试，怎么知晓路在何方，通向哪里。只有试过，甚至反复试过，才会知道路就在脚下。

挫中有为。这是受到挫折之后再筹划一下的努力。一两次失败不要紧，要紧的是反思和总结，冷静和筹划。屡战屡败也不可怕，可怕的是缺了屡败屡战的精神，缺了迎战强敌和各种困难的斗志。只要坚信"办法总比困难多""天下事难不倒有志人"，就能够找到新的路径，组织和实施新的谋略、新的举措和新的出发。

事在人为，是战鼓，是旗帜，是启迪，是激励。品牌应该以此来坚定信念，坚定意志，坚定目标，坚定努力。不为困境所困，不为规制所制，不为挫折所挫，不为迷茫所迷，因循着规律，朝着既定目标前进。

各得其所

各得其所，出于《周易·系辞下》："日中为市，致天下之民，聚天下之货，交易而退，各得其所。"又见于《汉书·东方朔传》："元元之民，各得其所。"原意是指在商品交易中每个人都得到了相应满足。后来又泛指每一个人或事物都得到恰当的位置或安排。

其实，各得其所，还可以做必要的延伸解释或扩展解释。所，可以解释为处所、地方，或位置。得，是指得到。各，泛指人或物。联系起来解读，就是各人或各物从所处位置获得相应利益。位置不同，价值就不同，功能和作用也不同，得到的利益和好处也不同。放对地方，就是宝贝；放错地方，就是废物，就是垃圾。若想保值增值，以至价值倍增，就得讲究地方和位置。境况不同，境遇不同，各人或各物所发挥的作用就不同，价值认定和价值贡献也不同。

用各得其所来观察品牌，也是如此。品牌要发挥更大功效，也讲究有一个合适的位置。位置合适就有价值。位置不合适就没有价值。听说过一个古老的故事，说是老子考儿子有没有商业头脑，于是指着家里一台老旧收音机说，你拿出去能卖多少钱。儿子认为，这是过时货，不值钱。扔进垃圾桶，那就是地道垃圾；放到跳蚤市场，至多还值几块钱。老子就说，如果放到拍卖行呢，那就是收藏品；如果献给博物馆呢？那就是文物。价值认定截然不同。

一直说犹太人会做生意，那么，犹太人的商业头脑高明在哪里呢？有一个自由女神象的铜屑故事可以证明。1974 年美国政府翻新自由女神之后留下了堆积如山的废料，为了清理向社会招标，可是久久没人响应。但是却吸引到一位正在旅途中的美籍犹太人。他二话没说，立即签约。很多人嘲笑他蠢。可是他却不动摇，照样投标，只花 350 美元就中了标，随后对垃圾进行了仔细分类处理。废铜熔化铸成小自由女神，水泥块和木头加工成底座，废铅和废铝做成纽约广场的钥匙，最后连扫下来的灰也包装起来出售给花店。一堆废料结果变成 350 万美元现钞，升值 1 万倍。

这个故事生动展示了恰当安置、放对地方的可行性和重要性。

各得其所，对于品牌至少有三点启示：

终端选择的重要性。放对位置。放在超市就是快消品，放在专柜就是轻奢品，放在专门店就是奢侈品，放在会所就是顶级奢侈品。放在城隍庙与放在淮海路，身价不一样，意义不相同。因此，对于通道、渠道或终端的选择，千万不可随便，千万不可草率，千万不可马虎。

比如，很多商品喜欢上"双十一""双十二"，喜欢上天猫上京东，其实很多商品并不适合上网，也不适合快速促销。贵重的收藏品、贵重的奢侈品、贵重的拍卖品，更不适合网店，也不必去争什么网红，它们自有更适合的殿堂。我对于代表着腕表尖端技艺的陀飞轮、三问表这类精品上电视台的购物节目很有异议，因为它们并不适合出现在这里。如果人头马或者路易十三出现在日用杂品店或者夫妻老婆店，那必定被认为这是假货。

意义赋予的重要性。制造偶像。一堆泥土，本无意义，可是，如果做好造型，画上彩绘，罩上釉料，再经过高温熔烧，"白如玉，

明如镜，薄如纸，声如磬"，那就是皇家御制精品，风行天下，一瓷难求；如果塑成佛像，上好金粉，端坐佛堂，赋予意义，再经过开光，就大不一样了，这就是上香叩首、五体投地、顶礼膜拜的神灵。

许多国际名牌是从皇家御用或者贵族定制起步的，戴上了浓重的光环，足以气势压人。然后，又居高临下，从宫廷走向民间，成为仰慕和崇拜的对象，一路横扫，风靡天下。如英国皇室御用的Burberry、Penhaligons、Cartier；比利时皇室的Delvaux；瑞典皇室的TYLO；沙特皇室的Airgle；摩纳哥皇室的Lancaster；法国就更多了，有爱马仕、路易威登、香奈儿等等。都是因为出身名门，戴有光环。

价值重构的重要性。另辟蹊径。注入文化，赋以意义，特殊技艺，私人定制，是一种走向高端的价值重构。而放下身段，亲民贴切，是一种走向回归的价值重构。城市不行就去农村，一线二线不行就去三线四线，产能饱和就输出到短缺经济的地盘，也都是价值重构。通过价值重构，找到更适合自己的位置，找到更适合自己的市场，同时，也找到更适合用户的自己。

这让我认识到：放对位置，不仅是指实在的位置，也包含虚拟的位置；不仅是指狭义的位置，也包含广义的位置；不仅指物质的位置，也包含意念心理的位置。从更广的视角看，终端、意义、价值，也都是位置。

放对位置，各得其所，各自尽职，各有所获。品牌应该有这个起码的觉悟。

与时俱进

　　忽然发现，老头老太落伍了。在香港饮个早茶也成了问题。平日喜欢的稻香酒楼，居然没人来招呼你。原来店堂点菜下单用上了数字技术，需要用手机拍下二维码，输入菜点编号，才是下单，才有得吃；泡一壶茶，也用上了电子技术，需要点击屏幕，才会自动加水，自动加温，才会有滚水冲茶。一时弄得手忙脚乱。吃饭不行，打的也不行了，只是在马路边招手是没用的，得下载APP，直接预约的士。疫情期间进出公共场合需要有个健康码，弄了半天也弄不成功，结果公园也不能进。处处受阻，寸步难行。到底是老头老太跟不上时代，还是时代前进得太快？或者还是其他什么原因？

　　于是，一个成语跳了出来：与时俱进。说的是，行动和时代一起进步。这个成语最早见于《易经》。其中损卦有云："损刚益柔有时，损益盈虚，与时皆行。"益卦有云："益动而巽，日进无疆；天施地生，其益无方。凡益之道，与时皆行。"近代经由蔡元培先生综合提炼而成"与时俱进"。与时俱进是一种积极进取的思想，是指准确把握时代特征，始终站在时代前列和实践前沿，始终坚持解放思想、实事求是和开拓进取，在大胆探索中继承发展。

　　与时俱进，不仅是执政党的理念，也应该是品牌事业的理念。与时俱进，不仅对顾客和用户是个考验，对企业和品牌也是个考验。

与时俱进，与世俱进，与势俱进，核心是俱进。俱进的内涵实在太丰富。

首先是"进"。品牌得与时代、与世界、与趋势、与潮流一起进步；先不说领先，至少也不落伍，直至中流击水，浪遏飞舟。

其次是"俱进"。不是品牌孤零零的进步，还得与用户与受众一起进步。年轻人掌握新事物快，老年人应对慢变通慢，那也不能见慢不拉，也得给予热诚帮助。

俱进，是一起进步。光是品牌进步而没有顾客和用户的进步，怎么行。与时俱进，助力社会的整体进步，究其本质是品牌应尽的社会责任。

从外部看，品牌应该与用户俱进。品牌不能只顾着自个儿进步，还得拉上大伙儿一起进步，这才称得上俱进。当用户认知落后于时代时，品牌就要承担起普及、培训与推广的责任，辅助用户学习、认知、理解、掌握、运用。品牌绝非摆设，而是生活标志。一种生活方式兴起之日，必是社会觉醒和普及之时。来之生活，用之生活。如果用户对品牌及其产品不认识、不理解、不会用，那就无异于废物。

我一向使用三星手机，有次赶时髦，在香港买了个苹果手机，销售商 Smarton 生怕我不会用，就热诚邀我参加培训。应约赶到课堂时，竟只有我一个学员兼听众。老师居然也讲了一个小时，还与我互动，直到我能理解会使用才松手。如此耐心帮助我进步，真让我感动。

品牌并非一直领先，也有落后于用户之时。千万不要以为自己什么都懂，什么都行。用户群里藏龙卧虎，什么样的能人天才没有。很多好主张好创意就来自用户。人民群众是推进社会变革和历史进步的主力军。谦恭地向用户学习，应该成为品牌的必修课。当年很多企业和很多品牌向社会征集创意、征集设计、征集广告，不仅仅是怕自己眼力心力不够，更是怕自己脱离社会、脱离民众、脱离潮流。向用户学习，执发展之牛耳，这才算是俱进。

从内部看，品牌应该关注每个单体与整体的俱进。品牌进步是整体进步，整体提高，并不止于某个单项的突破。孤军深入，一枝独秀，不代表整体进步，也称不上俱进。只有全员、全程；主件、配件；主角、配角，一个不缺，整体提高，才算俱进。哪怕跑龙套，也得相应进步，才能绿叶衬红花。否则，一粒老鼠屎坏一锅汤。若是关键之处，更应突破，否则，就是卡脖子，整体水平也上不去。

品牌内部至少需要两种平衡：或者是短板平衡，也就是针对短板做改进，跟上整体步伐；或者是长板平衡，向先进者靠拢，向先进者看齐，一马当先，万马奔腾。不让一个部门、一个岗位、一个员工掉队。这才是俱进。

从整个社会看，竞争与帮促俱进。与时俱进，不是一处进步，而是处处进步，是社会整体水平进步，是社会形态和生活方式整体进步。新时代主要矛盾是人民日益增长的美好生活需要和发展不平衡不充分的矛盾。因为不平衡不充分，所以更加凸现与时俱进的必要，更加主张共同进步的必要，这始终是个浩大工程。帮困、扶贫、兼并、改组，是一种。交流、分享、合作、融合，是一种。通过正当竞争，无情淘汰后进、改造后进、改变后进、融化后进，更是品牌责无旁贷的使命。"一花独放不是春，万紫千红春满园。"

与时俱进，不是孤芳独赏，而是群芳斗艳。只有如此，与时俱进才有了实实在在的意义。

017

刻 舟 求 剑

　　《吕氏春秋·慎大览·察今》中讲了一个故事：楚国有个人在坐船过江时，不小心把身上携带的宝剑掉进江里去了。有人劝他赶紧打捞，他却不慌不忙，掏出小刀，在船帮上做了一个记号。直到船靠岸停下之后，那位楚人才在刻有记号的船帮处下水打捞，结果一无所得。

　　河水在流动，船也在移动，刻一个记号在移动的船上，怎么能够找到掉剑的老地方呢？

　　可笑吧？很可笑。可笑的可不止这位楚人，很可能也包括我们自己在内。我们是不是也常常会以静止的眼光，去看待流动的时光；以固定的思维，去看待变动的世态。

　　世事不会一成不变。古希腊哲学家赫拉克利特早就告诉我们："人不能两次踏进同一条河流"，因为当人第二次进入这条河时，是新的水流而不是原来的水流在流淌。他还用非常简洁的语言说："一切皆流，无物常住""太阳每天都是新的"。恩格斯高度评价了这位哲人的思想：一切都存在，同时又不存在，因为一切都在流动，都在不断地变化，不断地产生和消灭。世事无常，这是一个铁定的定律。

　　与世俱进才是一种正确的态度。世界在变化，我们的认知也要随之变化。千万不可冰封自己的思想，以不变去应对万变。刻舟求剑，正是不知变迁，刻守古板的生动借喻。

所以，稻盛和夫会说："别以你现在的能力，束缚对未来的想象。"

但是，生活中确实有各种各样的固执偏见，也有各种各样的刻舟求剑。

比如，"十四五"期间上海将有很多激动人心的公共设施高光亮相。于是就有人议论，与其做这么多表面文章，还不如多弄点改善民生的实事。这就引出了一个题目：什么才是民生。好多人对民生的思维，恐怕还是停留在过去的认知上。多发点钱、多搞点福利、多免点税费，才算民生。实际上，民生并没有那么狭隘，也没有那么固化不变。民生也是随着经济发展和社会进步而不断丰富厚实的。民生，有小民生，也有大民生；有个体民生，也有公共民生；有传统民生，也有时尚民生；有物质民生，也有精神民生。以发展的眼光去看，民生的含义丰富得很。许多不被认为民生的民生，恰恰是正正当当的民生。

比如，2021年的中央一号文件再次强调了"三农"问题。提出建设"社会主义新农村"。什么才算新农村？新农村应该是个什么样子？各行各业应该全力支持做些什么？这些都得突破传统思维或固有思维，形成新的思路、新的作为。有专家特意提醒我们，千万不要把新农村办成了新城镇，或者把城市模式搬到了农村，那就有违中央的苦心和本意了。

比如，"十四五"规划中，上海市提出了重点发展的六大产业，其中有一个是时尚消费品。这是不是传统轻工业的复活？是不是照搬过去那套体制和做法？时尚消费品应该包含哪些内容，采取哪些做法？都得与时俱进，有新的思维、新的认知、新的路径、新的方

法，千万不可去走回头路、吃回锅肉。

未来已来。新趋势、新动向，已经一个接一个，甚至一个挤一个，向我们扑面而来。

有人提出未来的三大战略机遇，也有人提出未来的 45 个重大变化，更有人提出未来的 30 个最赚钱的商业模式，如此等等，众说纷纭。大家都在分析未来、探寻未来、应对未来。且不说这些描述是否精准，但至少也是一种积极面世的态度。

品牌应该做什么，至少应把握四点：

> 笑迎趋势，不回避，不斜视。
> 参与趋势，不旁观，不袖手。
> 细分趋势，有所筛选，有所主攻。
> 引领趋势，有所独创，有所领先。

这可能是对变动着的世界的最好响应。

未雨绸缪

　　未雨绸缪，出自《诗经·豳风·鸱鸮》，描写一只失去了幼鸟的母鸟，仍然在辛勤地筑巢，其中有一句这样说："迨天之未阴雨，彻彼桑土，绸缪牖户。"意思是说，趁天还没下雨的时候，就赶紧用桑根皮把鸟巢缠紧，就好比把房屋门窗修补好。绸缪就是修补。后来人们把这句诗浓缩为未雨绸缪，用来比喻凡事应及早作准备，以免临时手忙脚乱。正如《朱子家训》中所说："宜未雨而绸缪，毋临渴而掘井。"平时不烧香，临时抱佛脚，那就太晚了，误事了。

　　未雨绸缪，用在现实生活之中，至少可以反映在五个方面：一是储备，二是配套，三是防备，四是防卫，五是预案。

　　储备。日常生活正常运转，必有一定储备量，一定周转量，一定提前量。据说，若要维持一个城市的运转，就至少需要7天的存煤量。作战之前也需要一定储备，此所谓"兵马未动，粮草先行"。这仗打不打，先看粮仓满不满。

　　配套。如俗话所说，吃饭想到拉屎，挖坑想到出土，上水想到下水，建房想到基础。因此，未建饭堂，先修茅坑；未建住房，先打基桩。

　　防备。丰收想到灾荒，和平想到战争，平静想到意外，纠缠想到突破，量变想到质变，渐变想到突变。此所谓"每天省下一把米，应对灾荒心不乱"。

防卫。"风高月黑夜，杀人放火天"。防偷防盗防袭防灾，须常备不懈。站岗设哨，门禁反锁，电网警报，天眼监控，都是必备。

预案。以矛对矛，以牙还牙。以进攻制止进攻，以战争制止战争。有多套反击预案、应变预案、防范预案。

未雨绸缪，对于品牌事业相当重要。品牌处事，不仅需要常备不懈，更需要高度敏感。包括商业敏感、政策敏感、环境敏感、趋势敏感，等等。商场如战场，行情如敌情，少不得必要的警觉和反馈，少不得必要的准备和预案。有敏感，才能领先一步，及早准备，及早应对；没敏感，就会一处被动，处处被动，只有挨打的份。

高度敏感的品牌应该有三大法宝。

行情面前，有晴雨表。把握波动起伏，实现低进高出。比如梅林午餐肉罐头的原料猪肉是全球采购的，于是信息情报也在全球布网，稍有风吹草动，即可灵敏反应，捕捉差价，掌握主动。屡屡大进大出，纵横捭阖，赢取超额利润。

趋势面前，有风向标。辨清风向，辨明潮流。顺风走而不顶风行。如今"碳中和""低排放"是大趋势，于是城市里的公交巴士，一家接一家，用起了电动汽车。这是低碳的，不用石油燃料的，于是盛行。从珠海到上海，都这样。可是，也得未雨绸缪。这老化失效、更换下来的电池该如何处置、如何再生，也得及早有布局、有对策。

苗子面前，有放大镜。任何一个新事物问世，任何一个新事件露头，都必须有必要的触觉反应：可能与自己相关，或是危机，或是机会。品牌应有足够的敏感性和联想性，马上反应可能对自己的影响、危害、促进与启示，马上部署必要的调整、开发及应对。

新冠肺炎疫情来了，马上想到不能近距离接触，必然发展各种远距离事业：远程商贸、远程办公、远程教育、远程医疗、远程体验、远程下单，等等。而各种远程事业的核心是四通八达、灵活反应、准确传递和交流的互联网。而互联网的基础又是数字化技术。而数字化技术的核心又是一系列数字化产业。电脑、传感器、网络、芯片、快递、包装业、车辆，等等。未雨绸缪，就应该选择适合自己下手的哪个环节果断下手。

非洲猪瘟来了，马上联想不吃猪肉、慎吃猪肉，以什么替代，于是，午餐肉就变成了午餐鸡。禽流感来了，立刻联想鸡肉、鸭肉、鹅肉、鸽肉暂时都不能吃，以什么替代，于是水产品鱼贯而入。孔雀绿来了，淡水养殖鱼不能吃，迅速联想以什么替代，天然的野生的海水的水产就该热门。

当今时代，是一个空前未有的大变局时代，什么都在变，品牌更须有必要的敏感性、预见性和应变性，做足功夫。

未雨绸缪，说白了，就是不等下雨，先备好雨具；不等水涝，先修好堤坝；不等干旱，先蓄满清水；不等饥荒，先备足粮食。不造成大的有害后果，全因一切洞察在先，一切预备在先。

标新立异

标新立异，出自南朝·宋·刘义庆《世说新语·文学》，其中讲了一段故事：和尚支道林与一些社会名士在建康白马寺中聊天，一开始他只是坐在一旁静听别人的言论，后来才以自己独到见解讲述对庄子《逍遥游》的认识，"标新理于二家之表，立异于众贤之外"，并由此引起众人的赞许。于是，有了标新立异这个成语。

标新立异，通常被解释为提出新的主张与见解，或创造出新奇的事物。也指与众不同的表达方式，并以此吸引人。

细细品味，我却觉得，标新立异，贵在立异。异，就是不同，包括与众不同（与别人不一样）、与往不同（与过往不一样）、与常不同（与平常不一样）；奇异、怪异、讶异；产生异形、异象、异功、异觉……。标新而不立异，没有意义，也没有价值。

标新立异，难也难在立异。且不说，创意难、开发难、推广难，而且还难在公众的一时不认可、不理解、不接受，甚至是还可能被认为"异端邪说""穿凿附会""不伦不类"，等等。所以，标新立异，既需要智慧，更需要胆识。

实际上，异，不是令人恐慌、令人逃避，而是令人喜欢、令人追求。犹如万圣节的那些怪面具，惊世骇俗，可是因为无害且有趣，就带来无比兴奋和欢乐。

异的生命力在于，意料之外，情理之中，得到认同，成为趋势。异的真谛在于符合并把握认知规律和发展规律。如果只是为异而异，则效果适得其反，且会被认为故意卖弄。

日趋同质化的时代，太需要异质化的产品、异质化的服务、异质化的科技、异质化的创意。标新立异，是品牌由生而来的光荣使命。

见过"紫色的牛"吗？我们都见过棕色的牦牛、褐色的水牛、黄色的黄牛，还有黑白相间的奶牛，当看过一头两头以至无数头牛之后，视觉疲劳了，枯燥乏味了……。这时候出现了一头紫色的牛，立即吸引了注意。因为变异，因为与众不同，带来了新鲜，带来了冲击。一本名叫《紫牛》的书告诉我们，选择与众不同，就是选择竞争力。

见过"无扇的扇"吗？今日可能已经不再稀奇。在 Dyson 专卖店里，我见到这种怪异的电扇：没有扇叶，没有旋转，像静静站立的高耸的圆环或椭圆环，而微风却匀称地柔柔地扑面而来，就像妈妈的手轻抚脸庞。这是什么？这就是变异，这就是竞争力。

见过"没灯的灯"吗？一张平平正正的薄膜，一张可以任意弯曲折叠的薄膜，也会发光，柔和的光；甚至还可以发电。打破了灯有灯泡、灯有灯管、灯有灯球的传统观念。只要手能触摸之处，随时可以发光发亮，带来方便，也带来奇妙。这是什么？这是变异，这是巧夺人心的新生活。

我很欣赏女强人董明珠，因为她所主持的格力电器常常敢于且善于标新立异，既有惊奇，又有惊喜。一句"好空调格力造"，带来了多少异变、特变、奇变。而它们的所有创新，几乎都对准了人们的关心点。

一开始有省电的空调，对准了"空调费电"的关心点。后来有

了没风的空调，对准了"空调虽好，风大不好"的关心点。再后来又有了不用电的空调，这简直是科幻的追求。依靠光伏发电供电的空调，不但能满足自身的需要，在不远的将来还可以满足一个家庭的用电需要。小小空调简直成了一座小型家庭发电站，而且还是清洁绿色的发电站。

今天即如小小一支书写笔，也可发生异变。英雄集团领导李立力和潘宏告诉我，英雄金笔不仅是时代的记录员，也是时代的创新者，已经向精品化、大众化、智能化发展，一支笔既可书写，又可测量人的心跳、血压和其他体质指标。中国第一铅笔领导胡书刚告诉我：铅笔也跟上了时代进步，有了工业用笔可以测量钢铁品质，有了太空笔可以伴随宇航员遨游天际。

最近我又听说，有些电视机制造商正打算减产或关门或转型。因为它们看到了未来的科技突破和生活异变。5G 正在把手机变成投影仪，变成转换器，任何一个平面或曲面，比如墙面、车身、窗帘、地板……都可以变成荧屏。周边可以有无数的立马现身的"电视机"。

异，不仅仅是不同，更重要的是代表了生活形式、生活内容，以至生活模式的变换，并且由此带来生活理念、生活态度、生活品位的变换。

异，带来的不仅是生活的改变，而且是文化的演进、社会的改革。

标新立异，让品牌倍添生命活力，也让社会焕发青春。

推 陈 出 新

人是喜新厌旧的生灵。年轻品牌充满朝气、活力和新鲜感，自然引人喜欢。而老年品牌，因为传统、正经和陈旧感，就容易让人厌倦。年迈的品牌如何保持新鲜感、永葆青春、充满活力，一直是个值得深思的问题。

30多年前，在我赴任梅林集团总经理的前几天，那时还在上海市轻工业局从事规划工作，生产大白兔奶糖的上海益民食品五厂厂长杨诚荣先生找到我。他说大白兔奶糖问世至今已经30年了，都说"兔子尾巴长不了"，大白兔的寿命到底能不能长，怎样才能长。"人无远虑，必有近忧"。他这样提出问题、思考问题，说明他是很有责任心的。

自那之后，大白兔创新和革新的步伐一直没有停。时至今日，不仅仅奶糖有了很多新品种新包装，而且跨界融合发展，取得了一系列新成就。与美加净合作，发展了大白兔唇膏；与气味图书馆合作，发展了香氛系列；与太平洋咖啡合作，发展了大白兔风味拿铁；与快乐柠檬合作，发展了特色奶茶；与太平鸟属下品牌合作，发展有大白兔标志的新服饰；还有大白兔冰淇淋，等等。年轻人评价说：过去以为大白兔"有文化、老字号、可信赖、老品牌"，而今认为大白兔是"经典的、时尚的、活跃的"。回顾大白兔的创新史，30年就操心，60年有新意，90年没问题，更长也可以。

其实，品牌老不老，不在于年龄，而在于心态；不在于外表，而在于气质；不在于形式，而在于内容。精气神俱在，活力充沛，精彩四溢，不断推陈出新，革故鼎新，那就不老，也不会老。

推陈出新，原是指新谷登场时，推去仓中陈米，换储新米。后借用来指事物的除旧更新。清代戴延年《秋灯从话·忠勇祠联》中说："不特推陈出新，饶有别致。"

革故鼎新，其力度、强度和深度似乎都超过了推陈出新。更为全面，也更为彻底。《周易·杂卦》中说："革，去故也；鼎，更新也。"不仅指事物，也指体制和机制的破旧立新。唐代张锐的《唐中书令梁国公姚崇神道碑》有："夫以革故鼎新，大来小往，得丧而不形于色，进退而不失其正者，鲜矣。"

如果说，推陈出新较为风平浪静，那么，革故鼎新简直是风狂浪急。有些时候，有些问题，似乎没有急风暴雨，还真是解决不了。

品牌怎样才算老，而且老而不化？那肯定是一身老态，一嘴老腔，一脑老糊涂。

倚老卖老。动不动就把老字挂在嘴边，动不动就翻老黄历、晒老古董、讲老故事、摆老资格，盛气凌人。

老气横秋。老脸皱纹密布，老身不修边幅，老腔怨声载道。对新事物横不顺眼，竖不服气，横加指颐。

老态龙钟。步履蹒跚，反应迟钝，思想陈旧，自理困难。自己不行，还不让别人前行。

对付顽而不化，自然要推陈出新。如果力度还不够，就得革故鼎新。

唐朝诗人刘禹锡在诗中说："塞北梅花羌笛吹，淮南桂树小山词。请君莫奏前朝曲，听唱新翻杨柳枝。"任何品牌，无一例外，都得与时俱进，不时翻新！（见唐·刘禹锡《杨柳枝词九首·其一》）

品牌新生，始终是个世界性难题。关键在于因应时代，发掘其内在的活性元素，不断有新的浪漫、新的情调、新的趣味，以及新的感受。不被历史所抛弃，不与用户相离异。老迈品牌推陈出新、洗心革面，至少可以考虑以下四个方面：

老而有趣。趣味。幽默、浪漫、戏弄、嘲讽、小品，只要恰当，都可能有趣。

老而有情。情调。一支烛光、一朵玫瑰、一份手信、一句情话，都可能调情。

老而有新。新意。老树发新枝。新产品、新包装、新样式、新营销，都可能产生新意。

老而有为。作为。不甘寂寞，常有动作、常有新闻、常有故事、常有传颂。不断提醒，常有推广，记忆犹新。

脸上有皱纹，心上无皱纹。外表有缺陷，心里无缺诏。只要心态不老、精神不老，那就大有希望。

也不必处处自称为"老"，也不必羡慕挂上金字招牌的"中华老字号"。既要承认老，又要否定老。老，并不能服人；老而弥新，才能成为热门。给老品牌以新包装，给老内容以新称号，给老主题以新诠释。传统小吃就是"复古新潮"，百年品牌就是"经典原创"。这里不存在欺骗，而是一种合理幽默，是一种巧妙创意。

老克勒受人尊敬，老腊塌遭人唾弃。因为老克勒赶上了新时髦。

何米期茶

既然做品牌，就都希望长寿。不想长寿的品牌，不是好品牌，甚至不是品牌。如果只想着短期利益，无异于做投机，赌一把就走。输也是它，赢也是它。

品牌当然不是赌博。品牌是事业，是带有责任和使命的事业。人们当然期望品牌恒久健康的发展。

对品牌寿命的期望，可以用"何米期茶"来描述。何米期茶的原文是：何止于米，相期以茶。米是指米寿。米寿是八十八岁。因为米看起来像八十八。茶是指茶寿。茶寿是一百零八岁。因为茶字的草头代表二十，而下面又是八十八，加在一起就是一百零八。茶寿比米寿更长。而从更高层次去看，米是形而下，求温饱，尚在物质层面；而茶是形而上，求文化，上升到精神层面。从米到茶，意味着出凡入圣，再攀精神高峰。所以，1983年哲学大师冯友兰与好友、逻辑学大师金岳霖同做八十八大寿时，会写下这样一副对联："何止于米，相期于茶；论高白马，道超青牛。"既是推崇金老的学术造诣，又是期望相携高寿，到一百零八岁时再相聚。

品牌当然希望何米期茶，甚至更长寿。不过，想是一回事，能不能做到是另一回事。短命品牌并不少，昙花一现也很多。品牌如何长寿，依我之见，至少需要把握三条。

首先，先天因素。也就是基因要好，种子要好，才可能健壮，才可能长寿。革命现代京剧《红灯记》里的李玉和说:"栽什么树苗结什么果,撒什么种子开什么花",很有道理。基因决定品牌生命力,也决定品牌免疫力。

构成品牌基因的要素至少有 6 项:个性、文化、使命、象征、一致性、延续性。个性决定品牌特点,文化决定品牌内涵,使命决定品牌目标,象征决定品牌形象,一致性决定品牌承诺的兑现,延续性决定品牌传承和发展。

基因怎样才算优质?能够妥帖解决顾客和用户急迫要求解决的生活难题,并且让人喜欢、追求、上瘾、传颂,这才算优质。

优质基因需要经过筛选。据说星巴克的品牌基因先后经过六次筛选,才成了现在这个模样。其他知名品牌也莫不如此。

基因既能传承,也会因为外部干扰或内部信息传递误差而发生异变、畸变。于是,维护基因的健康正常,以及保持必要的活力,是品牌经常性的工作。

其次,后天管理。农作物健康成长,需松土、施肥、浇水、除草、灭虫,缺一不可。现代农业更强调绿色、有机、无污染、高品质。还要年年丰收、年年增长,太不容易。品牌也如此,需要精心管理和养护。

品牌管理应该包括品牌策略管理、品牌关系管理、品牌视觉管理、品牌使用管理、品牌危机管理,等等。品牌策略管理,涉及品牌战略执行的精准、到位和有效。品牌关系管理,涉及品牌与顾客的互动,建立亲密关系。品牌视觉管理,涉及品牌形象的规范性和一致性。品牌使用管理,涉及品牌使用宽度、精度和边界。品牌危机管理,涉及应对危机的各项预案和执行。

品牌管理还有一项经常性工作,就是体检。包括自检、互检、

巡检、抽检，以及年检。根据体检情况，及时纠偏和微调。

品牌管理的总方针是：纪律严明，步调一致，执行精准；治病于未病，防患于未然。

再次，日常保健。世界卫生组织提倡健康生活方式为十六个字：合理膳食、适量运动、戒烟限酒、心理平衡。对品牌莫不如是。品牌的日常保健也应该是合理营养、适量运动、戒烟限酒、心理平衡。

合理营养，是指不断补充新鲜元素，但也不可天天大鱼大肉，过分偏食。适量运动，是指需要有动作有动静，不可沉默寡言，孤芳自赏。戒烟限酒，是指抵制各种诱惑，保持清醒头脑和正确方向。而心理平衡，尤为重要。心平气和，坦然处之；不急不躁，不泄不馁。"宠辱不惊，看庭前花开花落；去留无意，望天上云卷云舒""风来疏竹，风过而竹不留声；雁渡寒潭，雁去而潭不留影""不管风吹浪打，胜似闲庭信步"。一副好心情，心态没缺陷，年轻乐观有活力，这才是长寿之道。

先天、后天、日常，如果这三个方面都比较关注、比较完美，品牌应该可以比较健康、比较长寿。何米期茶，应该可以达到。让我们一起努力！

第二编

待客之道

主导

态度

方法

平易近人

平易近人，出于《史记·鲁周公世家》："平易近民，民必归之。"本意是指，从政通俗简易，老百姓就会归服。后来到了唐朝，为了避开唐太宗李世民的名讳，平易近民就改为平易近人。一般解释这是一种为人处事的态度，和蔼可亲，容易接近。也有解释文章风格，浅显易懂，明白无误。

为什么提平易近人？因为有不平，有不易，有不近人。不平，是因为身份地位不一样，有高下之分；不易，是因为深居简出，不容易见到；不近人，是因为位高权重，气势逼人。

由此推想，如要在奴隶社会、封建社会、资本当道的社会里，对统治者或为官者，提出平易近人这类要求，恐怕总有些勉强，难以由心而发，难以真正做到。

只是在人民当家作主的时代，因为人与人之间没有了高低贵贱之分，平易近人才有可能成为全社会的共识和自觉。

平易近人，对于品牌建设应该是完全适用的，并且是非常必要的。

这是因为品牌就是一种人际关系，是经营者与消费者或使用者之间信任与信赖的关系。而要维护和巩固这种关系，品牌就得以诚待人，同时也得平易近人。如果把受众和顾客都吓住了、惊到了、赶跑了，那还谈什么品牌。

　　由此一想，品牌根本没有必要去装腔作势、拿腔拿调，没有必要去故作深沉、故作深奥，没有必要去以势欺人、以假示人，更不可小有名气就忘乎所以，忘记服务方向和服务宗旨。

　　平易近人，平易是态度，近人是目的。平易近人，发乎于内心，洋溢于言表。平易近人，不是口号，而是行动。平易近人，应该体现在诸多方面。

　　平易亲人。品牌是顾客的"知己人"，是参谋，是顾问，是向导，是亲友。所以，提示、提醒，或提请，是应该经常有的。凡是顾客容易疏忽的，容易遗漏的，或者难以决断的，品牌都应该想到，尽可能顾及，尽可能指点，以至帮助下决心。比如，提醒"饿了么"；告诫"可不要贪杯哦"；提示"好味道，有老蔡就行了"；提请"今天早晨吃什么？冠军的早餐"；劝慰"好东西要与好朋友分享"，如此等等，让人感受关切、体贴和温馨。

　　平易清人。品牌是顾客的"明言人"，讲白话，不讲官话，更不讲鬼话。任何有关品牌的宣示或诉求，都应该清清楚楚、明明白白，决不含含糊糊、稀里糊涂，或者模棱两可、不可捉摸。比如"金利来，男人的世界"；玛氏巧克力"只溶在口，不溶在手"；麦氏咖啡"滴滴香浓，意犹未尽"；蓝天六必治牙膏"牙好，胃口就好"；立邦漆"处处放光彩"；长命牌牙刷"一毛不拔"；如此等等，让人清晰了解品牌产品的特点和好处，而不必去猜哑谜，也不必"脑筋急转弯"。如果那样的话，就实在太辛苦了。

　　平易倾人。品牌是顾客的"小老师"，应该倾囊相助、倾囊相诉，耐心诚恳地传授知识、培训技艺、教会本领，而不应躲躲闪闪、瞒瞒藏藏。尤其一些高新技术的产品更应如此，你得教会顾客如何使用、如何维护、如何保养、如何修补、如何更新，不厌其烦、不厌其详。而24小时热线电话应该始终通畅，维修或服务中心应该容易找到。

平易轻人。品牌是顾客的"勤务员"，懂得顾客的心思，知道如何周全，如何简单，如何轻捷方便，轻松易成、轻快送达。给用户带去的是轻便，而不是重压，不是重负，更不是重愁。一条龙服务，一步走到位，一卡通皆通，应该就是轻人而不烦人的成果。手续简单，处处方便，顺顺当当，一蹴而就，一举而成。

平易敬人。品牌是顾客的"接纳箱"，敬重顾客，更敬重顾客的意见、建议、批评和挑剔，哪怕再刺耳也能听得进、记得住、存得下。这是最直接、最真实、最超前、最原生态的信息反馈，是品牌求之不得的宝贵财富。对于品牌的成长，是莫大的助力和助攻。最新的一个例子是，把雀巢咖啡逼到角落的新生品牌"三顿半"，就是吸纳意见的高手。通过挖掘和培养下厨房的美食达人，以内测的方式让他们参与到产品设计和研发中来，使产品更贴合市场需求特点，而这批参与者更成为第一批忠实用户，借助这些关键意见消费者的传播力和影响力，达到快速开辟市场面的效果。

提倡平易近人，因为"品牌面前人人平等"。无论经营者、消费者，或是使用者，目标应该是一致的，那就是共建光彩品牌，共创美好生活。为了这个目标，就得拆墙破壁，扫除人为障碍，去掉繁文缛节，让买卖双方更加亲近，让人际关系更加和谐。平易近人，才是真道理。

狗恶酒酸

有一家酒店，酒做得非常好，酒香四播；店招也醒目，高悬揽客。照理应该生意兴隆，可是，却少有客人光顾。好酒卖不出去，还因为存放时间过长而变酸。酒店掌柜觉得奇怪，就去请教附近一位老人。老人告诉他：要怪就怪你家那只恶狗。这么好的酒，客人当然很想品尝，就因为门口那只狗实在太凶，把客人给吓跑了。

这则寓言给品牌以启示：对产品和品质应该有一个全面的认识。产品包括实体产品和服务产品。品质包括实体品质和服务品质。什么是服务品质，应该包括服务态度、服务方式、服务环境、服务氛围、服务时效、服务衔接，以及服务创新等等。任何一个细小环节的疏忽和不到位，就都可能给营销、对品牌带来负面影响。

光是酒香是远远不够的，还必须狗善、人勤、境佳、氛亲。否则，就难免一粒老鼠屎坏了一锅粥、一只大恶狗酸了满坛酒。

有形的恶狗是看得到的，无形的恶狗是看不到的，但是能感受得到。脸难看、门难进、话难听，固然是一种；更多的可能是夸张的噪音、杂乱的排列、做作的迎客、狭小的过道、烦心的流程、不良的气息、排队的长龙、肮脏的洗手间，等等。

从这个角度观察，品牌是不是应该以除尽恶狗为己任。对恶狗，不论有形无形，也不论大小多少，都得嫉恶如仇、痛下杀手、毫不留情、毫不犹豫。恶狗不除，门可罗雀；恶狗尽除，顾客盈门。

服务就是产品，服务就是竞争力。软实力和硬实力同等重要，不，更为重要。很多时候，服务竞争胜过产品竞争。服务品质往往是致命的、决定性的。

是不是恶狗，还会因人而异。对有些人不是恶狗，对有些人可能就是恶狗。货架太高，对成年人不是恶狗，对小孩就是恶狗；字体太小，对一般人不是恶狗，对老年人就是恶狗；灯光太亮，对普通行人不是恶狗，对热恋中的情人就是恶狗；路标不清，对本地老司机不是恶狗，而对外地来客就是恶狗，如此等等。所以，就得细致入微、设身置地、将心比心、亲身体验、区分差异、照顾个性。

是不是恶狗，还会因时而异。今天不是恶狗，明天可能就是恶狗，这是因为时代的进步、觉悟的提高、知识的深化、审美的改变，对狗的认知和态度就会发生变化。所以，就得经常检点，时时反省，顿悟即改，知恶必除。除尽恶狗，真的要有一点"打不尽豺狼决不下战场"的劲头。

香港有家食肆设计成鬼屋，门口恶鬼迎客，店内恶鬼伴食。儿童害怕，老人厌恶，可是，就是有一批喜爱猎奇追求刺激的年轻人喜欢。如此鬼屋，如此奇特审美，只能算是个特例。如果处处是鬼屋，那就该请出钟馗，怒而打鬼了。

除恶狗，打恶鬼，当然不是目的。目的是设计和营造品牌服务的细致、周全、高效、亲和、温馨。一句话，与人为善、与人为亲、与人为喜。

仅以营造商业环境而言，就要努力培育归属感、戏剧感、礼遇感，以及精选感。

所谓归属感，进商场好比进家门，有亲人引路、友人相助、邻

人交流、众人互助，还有种种体验和互动，除去陌生和隔阂。又好比邮轮上的船长日，成为共欢日，不仅人人盛装出席，还可以与船长合影，与船员巡游歌舞，人人挥舞餐布，合拍欢呼，浑然如同一家人。

所谓戏剧感，是指可以设计和营造一些情节、一些故事、一些人物、一些趣味，形成现场出人意料的欢快。新品上市或者出炉，不应该默不出声，平淡无奇，而是可以有一些仪式，彩灯高挂，音乐奏起，亦歌亦舞，顾客也可跟从节拍，一起歌舞，变成共乐会。还可以与"开心麻花"这样的演艺团体合作，现场表演，共同营造戏剧效果，给大家带来喜庆。

所谓礼遇感，就是把顾客尊为主人，礼仪有加。凡购买的货品必仔细包装，还要双手捧给顾客，让顾客感受到营业中的品牌很在乎他们，体会到亲切和尊重，产生情不自禁的感动。至于其他礼遇，更是可以放开构想和设计。但不论何种礼遇，应是由衷而发，而不是一种敷衍和生造。

所谓精选感，是指所有商品在采购进货或定点加工时就应精选，而且要把这种精选尽可能地公示出来。精选的商品应该与一般商品相区别，从包装、环境、位置、通道，一直到营业工具、设施、光照、制服等都有所不同。让人自然联想到"精致""安全""放心""可靠""适时适令"等。

由此，我们应该重新定义商业，重新定义商店，重新定义营销服务。

礼 多 不 怪

走一次菜场，收获 10 多个"谢谢"。你信不信。我就常常碰到。在香港旺角街市买菜，不论成交与否，店主、摊主或营业员都会回你一声"谢谢"。多简单的两个字，却让我亲切温暖、荣光满满。

这让我想起了一句俗语，"礼多人不怪"。意思是，日常生活中，礼节是不可欠缺的。即使礼节过分，也不会受人责怪。清代李伯元的《官场现形记》第 31 回也有这样的说法："横竖'礼多人不怪'，多作两个揖算得什么！"意思是对人多行礼仪，人就不会怪罪。不过，字里行间，却似乎露出几分应付和勉强。

实际上，中华民族历来是文明之邦、礼仪之邦。讲礼、多礼，自有一套礼的文化。礼，不仅多，而且化。化为生活，化为习俗，化为规制，化为共识。细数礼，分别有礼仪，礼貌、礼物、礼节、礼数、礼教、礼遇、礼制，等等。同一个礼字，却含意丰富，各有内涵。问好是礼，答谢是礼；优惠是礼，馈赠是礼；礼貌是礼，有教养也是礼。有些礼是有形的，有些礼是无形的；有些礼是精神的，有些礼是物质的；有些礼属于形式，有些礼是流程所定。当然也有的礼归于宗教或者某种信仰和制度。如果待人礼貌，赋以礼遇，馈赠礼物，总会得到一定的欢迎，也容易取悦于人。礼多不怪，只要不是别有所图，应该谈不上责怪或者怪罪，也用不着去过

多猜疑或者奇怪。

品牌搏击商海，自然应该讲究待客之道，讲究礼仪和礼节，不怕礼多。礼多应该是发自内心的，是由衷而发的，是自然又自觉的。因为这种礼数建立在新型的人际关系之上。依我看，礼多至少有三条理由：

知恩图报，以礼相敬。用广东人的话来说，顾客就是"米饭班主"。没有顾客，何来品牌。顾客是大海，品牌只是大大小小的船，品牌是顾客托起来捧起来的。成功来自顾客，成功理应与顾客分享。表示谢意是最起码的礼数；尊重顾客是进一步的礼节；提供完备周全的服务，诸如出主意、提指引、好包装、足分量等等，亦是礼仪必备；至于多买有折扣，下次再来有回馈，品牌节庆有礼物，等等，更是合适体贴、略表感恩的小心意。礼轻情意重，礼到自然成。

平等尊重，以礼相待。品牌再成功，也不可对顾客无礼，不可趾高气扬，店大欺客。对顾客也不可分等分级，以貌取人，以年龄欺人。应该童叟无欺，一视同仁。而且时时把顾客捧在心口上，想顾客所想，急顾客所急。走进百年老店胡庆余堂，店堂里高悬"戒欺"的牌匾，警示店员以诚待人，以礼待客。笔者走访马莎专卖店，迎面大招贴，有段文字相当感人："疫情大流行后，迎来了新的生活模式。我们将竭尽所能，提供所有人都能轻松拥有的价格实惠及优质服务，积极帮助重建日常生活，甚至迎来更好的未来！""简约、讲究细节、实用、功能与美感俱备的 LiveWear 正符合现今生活所需。我们诚邀你莅临各门店及网络旗舰店，探索全新 2021 春夏系列，期望与你一起重新出发，迎接充满希望的 2021 年。"这不只是推荐指引，简直是促膝谈心、吐露衷肠、以心换心。礼数到了，岂能不动心？

结下情谊，以礼相交。生意只是一时一地，而情谊却是久久长长。品牌应当致力于广交朋友，广结友谊。礼字当头不失为必要之举。这应该包括礼貌相迎，礼貌相送；环境有礼，服务有礼；消费回馈，鼓励再来，等等。香港尖沙咀星光行有家"潮庭"，是爱国爱港的美心集团旗下企业，不仅潮州菜肴地道，而且注重礼貌、礼仪、礼节。客人等候有沙发相伺；接待入店有长裙美女引路；茶具餐具均精致清洁；餐毕还有回馈相赠。凡消费满300元即有一张礼券，半月内再次光临可以凭券得到一份美味精致的糕点。因为善结人缘、情谊深厚，美心是香港现今最大的餐饮集团，旗下品牌名店数十种上千家，而美心月饼也成为全港最畅销月饼，以至扬名海内外。

礼仪之邦的礼，是不应该轻视的，更不应该丢弃的。礼多，不是表面文章，而是真心所发。同一句"谢谢"，是敷衍，还是诚意；是勉强，还是自然，顾客的感受是截然不同的。如果礼够诚意，必定礼招天下客。

将 心 比 心

　　将心比心，不仅是处理邻里纠纷、同事争执、陌生人相扰的一种有效方法，更是品牌端正自己的行为举止、圆满为顾客服务的规范思路和妥帖逻辑。

　　只要将心比心，很多矛盾就可以避免，很多纷扰也容易排解，更重要的是，可以较快较准地捕捉到生活中的难点和痛点，更加精确地把握或调整品牌的方向和目标，从而在让顾客满意的同时，也让自己获得满意的业绩。

　　将心比心，据手头已知资料，出自宋代朱熹《朱子语类·大学》："譬如交代官相似；前官之待我者既不善；吾毋以前官所以待我者待后官也。……俗语所谓将心比心，如此则各得其平矣。"

　　这段话的意思是，以工作交接为例，前任并没有完好地交代，令自己不快；而轮到自己交班时，不可以用前任的那种态度去对待下一任。这就是所谓将心比心。如能这样做，各人的心态就平和了。

　　将心比心处理人际关系，看似平凡无奇，其实可以收到令人意想不到的奇效。可以更加贴合实际，拨动心灵，赢得共鸣和响应，因而也就可以增加互信、互助，乃至互进共赢。

　　将心比心，不是口头讲讲而已，更在于领会、在于运用。从一些品牌的实践来看，至少有以下三个方面。

比心。是将心比心的首要之举。心，如何比？全在于用自己的心去比顾客的心，推己及人，"己所不欲，勿施于人"。自己也不喜欢的，何必强要别人去喜欢；自己不接受的，何必硬要别人去接受；连自己也看不明白、难以理解的，为什么硬要别人去看、去理解。为什么要强加于人呢？

把握顾客的心思和认知，先要想一想自己可能的感受、体验以及反应。将心比心才可能知心贴心，而知心贴心必可以连心暖心。这样，才有利于加深理解顾客的需求，谅解顾客的反应，破解顾客的疑虑，把生意做到心坎上。与此同时，也与顾客建立深厚情谊，增强对品牌的忠诚度。

所以，就有了拆开易潮的饼干大包装，走向几片一迭的小包装；就有了"罐头好吃口难开"的罐装食品和饮料，走向易拉盖的便捷；就有了"只溶在口，不溶在手"的巧克力；就有了"一机在手，万事莫愁"的智能手机；如此等等，无穷无尽。

换位。是将心比心的必要前提。也就是设身处地站在顾客的立场和位置，去思考问题、体验问题、决定问题。绝不可以用自己的立场去取代顾客的立场，用自己的主观意图去取代顾客的追求。任何剥夺顾客立场的思想和行为，在日益觉悟的顾客面前，都是绝对行不通的。

品牌立场是一个原则性、宗旨性的问题。从根本上看，顾客是品牌的衣食父母。因此，品牌立场由顾客立场所决定；品牌立场只是顾客立场的映照和体现。从这个意义看，品牌没有自己立场，而只有顾客立场。

这也决定了品牌对顾客必须是仰视、正视、重视，而不是居高临下，俯视、轻视、鄙视。

哲人们说得好:"当我们拿花送给别人的时候,首先闻到花香的是自己;当我们抓起泥巴抛向别人的时候,首先弄脏的也是自己的手。"你怎样对别人,别人就会怎样对你,这是黄金定律。

转向。顾客立场尽管如此重要,可是品牌也会有"老鬼失匹"的时候,会把立场弄偏,这时候就得纠偏,就得转向。无论企业和品牌,还是为品牌谋划的广告公司、中介公司都得抓好转向这一环。转变立场,转到用户立场。

策划大师邵隆图先生在创办公司之初就在公司门口铺了一张地毯,上面刻了一双脚印,写着两个字:"转向。"告诫自己,也告诫同仁,必须站在用户立场思考问题、解答难题。他说道,不肯转向者莫进来。他这么说,也这么做,把顾客立场看得至关重要。比如,他为老蔡酱油策划,就想到拎着篮子买小菜,拿起锅铲炒小菜的大妈大婶,于是有了"烧小菜,有老蔡"。他为光明牛奶策划,就想到食客们的健康和安全,于是有了"新鲜每一天"。他为新黄浦策划,就想到万丈高楼平地起,打好基础最重要,于是有了"在成为大厦之前,我们只是普通的砖"。

他说,卖水蜜桃的姑娘不如大妈。姑娘把生意当作生意,而大妈会详细询问顾客:是自己吃还是送人?是今天吃还是慢慢吃?然后挑选生熟不同的桃子给顾客,耐心地说:这2只今天吃,那2只明天吃,另2只可以多放两天。生意做到这个份上,那就不是生意,而是生活顾问了。

真的,品牌应该立志成为千万用户的生活良友和生活顾问。

熟 视 无 睹

　　熟视无睹，一般解释是，因为经常看到，看惯了，太熟悉了，于是就跟没有看见一样。这里的熟视，就是看惯；无睹，就是没看见。这似乎很矛盾，看得太多反而看不见？可是，生活就这样矛盾，矛盾才是生活。熟视无睹，常用来形容对周边事物和对周边变化的漫不经心，不予关心、不予重视。

　　熟视无睹，可见于晋代刘伶《酒德颂》："静听不闻雷霆之声，熟视不睹泰山之形。"也可见于唐代韩愈《应科目时与人书》："是以有力者遇之，熟视之若无睹也。"还可见于宋代林正大《沁园春·大人先生》："静听无闻，熟视无睹，以醉为乡乐性真。"

　　从这些文字里体会，熟视无睹，似乎是有些原因的。或是因为沉浸在酒乡，迷离双眼；或是因为过于自信，迷离心眼；或是因为太过熟悉，既迷心又迷眼，所以，熟视而无睹。即使惊雷，即使泰山，又如何。照样不予领会，不予理睬。

　　但是，对于品牌事业而言，最最忌讳的恰恰就是熟视无睹，对周边事物没有敏感性。

　　对人民美好生活的需要，熟视无睹；对人民生活方式的演变，熟视无睹；对人民生活焦点的呼喊，熟视无睹；对科技发展导致的根本性变革，熟视无睹。总之，对于社会和经济技术的种种变化熟视无睹，无动于衷。

由此而造成的恶果必然是，前进有堵，发展有堵，伸展有堵，施展有堵，处处有堵，走投无路。

明明存在，在发展，在变化，却又看不见，这是为什么？并没喝醉酒，只有花天酒地；也没独步行，可以笑傲江湖。根本原因是有眼无心，缺少了三颗心：有心、用心、费心。

有心。是指童真之心。从无视到有视，从不见到有见。与之相反的，就是世俗之心，司空见惯，习以为常；什么都知，什么都懂；历来如此，本来这样；摆老资格，翻老黄历。这就与时代和社会越拉越远。

而童真之心，是谦卑之心，求索之心，好知之心。大千世界，一切从零起始。样样新鲜，事事好奇，不懈探索，乐于追究，好学好问。不怕别人批评大怪小惊、不见世面；不怕别人指责土鳖、少见多怪、幼稚。只要有所知晓，便兴高采烈。保持一颗童真之心，非常不容易。

用心。是指洞察之心。从被动到主动，从映入到探索。看见，只是一种映象、一种输入，还要鼓励观察、鼓励体验、鼓励思考。我们一直说"重新观察一下您的周围"，就会发现很多不一样。因为世界一直在变化，新事物层出不穷。看见只是被动，观察才是主动。

观察，观察，重点是"察"。"察"是一种深究，深入了解和体验，不是泛泛而过。"察"也是一种觉悟，悟出一些道道和规律，不是只知其然而不知其所以然。通过观察，分析细节、分析走势、分析趋向、分析规律、分析频率、分析规模、分析轨迹，等等。

费心。是指加工之心。从一般到深入，从认知到实行。一切观察和思考，最终是为了联系实际、加工整理、消化吸收、为我所用。透过现象看本质，透过零乱看联系，透过偶然看必然，透过以往看未来，指导品牌实践，创造品牌业绩。

看见世界，发现世界，就是为了创造世界，改造世界。让世界变得更合理、更美好、更宜人。

手头正好有关喜茶的案例。2020 年，面对新冠肺炎疫情，作为国内茶饮潮流领跑者的喜茶，时刻关注市场变化，发现疫情下茶饮呈现出数字化、健康化（减糖化）、个性化的新趋势，于是精准实施应对之策，在产品研发、营运能力、供应链能力等全方位的实力上不断提升，取得"叫好又叫座"的出色业绩。截至年底，已在 61 个城市开出 695 家门店，其中新开主力店 202 家，新开 GO 店 102 家；GO 微信小程序会员超过 3 500 万户，其中年内新增 1 300 万户。而产品研发也有喜人成果，平均每一两周就有一个新品面市，而原有经典产品也得到提升，有更佳口感和更好体验。

求知、求学、求新、求真、永不知足，才会有所发现、有所发明、有所创造、有所前进，品牌事业才会长青。

最可贵的就是保持一颗童真之心、年轻之心。如果对什么都无趣无味、无睹无视，那就说明品牌真的老化了、衰败了，可以落幕了，可以终结了。不必再去勉强、再去强求。

拐弯抹角

拐弯抹角，过去常常被认为是一种变态的骂人手法，含意有不三不四、阴阳怪气、指桑骂槐、含沙射影等；或者是指，曲折绕弯地去说服人、劝解人、祈求人的方法。

实际本意并不是这样。

笔者曾去南京远郊的漆桥镇访问，方才知道拐弯抹角的真正出处和真实含意。过去江南一带民居密集，小街小巷又不宽敞，农民挑担转弯有诸多不便。于是就有人想办法把墙角抹掉，变成一个斜面。小小的改进，却从此减少了挑担人的碰撞。不仅南京地方如此，而且安徽、江苏、浙江各地，也都是如此。凡是狭窄处，拐弯必抹角。

似乎只一个小小的甚至微不足道的改动，却是一个实实在在的创意和创新。于无声处见精神，细节之处见爱心。

拐弯抹角，对于当今品牌建设至少有三点积极的启示。

一，任何创意创新，归根结底，是为了解决社会问题。不是为了表现某品牌的优异，不是为了表现某设计师的天赋，不是为了表现某制造商的高明，而是为了解决社会问题，为了给人们带来方便、快乐、安全、健康和文明。我们所有工作的意义，就是从人民的根本利益出发，满足人民日益增长的幸福生活要求。

一直以来，我们提倡"为人民服务"；今天又强调"以人为本"。其实，口号只是一方面，更重要的一方面是实实在在为人民办实事、办小事、办细事、办巧事、办好事；是实实在在为人民群众解决实际问题。

二，任何创意创新，不分大小。只要解决实际问题，就是好创意。拐弯抹角很小，可是把小事办好，就是大事，就是人人称道的聪明事。

我在上海三木文具有限公司的样品室看到一把普通的办公剪刀，把直线的刀口变成圆弧形，受力就均匀，剪纸就平正。这个小小改动，就是好创意。另有一个订书机，加上一个小装置，就变得格外省力，这也是创意，体现了爱心。还有一支铅笔，一头是开口的，便于卷削，另一头是封口的，而且是食品级，怕小孩牙痒去啃咬不安全，小小改动，也体现了护犊之心。

当今中国，高铁投资已达好几万亿元，但是有一些配套，还不够完善。只是解决"最后一里路"似乎还不够，还得关注解决"最后一步路"。

三，创意创新创品牌，不在于形式美不美，而在于内容美不美。一切形式都是为内容服务。拐弯抹角，只是一种简单处理，土里吧叽，不入某些人法眼，可是解决问题啊。品牌说到底，是某种人际关系，是敷衍应付功利，还是尽心尽责尽力，是完全不同的。有形品牌看得见，无形品牌看不见。很多时候，无形比有形更重要。

很多保暖杯内胆是不锈钢的，灌了热水，喝起来就会有一点烫嘴唇。十多年了，几十年了，始终没人觉得这是个问题。可是，被称为"中国的拉米"以设计见长的上海文采实业公司看到了。于是在不锈钢的杯口装了一个食品级的塑料套，喝热水不再烫嘴唇；这

个塑料套还可以拆下来清洗，既清洁又方便。老人夜间取暖瓶喝水，开灯怕吵醒家人；不开灯又怕看不清。这家文采公司又搞了一个小创意：在保暖杯周身搞了一圈夜光带，白天吸收储存光线，夜里又会发光，老人喝水再也不用烦恼。这与拐弯抹角是不是有点异曲同工之妙。

现在，老年人打的不敢打，因为拦不着；地铁不敢上，因为要安检，行李太重举不动；人行高架不敢上，因为台阶太多太高；即使有扶手电梯也是露天的，日晒雨淋经常坏。试问，地铁安检台可不可以放低台面？地铁那么多安检员能不能变成志愿者，既为安检把关，又能助人为乐，帮人一把；人行高架电梯那么多露天，能不能戴个帽，加个盖，不常坏，风雨无阻，畅通省力。只要有爱心，应该都有办法。

创意创新创品牌，关键是爱心。对人民有真诚之爱，才会有所发现、有所发明、有所创造、有所前进；也才会把点点滴滴、不足挂齿、不上台面的小事和细节记挂在心上，解决在手上。如果太过功利，只求表面文章，那么，这种品牌既不能扎根，更不能持久。

拐弯抹角虽小，其意义却不小。小中见大，我看见了当初那些朴素的设计者和匠人们的一片苦心、一片真心、一片热心、一片爱心。真诚希望当今时代有更周到、更周全、更周详的拐弯抹角。

大巧不工

　　大巧不工，一般认为出自金庸先生的武侠小说《神雕侠侣》。原句是"重剑无锋，大巧不工"，意思是真正的剑技不是依靠剑锋，而是依靠个人的修行。

　　其实，金庸先生的文字只是对于中国古文化的一种继承、提炼和加工。早在 2 000 多年前，老子就说过"大直若屈，大巧若拙，大辨若讷"，还说过"大象无形""大音希声""大智若愚"这类哲学思想。意思是，有真本领者轻易不外露，有真成就者是有内涵有底蕴的。用今天的话说，识别一个人不看外表，要看内在。

　　大巧不工，依据老子的哲学思想去理解，那就是真正灵巧精美的东西，不需要刻意修饰，只需要顺其自然，照样也是动人的，而过分修饰反而适得其反。

　　大巧不工，对于当下品牌的治牌之道，也是绝佳的指点。

　　品牌世面，最理想的境界，应该是朴实无华、素颜淡妆、自然贴切、亲和慈祥。

　　不工，亦即品牌的诉求、包装或推广，无须娇柔做作、无须胡乱夸张、无须装腔作势、无须花言巧语、无须刻意雕琢、无须创意无度。只须实事求是、实话实说、是一说一、是二说二、坦诚相见，不浮不躁。

　　最要紧是大巧。大巧，巧就巧在品牌自身的涵养、质素和功

底，有领先一步的技术开发，有实实在在的利益输送，有恰如其分的立场昭示。大巧，巧就巧在与受众和用户的心思相投缘、相吻合；与受众和用户的此景此境此情此求相呼应、相兑现。大巧，才是受众和用户决定取舍与否的关键因素。即使表述质朴、诉求直白，又有何妨。只须大巧，不由人不来、不由人不信、不由人不服。

品牌下工夫用劲道，应该用在提高自身质素上，而不是用在提高嗓门、提高音调，或者提高花腔上。功夫全在心上和手上，而不在嘴上。

大巧无工，说是无工，其实有工。此工非那工。工在品牌特色、功力、质素、服务，工在用户至上、顾客至上。顾客是自己人，直白就可以。一目了然，同样有吸引力。

手头恰巧有个生动案例，说的是曾经连续 10 多年高速增长，股票也上了市，号称向年度销售 1 000 亿元进军的志高空调，为什么近几年会一落千丈，出现巨亏，难以为继。根本原因是，外强中干，外工而内不工。志高发展初期，正巧遇上空调行业黄金发展期，搭上了"顺风车"。其实，并没有多大的产品创新力，缺乏核心竞争力，却过高估计自己，还把精力放在花架子上。最大的手笔是从格力手中抢下成龙作为代言人，以为靠明星靠广告就可以打开新生面。这就本末倒置了，结果可想而知。没有大巧，大工又有何用？相比较，格力空调始终抓住科技开发这一核心要素，把关键技术牢牢掌握在自己手中，不断推出新功能、新技术、新型号，立潮流之端，领风气之先。"好空调，格力造"，朴素无华的语句，既是对自己的激励和鞭策，又是对用户的承诺和昭示，年度销售额早就超过了 2 000 亿元。大巧不工，风靡广阔市场。

制造业如此，服务业何尝不是如此。大巧不工，照样是品牌经营灵魂。新冠肺炎疫情下，香港政府对聚会和餐饮有许多规制。饭店酒楼纷纷自救，灵活应对，各出奇招。比如，应对晚上6点不能堂食，就有广告说："5点钟开饭喇喂"，鼓励大家提早一小时晚餐；也有许多广告鼓励外卖，从晚上5点一直可以供应到晚上10点，甚至11点；而外卖自取更可以享受9折甚至8折优惠。店家的功夫全用在餐饮品质和品种上，外卖照样能够得到"殿堂级的享受"，不仅做工地道，风味不走样，还有合适的保温包装。好味道加上好实惠，物美价廉，谁不喜欢。于是，一到饭点，很多店家门口就出现了长龙，人们纷纷把外卖菜品带回家。广告很直白，内容却丰满，大巧而不工。

所有的广告创意和广告设计，都应该建立在产品和服务的基础之上。广告的本质就是对于公众的有偿的有责任的承诺。而创意无非是对这种承诺的恰如其分的表述。无需刻意营造，只需真实表达。手头正好有2020年广告金句的汇集，其中有句广告印象深刻："RIO微醺，把自己还给自己"。精心打造了"一个人的小酒"的主题。话语普通，含意丰富。既讲酒的品味，又讲酒的意境、酒的情感、酒的体验、酒的回响。回味无穷，激荡思绪。于不工之中见识创意功力。

大巧不工，因为大巧，所以无须花俏、无须做作。大巧不工，工在其中，不在其外。不工胜有工，大巧就是工。这正是大巧不工的秘密，也是大巧不工的真谛。

妙趣横生（上）

品牌面向社会、面向受众、面向顾客、面向用户，当然不可以一本正经，板着脸孔，而应该带着笑意、带着暖意、带着亲切、带着温馨。

要让公众喜欢您、亲近您，就得有趣。有趣应该是品牌的崇高境界，妙趣横生是品牌的生动表现和重要工作目标。

妙趣横生这句成语出自何处，一时无从考证，倒是不少名人都喜欢使用。冯玉祥先生在《我的生活》中说："这番讲话，既有好教训又说得妙趣横生，给我们官兵以极深刻的印象。"秦牧先生在《艺海拾贝·艺术力量和文笔情趣》中说："好些平常的事物，在卓越的作者笔下妙趣横生，他们借助的重要手段之一，就是运用譬喻。"丁一岚在《不单是为了纪念》中说："这些杂文旗帜鲜明、爱憎分明、切中时弊而又短小精悍、妙趣横生、富有寓意，博得了广大读者的欢迎和支持。"

妙趣横生，细细品味这个四字组合，发现一点也不简单。趣味，一要妙，撞击心灵；二要生，丰富多彩；三要横，意想不到；还要探索不已，喜不胜收，爱不舍手。层层叠叠，面面俱全，只有到了这个境界，趣味才会是波涛翻滚、滔滔不绝。

妙趣横生，趣在何方？是幽默，是生动，是形象，是新奇，是反常，是会意，是比拟，是比喻，如此等等。

品牌若是妙趣横生，会体现在哪里？

趣味，首先体现在品牌诉求，表达在语言文字中，跳跃在音像视频里。同样的意思，不同的表达，意境就不同，趣味也不一样。"晶晶亮，透心凉"自然胜过"我不是汽水"；"英语愈好，世界愈大"也比"学好英语，走遍天下"更有趣味，更有玩味；"第三只眼睛看世界"当然比"拍得真实，回原自然"更加巧妙，意味深长；"一毛不拔"也比"经久耐用"更加生动更加贴切；"除钞票之外承印一切"比"专业全面"更加令人注目。于是，品牌有了各种有趣的代言人，麦当劳有小丑打扮的大叔，肯德基有卡通化的上校，迪士尼有米老鼠、唐老鸭，卡西欧有神奇阿童木。遗憾的是，不少品牌功利风气日盛，直言直白或者声嘶力竭的居多，而有情有趣的品牌诉求，则越发稀少，不常见了。

趣味，还应体现在品牌载体。不仅仅文字图象，应该还有款式、造型、包装和营销手段、传播方式。比如那些名牌手表，几乎隔三差五，就有新款问世。又是卡通手表，又是骷髅手表；又是全息手表，又是可拆卸手表；又是银河系手表，又是太阳神手表，即使尖端技艺的陀飞轮，也不断有新突破。不断给人新鲜感，不断给人新冲击。苹果之类的智能手机也不赖，出了iphon7，限量，又出了iphon8，排队；出了黑色的，再出白色的；出了亚光的，又出了炫彩的；出了可折叠的，又来了可弯曲变形的；……很懂得挑动情趣，煽动猎奇。

趣味，更重要的是体现在品牌利益。包括品牌产品的性能、功效、用途，乃至创意创新。比如摄影，过去是长枪短炮，好不威武。后来有了微型机、口袋机，好不方便。现在则是高像素的手机，不仅抓拍快，还可调节幅面，可摄可录，可裁可剪，可调色可调光，还可连拍，大大满足了兴趣所求。而更近的现在，已不再满

足地面的摄影，直接进入了航拍新时代。各种方便顶用的遥控无人航拍机成为追求目标。高清晰、高广角、稳姿态、稳画面，全景式摄影、全景式录像，随心所欲、意欲必达。这难道不正是一种趣味更替、趣味延伸、趣味升华。

品牌增加一些趣味，好处多多。趣味有助于沟通，易于取得共鸣和认同。趣味有助于理解，把枯燥乏味变得生动形象，易于明白，印象深刻。趣味有助于认知，把平面变立体，把死板变鲜活，便于记忆、便于联想、便于向往。趣味有助于接受，趣味相投、趣心相通、趣物分享、趣事同乐。此时此刻，不是生意胜似生意，不是推介胜似推介，一切尽在乐趣中。

趣味从哪里来？应该是由心而发，趣由心造。趣味本不是花言巧语，也不是生硬刻造，更不是虚情假意。趣味来自对于人性的深刻体味，精细兑现，创新构造。

上海玩具公司董事长王培光先生说：做玩具的就得有童心，一颗童真的心。由他构思、提议，并亲身筹划，建成了一家金属玩具博物馆，不仅仅展陈数千宗玩具，更将体验、互动、亲子游戏及娱乐集于一身，创办五年间，接待观众数十万人次。

不止玩具，其他面向大众的品牌何尝不是如此。有趣之人，才懂得造就有趣之品、有趣之情、有趣之声、有趣之景。品牌人必是注重文化修养，富有幽默涵养，体察人心所向，善于造趣、生趣、逗趣、玩趣之人。

人若无趣，何来事趣、何来物趣、何来意趣、何来情趣。因此，品牌应善意养就一颗顽童之心、玩世之心、玩物之心。

敢于打开心扉，去拥抱新知识、拥抱新观念、拥抱新事物、拥抱新世界，这才是人间正道，才会有绵绵新创意，趣味无穷尽。

030

妙趣横生（下）

品牌，不是古板的老学究，应该有趣，讨人喜欢。有趣是品牌的生命活力。

妙趣横生，正是品牌有趣的生动写照和典型表演。

有趣还加上妙，说明这个趣不一般。或令人拍案叫绝，或令人击掌称奇，或令人过目难忘，或令人心潮激荡，这才算得上妙。

横生而不是竖生，说明趣的幅度很宽，种类很多，跨度很大，力度很强。

妙趣横生令品牌倍加可爱。趣在何处，爱在哪里？

妙趣横生可以涉及乐趣、情趣、灵趣、智趣、戏趣等诸多方面和各个层面。尽可以由品牌去尽情发挥、尽心构造、尽力追求。

乐趣，逗人开心，喜闻乐见，是妙趣的最基础层面。比如迪士尼乐园精心泡制的米老鼠、唐老鸭、高飞狗，都是逗人开心的开心果，也是迪士尼品牌的标志物，让人见到就发笑。

情趣，交流情感，增进情谊，是妙趣的上一个层面。比如白雪公主和7个小矮人，灰姑娘和王子，小红帽子和外婆，都有点故事情节，都有喜怒哀乐掺杂其间。或是友情，或是亲情，或是爱情，既令人高兴，也催人泪下。当然，最后还是真善美占上风，喜洋洋乐淘淘成大结局。

灵趣，互动共鸣，反响呼应。是妙趣的再一个层面。最典型的

是各种赋以智能的电器、玩具、工具、用具、家具等等，会报告、会请示、会问好、会答复、会回应、会对话，甚至会对弈。一台扫地的圆盘机器人，如果一边扫地，一边会自言自语："这里太脏，得来回扫几遍"；碰到墙会说："哎哟，下回小心"；动力不够会说："哟，没电了，歇一下，充电去。"那该是多么有趣。

智趣，开智开窍，促人醒悟，是妙趣的高一个层面。比如乐高，只是一种拼接堆装的塑料小积木，却会让大人小孩为之入迷，非要造出一辆车、一艘船、一幢房，甚至一条街坊不可。既考智力，又考毅力，还会考出不甘落后非要比个高低的成就感。

戏趣，富有剧情，引人入胜，是妙趣的综合性层面。精心设计、精心布置，有场景、有气氛、有故事，曲折离奇、高低起伏、别出心裁、动人心弦。身历其境，参与其中，情不自禁，不由自主，成为角色，演绎其中。犹如云南西双版纳的泼水节，人人参与，忘却自我，狂热泼水，边歌边舞，不亦乐乎。

趣，似乎还应该有明趣、暗趣、幽趣之分。前两者容易明白。幽趣是什么？是幽默带来的趣味，是需要停顿一下、回味一下才可获取的趣味。虽说幽默，却更有味，也更深刻。比如"屋顶保护不了我们"，下雨天出门，不可能带着屋顶走，那只有找雨具。在幽默之中，感受到趣味，也感受到需求。

妙趣横生的好处是充分调度受众的兴奋感、悦目感、互动感、入迷感和持久感。让品牌的生命力恒远久长。

品牌在广告创意中增加趣味，可以有效提升感染力和印象力。香港有家好彩海鲜酒家，其广告是一幅水墨画，布满了黑白相间的水墨游虾，忽然斜插进来一双筷子，从画里挑出一只红盈盈的真虾。趣味浓浓，让人体味这个酒家出品的海鲜生猛鲜活。理光办公器材为突出其高效率，广告的主角是一只跃起的青蛙，两只大腿下方又装上了弹簧。青蛙本就善跳，加上弹簧之后，岂不快上加快，高上加高，趣上加趣。东芝互联网的广告主角是香港常见的多层巴士。不过，不是双层巴士，而是十层巴士，够夸张，够有趣，令人印象深刻。以此比喻互联网的多通道和快速度。

妙趣横生，应该是"来自生活，又高于生活"，是生活中喜事、乐事、趣事的高度浓缩和生动提炼，而不是脱离生活的胡编乱造。

有趣全在于知趣、识趣、懂趣。作家贾平凹先生说："人可以无知，但不可无趣。"他的意思是，有趣比有知更重要。我却以为，如果不知不识不懂，如何会有趣。宋词人赵彦端说："笑相看，风林露草，古来有谁知趣？"知心者才会知趣，知趣者才会有趣。懂人，才会把握分寸、把握尺度，挑动情趣，恰到好处。如若不爱人、不爱生活，满腹牢骚，心怀不平，岂会生趣、岂会有趣。

如果您的品牌妙趣横生，还怕受众不喜欢。

买椟还珠

买椟还珠的寓言故事最早出于《韩非子·外储说左上》。说的是，楚国有商人到郑国去兜售自己的珍珠。为了卖得顺畅，特地选用木兰材质做了一个精美的匣子。还"熏以桂椒，缀以珠玉，饰以玫瑰，辑以翡翠"。果然有郑国顾客前来购买。不料，过了一会，那顾客又跑回来，把匣内的珍珠还给商人。原来他以为商人卖的是匣子，而不是珍珠；珍珠是商人遗忘在匣子里的。

韩非子讲这个故事是用来批评当时的诸子百家，"皆道辨说文辞之言，人主览其文而忘有用"。也即是那些哲人只会能言善辩，而为王者也只顾欣赏华丽词藻而忘了它的实用价值。故事既批评了卖方，也批评了买方。

后人根据这个故事提炼出买椟还珠的成语，用以批评那些本末倒置、主次不分、只重形式而不重本质的情况。

如今，再细细品味这个成语，更发现含意深厚。买椟还珠，究竟是卖家出了问题，还是买者出了问题？依我理解，主要是卖家出了问题。珍珠本来够珍贵，包装得讲究一点，无可厚非。但也不可过分讲究，过了头。你看，又是精选木料，又是熏香，还用珍珠、翡翠和玫瑰去装饰，不但精美，而且总体价值也远远超过了那颗珍珠。于是，人们就会问：究竟是卖匣子，还是卖珍珠？究竟是匣子为珍珠配套，还是珍珠为匣子点缀？原本售卖珍珠，却因为匣子太贵重太精美，珍珠反倒成了附加物，或者成了遗忘物，无足轻重。正因为卖家的误导，造成了顾客的误判。

所以，首先应该批评的是卖家，批评卖家的不当与过火，而不应该去指责顾客的无知与无识。

包装，在品牌事业中的确具有重要地位和作用。包装，不只是一个匣子，或者一个盒子。广义的包装应该包括品牌整体形象的塑造和推广体系。包括品牌命名、品牌口号、品牌故事、品牌色调、品牌个性、品牌活动等都属于品牌包装。包装既要服从品牌、服务品牌，又可以提升品牌、助力品牌。所以，包装既是从属地位，又是保值增值地位。包装具有两重性、被动性和能动性；包装并不是简单的附从与配合，而是需要精心策划、精心创意、精心设计、精心执行。既不可过陋，也不可过火。适当才最重要。

首先是主从相宜。包装首要一点是准确，应该与品牌所属品类、品性、品位相一致。该简则简、该繁则繁；该粗则粗、该精则精。包装与品类的自然属性、社会属性、价值属性、情感属性直接相关。

快速消费品无须过分包装，包装只要达到安全、识别、适量三大功能就可以。奢侈品则必须讲究包装，用以体现贵重、非凡和荣耀。过往曾有人对人参采用简易大包装，结果人参就被疑之为假货，只能卖出萝卜价、地摊价。礼品不讲究包装，会被疑为心不诚、意不敬、不体面，以至于拿不出手。手信不讲究包装，会被疑为没有地方特色和人文风采，没有纪念意义。

然而，包装再讲究，也不可过头或过火，只求适宜即可。任何包装应有成本概念和价值概念，更应有主从相配概念。切切不可喧宾夺主。包装如果脱离商品的身份和价值，就变成伪装。

其次是主从相托。包装既是品牌的重要组成部分，服从品牌整体策划；又有其特别功能，为品牌塑造富有个性的特征、标志、识别、记忆、联想，等等。包装与品牌既相从，又相托。可口可乐的红、百事可乐的蓝红、麦当劳的黄、肯德基的蓝，都为强化品牌形象立下了汗马功劳。著名的卡地亚红与蒂芙尼蓝也是从精致的包装盒开始的。

1845 年首度出版的蒂芙尼年度珠宝系列手册，选用了一种特别的蓝，一种取自美国罗宾鸟蛋的蓝。这种鸟是西方传说中的知更鸟，是浪漫与幸福的象征。于是被用来作为以精美珠宝著称的蒂芙尼的标志色，用在所有一切包装上，至今已有 170 多年。而卡地亚红集中反映在经典的包装盒上：红色的皮革外壳，金色蕾丝花边的装饰，内衬黑天鹅绒或白色丝绸，衬托起名贵手表或宝石。卡地亚红寓意着吉祥与幸福，同样令人印象深刻。

再次是主从相优。随着时代进步和技术更新，包装与品牌的相从相托也需要不断优化。好马配好鞍，配角当主角演，决不可拖后腿。即使快消品的包装，再简单，也得有创意含量和技术含量。发挥包装的功效，促成品牌在商海中一跃而出，抓眼球，易识别，动人心。在有限的空间内，既生动又合规，应有尽有，应说尽说。

现在为了有效推销产品，智能货架上有了全息立体 360 度展示，给人以真实生动的感观。包装上有了智能防伪标识，帮助顾客辨别真伪，避免上当受骗。商场里有了 CR 立体展示与 AR 加强展示，让顾客在虚拟空间里身临其境、互动体验。如此等等。

由此看来，包装最重要的是合适。包装不是脱离实际的装腔作势，而是恰到好处的恰如其分。从属品牌、服务品牌、提升品牌。看似简单，并不简单。切不可马虎从事，糊涂处之。

相 敬 如 宾

相敬如宾，是描述夫妻间的恩爱。出处可见于《左传·僖公三十三年》。有位叫邓缺的人在田里除草，他的妻子把午饭送到田头，恭恭敬敬用双手把饭捧给丈夫。丈夫也双手庄重地接过来，毕恭毕敬地祝福以后再用饭。而妻子一直恭敬地侍立在一旁，等着他吃完，然后收拾餐具，辞别丈夫而去。晋国大夫臼季见了，很受感动，称赞道："敬，相待如宾。"

后来，也有人用相敬如宾来比喻品牌与顾客之间的关系，意思是敬重有加，彬彬有礼。

我以为，夫妻间相互敬重，本应是佳话，为什么还要如宾。宾是什么，宾是客人，宾又是外人。相敬如客人，相敬如外人，是否有点意思不通。夫妻难道不是亲人，不是自己人，反而要当作宾客去对待，是否有点过分讲究礼仪，却让人觉得生分了，有隔阂了。敬重如宾客那样的夫妻关系，是否会有点让人受不了。不习惯、不舒服、不自在，手足无措。

而对顾客也说相敬如宾，意思却又有些重叠了。顾客本来就是宾客么。敬重顾客如宾客，是否原先没把顾客当宾客。

所以我觉得，相敬如宾，既要提倡，又要反对。提倡的是讲礼貌，注重礼仪和礼节。反对的是，不必过分和见外，不必过度和表面，而疏忽了真诚和实在。

其实，再亲热再讲礼，也无须做作，只须平和、亲和、随和、温和即可。人际之间相互敬重，更在于细节之处见真情，平常琐事也用心。不特意，不专门，自然流露，顺手而为。于不经意间给人以体贴和温暖。

一些做得出色的品牌都能做到这一点。

好友文仲先生是香港中国旅行社的一位经理，他好心推荐我，有家香港饭店相当出色，名字叫做彩荟轩。我是将信将疑。有次路过，就上楼去，尝试一下。

果然，环境整洁，装饰暖心，食品也不差。普通的皮蛋瘦肉粥，很多店家已经走样，它却不变：瘦肉是现烫的，而皮蛋则切成小丁点。热腾腾的一笼虾饺上桌，送货员怕变凉，顺手又把笼盖盖上。茶壶的热水少了，马上就有人顺手加满。得奖的千丝春卷，创意新，做工精，仿如艺术品，价格却相当普通。而服务员的招呼更是轻声细语，生怕带来惊扰。几乎每一处细节都相当妥帖。这才是由心而发的一分敬重。

后来听说，彩荟轩不是一家，而是有好几家，同属于彩福婚宴集团。它们是真的要创品牌，也果然创出了品牌。连续五年勇夺香港旅发局美食之最大奖——至高荣誉金奖。

大店如此，小店又如何。香港在一条小马路上有家小旅馆，名叫伟晴轩。外表朴实无华，内里也一样追求品质。每间客房都设计得简约大气，却又不乏对细节的考虑。沿墙一溜壁灯，全是朝天打光，不刺眼睛。帘灯也是灯光朝下，不对人眼直射。客人进房，已有几样水果摆放在竹篾编织的且配了刀叉的果盘里，犹如一幅写生油画。房间清洁工作认认真真，弄得舒舒服服。于是这家小小宾馆大名远扬，生意甚至超过一些大酒店。连许多的士司机都知晓，还会引领宾客前来投宿。

敬重不敬重，如宾不如宾，全在于理念、全在于心情、全在于细节。用不着夸张、用不着程式、用不着高调，也用不着自许。

旧时，纪晓岚曾去五台山入寺观瞻，方丈见他相貌一般就说"坐""茶"。谈吐间知他由京城来，就改口说"请坐""用茶"。当得知他是大学士时，方丈便引他入内室，尴尬道"请上坐""用好茶"。临走，方丈请纪晓岚留墨宝。不料纪先生写的对联，上联是"坐，请坐，请上坐"，而下联是"茶，用茶，用好茶"，于细微之处刻画并鞭笞了某些人的势利和做作。

品牌若把顾客当作亲人、当作家人，就应一视同仁，不以貌取人。真诚相待，无隔阂、无猜忌、无鄙视，体贴入微，无微不至。这才是品牌服务的最高境界。

所以，我就觉得，相敬如宾，真不如宾至如归。客人来了，就好像回家一样，亲近、随和、温馨、体贴，没有隔阂、没有距离。

有位哲人说得好：曾经一直以为远方才是诗，经历了人间烟火，才发现，油盐酱醋茶亦可成诗。一花一叶、一草一木、一粥一饭、一朝一夕，只要心有风景，处处皆是绿水青山。

朝 三 暮 四

朝三暮四，是发生在一位老翁和一群猴子之间的故事。老翁与这群猴子相处日久，已经到了能够互相沟通交流的地步。原先老翁每天供应猴子8粒榛子，后来因为家景困难就打算改为7粒。于是他和猴子商量：上午3粒，下午4粒，如何。不料，刚一宣布，猴子们就跳起来，叽叽喳喳表示反对。情急之下，老翁就说：那么早上4粒，下午3粒，如何。猴子们立刻安静下来，表示同意。

只是形式变了一下，实质内容并没变，猴子就感觉很好，变得心满意足。故事很简单，朝三暮四却从此变为成语，一直流传下来，并且告诫人们，这类形变实不变的行为，相当具有欺骗性和迷惑力。

在成语世界里，与朝三暮四意思类同的，还有改头换面、桃代李僵、换汤不换药、新瓶装旧酒、挂羊头卖狗肉、穿新鞋走老路，等等。

为什么会有如此丰富的语言说明同一类行为？一是表明这类明里暗里欺诈的事，变本加厉，实在太多；二是表明这类事早已引起普遍关注；三是表明社会大众对这类事是反对的、鄙视的、谴责的。

朝三暮四属于另类欺客。品牌应该坚决反对和杜绝这类不齿之举。

生活中，朝三暮四有种种丑陋表演。

钓饵在前，请君入瓮。以貌似的甜头诱人上钩。疫情期间，无论休闲旅游还是商务旅行都变得冷淡，即使五星级酒店也只得放下身段，以求一客。吸引人的广告纷纷出笼，以平时低得多的价格招徕客人。香港有家酒店集团做了一揽子广告，属下十余家酒店个个都有"出血价"。其中一家位于维多利亚海港边，海景房低至每天500元，于是引起兴趣。实地考察，发现原来不同景观，不同楼层，价格不同。而服务简到不能再简，撤走了冰箱，撤走每天的清洁服务，每7天换一次毛巾和床单，每7天允许洗8磅衣物，如此等等。如要每天清洁，则每天加200元；加冰箱，每天加100元；每天换毛巾加60元……住进五星酒店，徒有五星名声，没有五星服务。价格下跌，以服务下跌为代价。这是一种变样的朝三暮四。就好比游乐园门票奇低，但每项活动都收费，换汤不换药。

偷换概念，无边水分。购买商品住宅如何计算平方米，如何计算单价，是一件头痛的事。香港有些自以为是的大地产商创造了一个概念：公摊面积。什么大堂、电梯、楼梯都会分摊给每家住户。于是所标榜的面积就没有那么大。建筑面积与实用面积大体要打8折，最离谱的要达到7折。所有配套分摊到每个住户身上，这是一种充水的面积。而"单价从某某起"，其实是没有这个价的，楼层与朝向不同，就会有不同的价格，这个"起"是没边的，让人捉摸不透。

贬前先升。每逢双十一或双十二就有大量折扣，捡漏者蜂拥而至。可是，只要有心人对照一下平常价，就会发现打折之前早已悄悄提了价。折扣早已调包，只是一个空欢喜。

借花生花。地产商们早前还发明了一种圈钱方法：售卖楼花。楼没建成，就已开始预售，甚至地下部分刚出土，就开始预订预

售，大笔大笔圈钱。时差可以长达半年、一年，甚至更长。所圈之钱既可用来补充资本金，也可以借贷生息，还可去理财投资。时间就是金钱，楼花成为一种迷人的变相提价。

这些所谓"超人"的事业，各有"超人"的技巧。

骗术如此奇巧，全因为行骗者轻视人、漠视人、无视人。他们以为当今的老百姓会像猴子那样好骗，只须三与四换一个位置，就会上当。

而事实是，时代不同了，技术进步了，知识普及了，信息充分了，头脑醒悟了，再也难骗了。

任何骗术总是以骗为实质，经不过实践检验。骗术不论多么高明，只能得逞于一时，而不能得逞于长久。

第三编

发展之路

方向

战略

路径

034

穷 则 思 变

穷则思变，最早见于《周易·系辞下》。原文是："穷则变，变则通，通则久。"按字面的理解是，凡穷困艰难时，必导致变化；正是变化，才让发展通畅；因为通畅，历史发展才久长。而广义的解释是，凡事到了极端，就必然引发变革。这是充满辩证思维的哲学思想。

回想中国革命的实践，正是穷则思变的有力印证。正是穷极，受尽压迫和剥削，就形成了改朝换代、改天换地的无穷力量。

事到极端必求变，路有不平必求变。古时就有"官逼民反"，揭竿而起。近代则有"痛定思痛"，群起革命。"打土豪，分田地"，是动员和组织千万农民投身革命的巨大动因。起始于 20 世纪 70 年代末的改革开放，之所以深得人心，就因为大家认定一个理："贫穷不是社会主义。"

今天的中国，经过四十多年的具有中国特色社会主义发展，已经不那么穷了。按照联合国标准，已经消灭了绝对贫困，已经迈进了全面小康，已经拥有了数亿人口的中产阶级。

基础厚实了，穷则思变，还有没有现实意义？还能不能成为社会历史前进的原动力？

事实上，穷则思变，并未穷尽。消除绝对贫困仅仅是第一步。绝对贫困消除了，还有相对贫困；旧有贫困消除了，还有新的贫

困；狭义贫困消除了，还有广义贫困。新时期主要矛盾是人民日益增长的美活生活需要与发展不充分不平衡的矛盾。穷则思变，仍然有用。

只要人的全面发展和彻底解放还没有达到，就仍旧还有这样或那样的贫困，就仍旧还是穷则思变。穷，就仍旧还是创新和变革的原动力。

与此同时，也并不只是穷极才求变。事凡极端必求变，事凡痛点必求变。品牌面前，有无穷无尽的发展机会。

如果借用穷则思变的概念延伸开去，就可以有累则思变、繁则思变、污则思变、慢则思变、远则思变，等等。凡属不顺心、不痛快、不趁手，就会思变，就会求变。

累、烦、繁、弱、慢、病等就是新的"穷"，就成为新的改革对象。

累则思变。必图省力。劳动环境恶劣，"热重脏"或"脏重累"成为变革对象。"偷懒"成为创新原动力。许多技术革新由"偷懒"而催生。

繁则思变。必图简便。套路太多、程式太杂、流程太长、层次太繁，令人烦，也令人生畏。繁文缛节成为革命对象。凡有利简化、快捷、便易之事物就必然应运而生。

污则思变。必图清洁。毒土、脏水、沙尘、雾霾成为革命对象。碳中和、低排放、绿色能源、速生树草等一系列新技术得以大发展。甚至连光伏技术也引进家用电器，不仅节能，还能供电。

远则思变。必图省心。千里万里常牵挂，距离成为革命对象。那就有了种种远程视频，不失真，高清晰。甚至还有5G的、裸眼多维立体的，活灵活现。"常回家看看"，不回家也能常看看，多好！

即使真正富了、全面富了又怎样？照样会产生新的穷则思变，新的革命动力。此时的穷则思变，就是思安康、思长寿、思健美、思休闲。"富了也得有命消受"，长寿也得有高质量。

求变，是发展的原动力。求变，必有一定的理由，必定有一定的依据，不应视而不见。于是，品牌就得找对手、找敌人、找不足、找痛点，求得改革创新的方向和动力。

太满足，就成了生活的奴隶。既不长进，也失去了创造的原动力。

电脑时代、手机时代、互联网时代、数字化时代，方便到几乎已经不能再方便的时代，我们仍然需要耐心地搜寻不足、搜寻麻烦、搜寻痛点、搜寻创意和创新的原点。品牌如果被电脑、手机和数字所束缚，品牌还是品牌吗？

南 辕 北 辙

南辕北辙，见于《战国策·魏策四》。魏王想攻打赵国，臣子季梁劝他说：我在大路上遇到一个赶着车向北走的人，告诉我说，他想去楚国。我就对他说，楚国在南边，为什么要向北呢？他说道，他的马跑得快，还说盘缠很充足，又说驾车人本领很高。他不知道方向错了，赶路的条件越好，本领越高，离楚国也就越来越远。季梁用这个故事来比喻行动和目的相抵触、相背离，劝阻魏王不要去攻打赵国。

南辕北辙不是杜撰的笑话。在日常生活中，在品牌事业中，会不会以这样或那样的形式出现？很值得深思。以我的体验，南辕北辙现象至少会发生在三个层面。

一是战术执行与战略方向相背离。战略方向明明是对的，可是执行就走了样，变了形。实际上，战术执行是不允许头脑发热、任意发挥的，也不希望脱离轨迹戏耍小聪明，更不希望个人逞能去出风头。执行战略意图就得严守纪律和规矩。

有家新搪瓷，我归纳总结它的特点是用料精选、设计新潮、品类齐全。分别有艺术搪瓷、装饰搪瓷、节庆搪瓷、野营搪瓷、用餐搪瓷等，为现代生活增添了艺术感、仪式感和不少情趣，别开生面。但是，在一段时期里，因为口杯特别好销、特别讨巧，于是有了纪念杯、庆祝杯、体验互动杯、礼品配套杯等。口杯一枝独秀，甚至一个款式可以成万成十万地大批生产，以至其他品类渐渐淡漠了。这究竟是好现象，还是令人担忧的现象？会不会重蹈计划经济下片面求数量求吨位而丢弃品种花色的老路？是不是与新搪瓷的本意有所背离？眼前的热销会不会模糊了长远的战略方向？很值得思考和掂量。

二是战略方向与发展趋势相背离。制订任何战略必须注重"天时地利人和"三大要素，力求与发展趋势相吻合，顺势而为，而不是逆势而行。我们提倡创造未来，是因为这个未来必来。

比如网购与外卖已成为迅猛发展的大趋势。2020 年，中国内地热衷外卖的人群已经达到 5 亿人，其中"80 后""90 后"成为消费的生力军。如果不顾这铁一般的事实，无视年轻人的需求特点与习好所向，继续不屑一顾，岂不是大路不走，走小路；活路不走，走呆路。

当前正处在一个百年未有之大变局中，未来二十年三十年是什么趋势，如果没抓准，一切等于白干。于是对趋势的分析和把握就成了当务之急。企业什么事都可以放一放，唯有趋势分析不能放。不仅不放，还得用心思，花大功夫，力求战略与趋势相吻合。

三是品牌立场与用户立场相背离。任何趋势都是由人造成的，由人推进的。而受众和用户就是主导者、参与者、推动者。品牌不应该自以为是，自行其是，与公众公认的、急迫寻求解决的难点、痛点、焦点或热点背道而驰。

这让我想起古时候有则故事，讲的是有只鸟从海上飞来，栖息在楚国边境，楚王以为是神鸟，便命人抓来供养在皇宫，有专人喂它山珍海味，有乐师为它奏乐。可是没几天，鸟就被弄死了。为什么？因为楚王自以为是，以自己的想法去代替了鸟的生活习性和生

活需求，不死才怪。

有人戏说："条条道路通罗马"。通是通的，但是各有不同。有的是直路，有的是弯路；有的是近路，有的是远路；有的是正路，有的是邪路。既然知道目标是罗马，为什么还要去绕圈，或者还要去到处乱撞，甚至于到处碰壁弄得头破血流呢？

为什么会南辕北辙？为什么会出现偏差、出现背离？根本原因还是主观与客观相脱离。具体原因则各有不同。或是骄，或是躁，或是宅，或是松，最根本是迷，迷离视界，迷失方向。

把握人心所向，把握趋势发展，把握战略方向，把握战术执行，是品牌特别重要的事，应该尽一切可能保持四者的一致性。为了不偏差、不背离，纠偏是经常的事。始终关注，精细把控，不忘初心，牢记使命。

企业经营者为了时时警示自己不偏离方向，不背离宗旨，往往写在条幅上，刻在匾额上，书在戒尺上，烙在脚垫上。但是，方向和方针，不仅仅在墙上、纸上、地上，更应该在行为上、在心坎上。纠偏应该毫不留情。

但愿南辕北辙之类的悲剧，少一点，更少一点。

庖 丁 解 牛

庖丁解牛这个成语为很多人熟知。说的是春秋时代有位叫庖丁的，解牛很有一套。庖丁解牛有两大特点：一是不用蛮力而用巧劲，解牛好比亦歌亦舞、富有节奏感和现场感的精彩表演，让旁观者如痴如醉。二是他那把解牛的刀居然用了19年，依然刀不卷刃，刀无缺口，锋利无比。而普通人使用的解牛刀，差不多一年就要换一把，水平低的甚至一个月就要换一把。

这是什么原因呢？一般的解释是庖丁通过多年的解牛实践，已经掌握了解牛的规律，因此可以熟能生巧、利索解牛。引出的结论是，做任何事情都不能莽撞，而是要了解规律、遵循规律，按规律行事。

我却以为，把什么事都归结为笼统的规律，似乎有点太过粗糙、太过简单、太泛泛而谈，对于品牌建设的实际意义也不大。我的体会是，庖丁其实懂得解剖学的，长年实践加上细心琢磨，懂得牛体结构，知道骨骼之间的缝隙在哪里，于是才会避实就虚，寻隙下刀，迎刃而解。这里面，既有大局观，又有细节感。庖丁解牛就是对于整体与缝隙这对矛盾的精准把握。

找准缝隙是成功之钥。品牌也一样，若要在错综复杂、千变万化的市场上杀出一条成功之路，也是既要有大局观，又要有细节感。既要懂得发展趋势与竞争态势，又要懂得缝隙在哪里，薄弱环

节在哪里，可乘之机在哪里，见缝下手，见机行事。品牌要做庖丁，而不可去当愣头青、马大哈。

当年伟人曾经分析过在重重的白色恐怖包围之中，中国的红色政权为什么能够存在。如果按照教科书式的解答，可以归结为马克思主义指引、共产党领导、红军英勇、工农支持。这些当然没错。不过，伟人总结说，还有一个重要原因是军阀混战与军阀割据而形成的缝隙。正是见缝插针，由小到大，由弱变强，形成了"星星之火，可以燎原"之势。

当今世界，品牌尤其是后起品牌，若想成功，同样需要头脑清醒，明辨秋毫，识缝隙、知缝隙、捉缝隙，见缝插针，见隙下刀，因势利导，顺势而为，甚至大作为。

怎样识缝隙，是一门实战性很强的学问，不怕试错。若不下水探路，怎知水深水浅、水暖水凉。依我体会，貌似满满当当、拥挤不堪的市场，至少还有三大类缝隙：

蛮荒之地。经过多少年开垦，蛮荒之地肯定越来越少，但不会没有。土地为什么荒芜？必是难度大、生态恶劣。或是高海拔，或是冻土层，或是穷山恶水，或是野兽出没，让人望而生畏、望而却步。即使如俄罗斯这样的泱泱大国，蛮荒土地居然也占了三分之二。面对蛮荒之地，需要的是勇敢之心和科技之力，经过坚韧不拔的奋斗，方能够让沙漠变绿洲，领略"无限风光在险峰"。

捡漏之机。市场再丰满，也有拾遗补缺填白的机会。关键是不以善小而不为，深知大小转换、由小及大的原理。衣服够多，有特殊尺寸的吗？鞋子够多，有适合太空行走的吗？奶粉够多，有适合中国宝宝体质的吗？洗发水够多，有适合洗头皮的吗？羽绒服够多，有又透气又保暖的吗？有适合高冷、适合世界屋脊、适合极地的吗？如此等等，都是缝隙。苍蝇不叮无缝的蛋，品牌不叮无缝的市场。

透视之境。常态背后有异态，方便背后有不便。生活往往需要重新观察、重新思考。洗衣机好是好，就是耗水太多，不够好；空调好是好，就是风力不柔和，不够好；冰箱好是好，就是缺少杀菌功能，不够好，如此等等，都给予品牌莫大机会。还有家具和家居可否一条龙协调服务，楼上楼下可否不用脚步而轻便自如上下，室内室外可否宜人且绿色智能，如此等等。不怕做不到，只怕看不透。

除此之外，还有热门之中的冷门，主流底下的支流，高调背后的低调等等，有可能都是缝隙，都是机会。

缝隙拓展了、扩大了，就是一片新天地。

做品牌，需要有心、需要用心。心在，机会就在，在身边、在眼前。

趁 热 打 铁

　　趁热打铁的成语，很多人都知道。可是为什么趁热才能打好铁，知道的人就不很多。物理学家告诉我们：在一定的高温条件下，金属的硬度会降低，屈服强度也会下降，而金属的延展性却会提高，就可以锻造加工成我们希望的产品。同时，在一定的温度下锻打金属材料，还可以改善金属的品相结构，提高金属的韧性和品质。中国古代"干将""莫邪"这一对名剑，原本也是平凡的铁器，可是经过高温下的精心打造，竟然可以削铁如泥，以至被视为神剑。即使在几千年之后出土面世，依然光亮如初，锋利无比，令人赞叹不已。

　　所以，打铁就要趁铁烧热烧红的时候打，不仅有效，还省力省时。如果等到铁冷却下来再去打，那就是吃力不讨好了。真所谓：趁热打铁，不失时机；趁冷打铁，不识时机。

　　趁热打铁启示我们，凡想做成一件事，必定要把握火候；火候不到，事情难办；勉强去做，劳民伤财。火候不到，不能心急；火候一到，就要坚决。该出手时就出手，一鼓作气，紧锤猛打。机不可失，时不再来。时机难得，稍纵即逝。

　　品牌发展，也讲究火候，讲究时机。一旦火候达成，条件具备，就应该果敢出击。趁热才好打铁么。

　　时机是个好东西。怎样把握时机，发展品牌，应该是一门学问，得有辩证思维。据我体会，至少有四个环节应高度关注。

一是发现时机：慧眼识珠，捕捉时机。很多时候，时机是隐藏的、隐身的，但也会露出蛛丝马迹，透露一些征兆、一些表象。捕捉时机，必是从平凡中发现非凡，从日常中发现非常，从危机中发现危中之机，从不是机会中发现潜在机会。只要深入市场，贴近用户，细心观察，用心思考，有心改进，就不难发现机会在哪里。

上海梅林，是国内外知名的罐藏食品制造商，其中肉类罐头更是雄踞国内市场 NO.1。还有没有新的发展机会？公司总经理在展销会上发现，争购梅林罐头的顾客很多，可是老年人占了多数。为什么年轻人很少？是不是产品老化，消费断层？年轻顾客是新崛起的消费主力军，年轻市场是正在迅猛成长、不容忽视的巨大市场。产品再热门，也不能丢了年轻人。于是，针对年轻人的喜好特点和审美倾向，加紧研发并上市了"猪大萌"系列产品。这是一只有故事的小花猪，形象呆萌，逗人喜欢；而且罐藏内容丰富，口味独特。不仅有经典午餐肉，还有清淡午餐肉、芝士午餐肉、牛肉午餐肉等等，中西合璧，时尚清新，聚拢了新的顾客群，造就了新的商机。

二是催旺时机：加温加热，催旺火候。时机一到，就要果断出击，更要煽风点火，形成舆论场，既有声势，又有气势，得势不饶人。小打小闹不行。得把小机会变成大机会，小行情变成大行情。催旺的方法很多，诸如明星导购、舆情引领、直播带货、快闪表演、公益活动、体验互动等等，都是十足的燃料，能够催旺行情。

比如，美加净牙膏在应对新冠肺炎疫情时就把公共危机当作新商机，及时开发出以名牌牙膏为核心的防疫套餐，包括抑菌口腔喷雾剂、漱口水、泡泡娃抑菌免洗凝露等。因为及时适用有效，因而

受到市场欢迎。企业趁势造势，用好电商平台，开启线上连续直播，由领导亲自带货，讲述品牌故事，展示发展历史，播放生产场景，与公众体验互动，举办了一系列大型社会活动，引发一波波热潮。疫情期间，产销不降反升，逆势而上，效益成倍增长。

三是用够时机：宜将剩勇，猛追穷寇。反对任何形式的见好就收、小富即安。什么叫够？不仅要达到预期的市场目标和效益目标，还要能触类旁通，举一反三，扩大战果，连锁反应。不获全胜，决不收兵。

比如太太乐调味品，最早是鸡精起家的，做到了极致，并延伸出蘑菇精、海鲜精等其他各种鲜味剂，还办起了鲜味博物馆，制作了鲜味连续剧，出版了鲜味大词典，创办了鲜味为主体的厨师学堂，把个"鲜"字弄得炉火纯青。30年间，从一家不足百人的小企业，而今已是世界首屈一指的复合调味品制造商。

四是转换时机：火候已过，敢弃敢舍。此时此刻，众人皆陶醉，我却已独醒。明智的品牌时常都会自我反思，是否应该考虑新的对策，酝酿新的方向。要么深化，要么放手，要么转型，要么跨界，决不会拘泥于已有成就而执迷不悟。

这是因为，我们深信，任何真理都是有条件的，具有相对性。从单一事件、较短时间看，可能是真理。若从相互关联、从历史长河去看，可能不尽是真理。人类社会总是在变革中营造新的生活形态和新的生活构成。因此，品牌永远不会停止探索前进、勇于变革的脚步。

守株待兔

　　守株待兔的故事很出名。说的是春秋时代宋国有位农夫，他的田地中有一截树桩。有天一只跑得飞快的野兔撞在了树桩上，扭断了脖子，死了。农夫很高兴，拣起野兔就占为己有。从此，他放下农具，日夜等候在树桩边，希望能再次得到兔子。可是，野兔不可能再次撞树桩了，农夫也被宋国人耻笑，实在傻得过分。

　　一般理解，这个成语故事是讥讽那些不主动努力而存在侥幸心理、希望得到意外收获的人士。告诫我们，不经过自己努力，总想着天上掉馅饼，终将一无所获。

　　我却认为，这个故事还反映了有关未来学的哲学思考，引出的话题是："明天还会有兔子来撞树吗?"

　　树底下或者树桩旁发生的故事，其实是很多的。农夫看到一只兔子撞死在树桩上，便以为这样的好事会经常发生，于是放下农活，坐等兔子来撞。牛顿在树下读书，碰巧遇上了一只掉落的苹果，由此思考为什么物体总是自上往下掉落，最后发现了万有引力。

　　都是偶然事件，结局却不同。前者成了千古一笑，后者却引发了真理。从这两个互为对照的案例，对品牌建设至少有三点启示。

　　一是千万不可自以为是，把表象当本质，把偶然当必然，把侥幸当规律，把客气当福气，把扶持当应该，把友情当常规，以至于

忘记奋斗，忘记勤奋，忘记钻研，忘记坚持和努力，放弃事业和成功。兔子撞树桩纯系偶然事件，若以为从此可以天天有兔子可拾，可以坐享其成，坐吃山空，那真是白日做梦，天底下哪有这等好事。

二是千万不能停留于偶然，止步于偶然，满足于偶然，以至陶醉于偶然。而是应该把偶然现象作为研究内在规律的入口和把手。农夫和牛顿的差别就在于，一个把偶然当规律，一个从偶然找规律；一个坐等偶然，一个深究偶然；面对偶然，一个被动，一个主动；结果当然大不相同。牛顿细心探究苹果往下掉的原由，因此而发现真理。农夫拾到一只撞死的兔子，不仅懒于耕种，也懒于思考，不去想一想，兔子为什么会来撞树。只想着福从天降，岂不是异想天开。

三是偶然转化为必然，应该是有条件的。守株待兔并非绝对不能成功。若要成功，就要研究兔子为什么撞树。是主观原因，还是客观原因；是可以避免的原因，还是不可避免的原因，或者是某种不可抗力。把兔子撞树桩作为一门学问去研究。

依我之见，若要让兔子反复撞树，至少需要把握三个前提条件。

一是掌握心路历程与行动轨迹。知道兔子从哪里来到哪里去，习惯走什么路径，有些什么爱好和嗜好。只有如此，才方便在必经之路或停留之处设下埋伏，布置各式各样的暗桩和陷阱。

二是布置诱饵与引发诱因。捕雀一把米，钓鱼一条虫。没有看得见闻得到的好处，兔子怎么会来。而暗桩与陷阱还得加以伪装，让兔子难以识别，容易上当。

三是强化境况与刺激反应。所谓饥不择食、慌不择路、兵不厌诈。只有强化饥饿感、危机感、紧迫感，兔子才会急匆匆莽撞撞，向着树桩奔逃而来。

如果能把握规律，兔子撞树桩就有可能重复发生。这已经不是一种运气和侥幸，而是功到自然成，瓜熟必蒂落。

同理，品牌发展也有其内在的规律。一时的成功，或一时的得手，可能只是一种偶然。千万不可盲目乐观，高兴得太早。若要持续、反复、扩大胜利成果，就需要寻找成功背后的原因、规律和条件，从而变偶然为必然，变一时为长久，变小胜为大胜。总结和思考是十分必要的，需要经常而自觉地进行。

未来学的真谛就在于发现规律、理解规律、运用规律，为赢得未来创造和准备必要条件和充分条件。

未来等不来。"钟书阁"说得好："与其预测未来，不如创造未来。"

品牌也如此。与其等待未来、预测未来，不如亲手创造未来。

任何无所思考、无所反省、无所作为、无所进取、坐享其成，都是靠不住的。

缘木求鱼

缘木求鱼，出自《孟子·梁惠王上》："以若所为，求若所欲，犹缘木而求鱼也。"意思是说，以那样的办法去追求那样的目的，就好比爬到树上去找鱼一样。这个成语用来比喻如果方向和方法不对，一定达不到目的，徒劳而无益。

在一般情况下，缘木求鱼肯定不会成功，因为树上没鱼。

树上没鱼，去求什么鱼？和尚没发，要梳子有什么用？四季炎热，赤脚惯了，穿什么鞋？这三个现象是不是同一个道理，是不是都把工作方向弄反了，弄错了。

可是，偏偏有例外，偏偏有人破解了这些难题。

话说某公司招聘营销高手，出了一个刁钻的难题：向山上寺庙的和尚卖梳子。和尚没头发，梳子如何卖得掉？第一位应聘者卖掉了一把，他向烧火的小和尚说，这是挠痒痒的工具，连蒙带骗成交了一单。第二位应聘者向老和尚说，香客上香拜佛应该先整理仪容，于是卖掉了八把。第三位应聘者先是观察寺庙的香火很旺，香客众多，香火钱收入可观。于是让大和尚亲笔写了"积善梳"三个字，请木匠刻在梳子上；然后做法事，给梳子开光，承诺所有捐香火钱的香客可以获赠一把。果然捐钱的人更多了，梳子一下子卖掉三千把。

无独有偶，美国某制鞋公司向非洲一热带岛国推销鞋子，第一位推销员发回电报说："这里的人都习惯赤脚，不穿鞋，这里没市场。"而第二位发回的电报说："在这里的发现让我兴奋异常。因为这里的人都是赤脚，还没有一个人穿鞋，这里的市场巨大。"随后，分析了不穿鞋的原因、不穿鞋的危害，以及那些赤脚人的脚型特点，有针对性地开展了一系列营销活动，并争取政府自上而下的推广，结果取得了不俗的销售业绩。

邵隆图先生也说过一个例子。一少就抢，一多就滞，卷心菜都烂在田里。农民欲哭无泪。后来，想办法稍稍深度加工一下，变成泡菜，变成酸辣菜，就有了新的商机。甚至还把韩国泡菜送上载人宇宙飞船上了天，又连带发展了乐扣乐扣，这是用来储存泡菜使其不窜味的；后来连带三星大冰箱里的格子箱也是乐扣乐扣的。原先卖不掉的卷心菜居然引出这么多商机。

这些破题之作，简直就是活生生的缘木求鱼。硬是在没有"鱼"的"树"木上找到了"鱼"。小小案例是否可以证明三个大大道理：

机会暗藏。无机会，有机会；小机会，大机会；低端机会，高端机会：其实机会处处有，全凭眼光有没有。普陀山码头旁有座牌坊，上面写着一副对联："有感即通，千江有水千江月；无机不被，万里无云万里天。"说的就是只要有感悟，有新思维，有新眼光，那就可以穿云破障，透过现象看本质，透过迷雾看市场，就会发现处处机会，就会有千江月、万里天。

需求潜在。习惯可以更改，市场可以创造，理念可以输入，现状可以改观。如是直线思维、惯性思维，那就是一切照旧，抱着老皇历不放。而变道思维、换轨思维，换一种思路，变一条轨迹，就会发现机会。需求有现实与潜在之分，有物质与精神之分，有低端

与升华之分，经营者应该善于"无中见有""无中生有"，于无声处听惊雷，青萍之末见端倪，山重水复疑无路，柳暗花明又一村，去开辟无限风光的世外桃源。

能动转换。当年开发大庆油田，冰天雪地，条件艰苦，很多装备没到位。为了早日拿下大油田，铁人王进喜提出："有条件要上，没有条件创造条件也要上。"豪情壮志冲云天。这说明很多时候通过主观努力，可以改变客观现实。

从哲学意义上看，任何真理都具有相对性。缘木求鱼，本来违背生活常理。可是如果创造一些条件，改变一下环境，情况就会变化，真理就会成立。

据说，最早的鱼是有脚的，爬上岸，演变成两栖动物，后来又演变成爬行动物、哺乳动物，直至灵长类动物，非但能上树，还能在树间跳跃。

再比如，今天仍生长在海边的红树林，就有鱼儿穿行其中，甚至还可能栖息搭窝。出土的化石也早已证明，鱼和树曾经生活在同一环境之中。

所以，问题不是出在树上有没有鱼，而是我们的视野是否有局限，我们的观察是否太狭隘，我们的思维是否太直线，我们的结论是否太主观。嘲笑缘木求鱼，可能不一定那么公正与客观。回过头来，反而是在嘲笑我们自己没有见识。

即使是向和尚卖梳子，在中医的角度可以输入"穴位"的概念去推销。不论有没有头发，这梳子是梳头皮的，不是梳头发的，是梳头皮底下的穴位的，具有健脑活血的功能，可以醒目醒神。是不是也可以大大提升说服力。

世事无绝对，变迁自有律。在一定的条件和环境之中，什么都会变。到了愚公移山、人定胜天的时代，更是可以改天换地，创造奇迹。

因此，品牌绝对没有任何理由去墨守成规，没有任何理由去屈就那些早已被公认的陈腐见识。一旦思维突破束缚，必定可以开辟出意想不到的崭新天地。

画蛇添足

　　蛇是没有脚的。可能远古时代曾经有过，但现在肯定没有。进化到今天，有脚的肯定不是蛇。可是，偏偏有人要给蛇画脚。这是不是自作多情、自寻烦恼？世间偏偏就有这样的人。你说他是过于聪明呢，还是笨得可爱呢？

　　画蛇添足的故事最早发生在春秋时期的楚国。有人得到了主人送的一壶酒，觉得几个人一起喝嫌少，一个人独喝又不好意思，于是提出让各人在地上画蛇，先画成的就喝酒。有个人先画好了，就去拿了酒壶。可是看到其他人还没画好，心中笃定，就一手拿着酒壶，一手给蛇画脚。没等他画完脚，另一人已画成蛇，就一把抢过酒壶说："蛇本来就没脚，你怎么可以添脚呢？"说完就把酒喝了。后来，唐代大文学家韩愈在他的《感春》诗中写道："画蛇著足无处用，两鬓雪白趋埃尘。"感叹如果去做多余的事，无疑枉费了时光。

　　现在还会有人去画蛇添足吗？恐怕不会有了吧？结论可不能下得太早呵！

　　当今世界，热衷于画蛇添足，乐此不疲的人，照样有，可能还为数不少。只不过表现形式，或者表现形态，各有不同罢了。

　　据说，在工厂的包装线上如何查出并剔除那些没装产品的空盒，专家花了许多功夫。又是计算公式，又是推导原理，最后还配置了很多先进仪器，效果却不一定理想。可是，工人只用了一个小小的风扇就解决问题。因为空盒很轻，风一吹，就吹走了。是不是工人比专家聪明？不见得。工人只不过把原本简单的问题，用简单的办法去解决。而专家却把简单问题想复杂了，弄复杂了。工人思维与专家思维形成强烈对比。专家的所思所为算不算画蛇添足。

广告也是这样。因为进入互联网时代，大量应用了数字技术，于是就有一批专家提出应该重新定义广告。这个主意，那个想法，各显神通。结果把广告定义弄得咬文嚼字，深奥莫测，令人费解。其实任何技术手段只是工具而已，就好比镰刀锤子一样。只是技术手段有了变化，表现手法有了变化，而事物的本质属性和基本功能并没有改变。广告无非就是商品与服务的信息传播；广告无非就是广而告之；广告无非就是品牌对于顾客的有偿的有责任的承诺。所不同的只是传播技术、传播手法、传播形式、传播广度和传播力度。干吗要弄得那么复杂呢？如此谋求广告的重新定义，与画蛇添足又有什么两样？

品牌诉求也是这样。能直白的，就不必弄得隐晦曲折。能一句话说明问题的，就不必长篇大论、高谈阔论。比如某个品牌奶粉说自己是"适合中国宝宝体质的奶粉"，这句话已经相当醒目，相当醒脑，有足够分量，有足够吸引力，就不必再加上一句"中国销量第一"。千万不要不放心。一句已经足够，一点即通。多此一句，不仅有违广告法规，还可能画蛇添足。

品牌形象和标识也切忌添油加酱。麦当劳原本是红色背景墙上一个醒目的金黄 m，犹如金拱门一般。可是某家门店的好事者，却把浑一色的红变成一条条红蓝相间的线条，这不仅仅是画蛇添足，而且是把肯德基的脚画到了麦当劳身上，弄得不伦不类。至于在明

净英俊的脸蛋上添一撮小胡子，就把形象全改了，或是像卓别林，或是像希特勒，弄得或可笑，或可恨，何苦呢！

中华文化历来提倡言简意赅，直达词意，反对繁枝缛节，乱装榫头柄。水墨作品也不主张铺天盖地、顶天立地，而是留有空白，留下想象空间。"于无声处见惊雷""不可言会，只可意传"，等等，也都是描述惜字如金，不肯多添一笔。画蛇添足这个寓言故事不正是对那些好事者、多事者的讥讽和鞭笞！

复杂问题简单化，曲折议题直观化，深奥道理平民化，这才是真水平。

既然有直路，为什么走弯路？既然蛇没脚，为什么去画脚？干吗东拉西扯、东拼西凑、唠唠叨叨，弄得像臭婆娘的裹脚布一样，又长又臭。

当代有些人为蛇画脚，很起劲，不厌其烦，有时候甚至成为一种职业，成为一种专长，甚至还可以变成课题，变成项目，还可以领取经费。好奇的是，明明画蛇添足，却没有什么人承认画蛇添足，可能还以为这是一项宏大事业。你说可笑不可笑。

蛇，已经进化了，没脚了。可是，我们的思想没有进化，偏偏还要为蛇画脚，这是为什么呢？

041

画 龙 点 睛

与画蛇添足截然不同，画龙点睛是在关键部位下笔。这不是多余之笔，而是神来之笔、必要之笔、必须之笔，是赋予巨龙生命活力之笔。

传说中国古代有个画家张僧繇，画龙特别好。一次他在金陵（今南京）的安乐寺墙上画了四条巨龙，活灵活现，生动逼真，可惜眼睛处都是空白。于是人们好奇地问："为什么不画上眼睛？"张僧繇答道："眼睛可不能轻易画！一画上，龙就会腾空飞走啦！"大家听了，怎么也不信，能有这样的奇事。经不起众人的一再请求，张僧繇只好把龙的眼睛画了。一条、两条，还没画到第三条龙，突然刮起了大风，顷刻之间电闪雷鸣，两条巨龙腾空而起。围观的众人个个目瞪口呆，由衷佩服张僧繇的画功。从此，画龙点睛就流传下来，成了一个成语。

流转至今，大凡民间喜庆活动，不论是调龙灯，还是戏狮子，开场之前总少不了点睛这一笔。仿佛点了眼睛，长龙或者彩狮就真的活了，好戏也就随之开场。

人不会总是活在传说里。任何传说，比喻的总是现实世界。

画龙点睛这个传说告诉我们，无论是画画、说话、作文，还是办事情，都要抓到点子上，千万不可不着边际、不得要领。品牌策划和广告诉求也是如此。画龙必须点睛，点睛才利于沟通，才利于成功。

而我体会，画龙点睛若要成功，有五点是必须把握的。

知道睛在哪？定位得精准。点睛点的是眼睛。眼睛是心灵的窗口，点睛实际上是点心，寻求的是心灵的呼应。心动了，眼睛才会有神，生命才会启动。所以，点睛就得盯准部位，入木三分，直达心灵。千万不可点错部位。如果糊乱涂鸦，星星点点，岂不是把一条龙点成了斑点狗或是金钱豹。眼睛，既有有形的，也有无形的，需要辨识。凡是具有决定性影响的、牵动生命活力的、引动心灵震荡的、拨动思维激扬的，应该都可以视为睛。点睛就点这里。

知道点什么？内容须传神。点睛点的是活力，点的是呼应。生动、灵动、闪动、跃动。点睛不是刻板一色，而是富有神采，闪亮光鲜。因此，点睛要有创意，既要发散放得开，又要聚焦盯得准，切中要害、切中痛点、切中活点，有足够的刺激力度。点睛应如点穴。穴位点准，龙才能活起来、动起来。千万不可大而晃之、不痛不痒、马虎肤浅，没有感觉。点睛应如点穴。

知道如何点？方法得讲究。点睛点的是技巧、点的是手法。既要巧妙，更要准确，是科学加艺术。苹果咬了一口、缺了一块，也是一种点睛，打破框框，不拘一格，破俗而出，印象深刻。这不是坏苹果，而是创意苹果，源于自然又跳出自然的苹果，是一个时代的开启。咬了一口、不同寻常的苹果，把手机这一移动终端，变成了近乎无所不能的智能终端。

知道何时点？时间够火候。点睛点的是时机、点的是火候。轻易不出场，出场必轰动。天时、地利、人和，缺一不可。时机不到，不必动笔。时机一到，迅即动笔。就好比火箭上天，得选一个有利的时间"窗口"。穿窗而出，顺顺当当；破墙而出，难免磕磕碰碰，头破血流。正如伟人所言："不打无准备之仗，不打无把握之仗。"

知道由谁点？主笔是奇才。点睛点的是心境、点的是情怀。主笔人或是张僧繇，或是神笔马良，能把纸面变成立体，图画变成动漫，甚至化腐朽为神奇。可是，张僧繇今日何在？神笔马良今日何在？必是在江湖、在山野、在民间、在实战之中。闭门造车、关门思过、禁门谢客，出不了神笔与巨匠。神笔与巨匠，必是采风民间，深知民情，懂得人性，熟谙心态，见多识广，功底深厚，浮想翩翩，创意绵绵。

品牌诉求和广告传播，就得画龙点睛，点出神彩和活力。必须用眼、用心、用法、用时、用人，五法俱全，不可缺一。唯如此，方有神奇创意，一击而中；方有神龙腾飞，一飞冲天。

"今年20，明年18"（白丽香皂），是一种点睛，点的是青春长驻，美颜焕新之睛。

"十里南京路，一个新世界"是一种点睛，点的是繁华世界，优选奇葩之睛。

"老凤祥，跨越三个世纪的骄傲"是一种点睛，点的是历久弥新，恒久信誉之睛。

"上上下下的享受"（三菱电梯）是一种点睛，点的是升降随意，便捷自如之睛。

"第三只眼睛看世界"（海鸥相机）是一种点睛，点的是通过镜头，透视完美之睛。

如此等等。

画龙点睛绝不平凡。不凡来自平凡，凝神静气，高度集中，不受干扰，排除杂念；唯有心到、意到、情到，才会有源源而来的创意，才会有腾空而起的巨龙。

画虎成狗

画虎成狗，也可写成画虎类犬。字面上看，讲的是画画，画虎没画成，画成了狗；实际上讲的是学习，选谁为师，向谁求学，学些什么，学成啥样，这里面蕴含着深厚的人生哲理。

据说，画虎成狗出自《后汉书·马援传》。东汉名将"伏波将军"马援有两个侄子马严和马敦，是他一手管教养大的。马援关心他们健康成长，曾写了一封有关劝学的信。信中写道：我希望你们向龙伯高学习，他是一个厚道、谨慎、节俭、恭谦的人，虽然职位不高，但我很尊重他，也希望你们仿效他。而杜季良是个侠肝义胆的人，既能与人同甘共苦，也能不分好坏都交朋友，虽然我也很尊重他，但不希望你们仿效他。如果你们向龙伯高学习，即使学不成，做不了天鹅，至少也是一个鸭子。而向杜季良学习，如果学不成，就会成为一个轻浮浪荡的人，这就好比画老虎没画成，却画成一只狗。

很显然，这位马援将军对于画天鹅而画成鸭子是能够接受的，而对于画老虎而画成狗是不可接受的。这算不算有点偏见呢？这已经不是画画这么简单，而是引出了向谁学习、如何学习，以及如何做人、如何衡量等一系列重大问题。

家长的担心是有理由的。孩子们喜欢向一些名人志士学习，殊不知，名人志士也是有两重性的，既有优点，也有缺点。如果只学皮毛而没学实质，就有可能优点没学成，却把缺点学了回来，"画虎不成反类犬"。与其如此，还不如向平凡谦恭看齐，而不必那么张扬喧哗。这真是别有一番良苦在心头。

老虎与狗，确有差别。虎乃"百兽之王"，有霸气，也有豪气，这是绝大多数狗所不具备的。可是，狗也有自己的特点，很有灵性，被称做"人类的忠诚朋友"。民间也有"虎落平阳被犬欺"的说法，老虎一旦落难，狗也会欺侮到头上。虎与狗的关系，还真有点"扯不断，理还乱"。

画虎成了狗，是故意，还是无意？是好事，还是坏事？恐怕大多数是无意的，并且也不一定全是坏事。画得不像，很可能与经验不够、鉴别无力有关，没有掌握到学虎画虎的要领。或是观察不细，或是把持不稳，或是心力不达，或是能力不够。这就需要有人帮助和指点，而不是直接去否定了画虎的行为。

有心画虎其实是不应该受到指责的，把虎画成了狗也不应成为讥讽的对象。求画老虎，求师问道，本是一种求取上进的表现，理应得到肯定。画虎不成而画成了狗，是因为学习需要一个过程，一个不断提高不断揣摩的过程。只要动机端正，力求上进，并且能不断纠错改偏，总有一天会画虎成虎，取得成功。

画虎成狗这个成语对于当今的品牌建设，也会有启示，至少有三个方面：

敢于画虎的精神。敢于画虎，其实就是敢于以行业标杆作为学习样板，作为追赶对象。学，就要学一流；赶，就要赶顶尖，这才是品牌应有的雄心壮志。如果安于平庸、安于小富即安、安于得过且过、安于"比上不足，比下有余"，怎么会有擎天大树，怎么会有民族脊梁。伟人说过，人是需要一点精神的。敢于画虎值得提

倡，也值得鼓励。不必因为害怕画虎不成而拒绝向先进学习。

善于画虎的精髓。画虎既要形似，更要神似。以虎为师，决不可停留在形式和外表，而应追求精神和内涵，精气神十足。现在，向先进学习取经的够多，可是形式主义不少。规定动作弄得有板有眼、像模像样，联系实际却荒腔走板、不得要领。先进经验照搬照抄，反省检讨马虎闲扯。不与本身实际相结合，不求消化吸收变成适合自己的东西。虽有虎的外形，却少有虎的霸气、虎的豪情、虎的成就。甚至还有人借了一张虎皮去显摆，去吓人骗人哄人。这样的画虎，即使画得惟妙惟肖，也是空有躯壳而缺了灵魂。

勤于画虎的精到。防止画虎成狗，还须不断提高执行力，改善执行力，关注执行力。很多时候，往往决策是正确的，执行却变了形。执行过程中的问题和缺陷，都得查找原因。或是上下沟通不畅，或是学习理解不够，或是懈怠散漫成习。不怕幼稚，就怕油条。自以为是，走样变形，还无自知之明。得随时警惕自己，不要变成歪嘴和尚，老是念歪经；也不要变成小和尚念经，有口无心。若要画虎成功，就必须将决策力、沟通力与执行力协调一致。

画虎成狗，很有点意思：既是告诫，又是鼓励，还是启示。真心希望画虎学虎的人们，学到的是实实在在的先进，并且真正把自己变成先进行列中的一员。

043

画 鬼 最 易

画鬼最易，是因为没人见过鬼。随你怎么画，也没人管。鬼，似乎本来就应该是丑陋的，所以也没人会去评论画得美还是不美，画得像还是不像。正所谓："没有对比，就没有伤害。"当然，只要有对比，结论就会完全不同。

据说，画鬼最易的出典在春秋战国时代。一次齐王问画家："画什么最难？"画家答道："画狗和马最难。"齐王又问："画什么最容易？"画家答："画鬼怪最容易。狗和马是人们所熟悉的，早晚都出现在你面前，即使画得相似，人们也会不满意；而鬼怪是无形的，不会出现在人们面前，所以容易画。"

画鬼最易，并不一定真的去画鬼。可以有鬼画，也可以有鬼话，更可以有鬼划，甚至还可以有鬼把戏、鬼画符。胡编乱造、胡写乱画。这类情况可能各行各业都有。于是，对于画鬼的重视和批判就有了普遍意义。

画鬼之徒既画当今之鬼，也画历史之鬼。

画鬼最典型的一种表现就是制造某种新概念、新名词、新公式、新模型、新理论。因为谁也没有见识过，鬼话连篇一下子又没有对照，也来不及鉴别，所以，就特别蒙人、特别唬人，也特别坑人。让人上当受骗，还会把人引领到邪路上去。这便是画当今之鬼。

上海师范大学的金定海教授就说过一个例子。国外有本书，直译其名是《广告的衰落与公关的兴起》，中国偏有人要把它译成《公关第一，广告第二》。而书中的奇谈怪论更是奇出怪样。诸如"广告是三维的，公共关系是线性的""广告是可视的，公共关系是语言的""广告喜欢旧名字，公共关系喜欢新名字""广告是滑稽的，公共关系是严肃的""广告是没有创意的，公共关系是有创意的"，如此等等，一派胡言乱语。因为是来之外国的鬼，所以居然在中国广告界和营销界红过一时。直到行业历经磨炼，逐渐成熟，才戳穿了这些鬼话。

画鬼还有一种典型表现，就是伪造历史或者篡改历史。明明参与的，变成主创的；明明被动拉入的，变成主动引领的；明明跟班跟进的，变成首创首义的。反正今天的年轻人也没经历过那些历史，辨不清真假曲直，就任由你胡编乱造。这便是画历史之鬼。

北京的唐忠朴老前辈说过一个例子。南方某所知名大学广告系的创立，其实是改革开放初期一批有识之士共同努力的成果，可是有人却把自己说成参与首创，还贴上"拓荒"的金字招牌。其实某人只不过是站在前人肩膀上有所作为而已。好在当年的亲历者们，有不少还健在，于是一一点明真相。

画鬼最易只是画鬼者自诩的一种说法，其实并不那么真实和确切。

画鬼最易，其实也最累。不仅身体累，而且心更累。既要欺世，又要盗名，还要欺蒙自己良心，戴上假面度日，那该有多累。若要把谎话编圆，或是把谬论说通，还要避免越描越黑，更是累心又累力。

画鬼最易，其实也最烦。任何画鬼只能得逞于一时，而不能得逞于一世，更不能得逞于长久。实践是检验真理的唯一标准。任何鬼话都经不起实践检验，也经不起历史考察，难以自圆其说。难怪不少前辈戏称：现在就要比，谁活得更长、活得更久，否则历史就被改了。所以，现在一些有识之士正在努力发展口述历史，以便把珍贵的历史真实保全下来。

画鬼最易，其实也最恼。恼就恼在任何作妖作鬼都是有条件的，而条件并非一成不变。尤其进入互联网时代，信息既广又快，查照比较随时都有。这就好比到处都有了照妖镜，鬼就难以遁影了。因为有了比照、有了觉悟，画鬼的难度空前增加。

令人奇怪的是，世界上美好的事物那么多，为什么偏要去画鬼？世界上本来没有鬼，为什么偏要喜欢鬼、模拟鬼、编造鬼、乐衷鬼，并且还要鼓捣出大段大段的说白、成堆成堆的理论？原因很简单，因为心里有鬼。如若没鬼，画鬼作甚？

对那些画鬼的怎么办？一是公示，揭穿它；二是鞭笞，制服它；三是防范，杜绝它。只要整个社会都有打鬼之心，那么，画鬼的就会越来越少，以至绝迹。让我们张开双臂，拥抱无鬼世界的到来。

博采众长

　　休闲时分，分享着一罐松脆多味的蚕豆片，忽然发现，原料取自澳大利亚，加工地是日本，分包装是香港，贴的商标是"楼上"。小小一片豆瓣，从原产地到舌尖，走了多远的路，少说也不止一万公里！产业链就这么奇妙：一片豆瓣从原料到商品，竟然可以从南到北，再从北到南，跨洋过海，绕地球走了大半圈。为什么？因为各有其长！

　　原料肯定求品质纯正，加工肯定求精细美妙，包装肯定求便携适量，商标肯定求知名可信。于是，各取所长，千里姻缘一线牵。这算不算博采众长！

　　博采众长，最早见于汉代刘向《说苑·君道》："凡处尊位者，必以敬下顺德规谏，必开不讳之门，蹲节安静以藉之，谏者勿振以威，毋格其言，博采其辞，乃择可观。"意思就是说，处于九五之尊的帝王，应该不设忌讳，广开言路，广泛采纳众人意见，才会取得意想不到的好局面。经过不断演化，博采其辞成了博采众长，亦即从多方面吸取各家的优点和长处，为我所用。这是品牌走向成功的重要一着。

　　博采众长在当今世界，几乎是一种常态。也不分"采长"者身份地位的尊卑高下。向一切先进和精粹学习，融汇贯通，为我所用，日益成为人们的共识。这完全得益于经济全球化，得益于信息网络化，让地球变成了一个"村"，鸡犬之声，时时相闻，若想人为阻隔，几近不可能。

博采众长，反映了胸怀和眼光，也反映了组织和能力。品牌若要实现博采众长，至少需有"五要"：

视野要宽。国际视野，全球眼光。鼻子底下那点小天地，出不了精彩众长。一定是打破边界、打破束缚。世界之大，各有各精彩。哪怕是一颗卷心菜、一根大葱、一把海苔、一粒蜂胶，也可以全球选购、全球加工、全球消费，形成全球环链。做寿司的条斑海苔大量出产在北纬 30 度、海滩宽广、潮涨潮落、日晒水没的苏北沿海，这是海苔生长的福地，得天独厚、无与伦比。可是，却不是当地采集之后一次加工就完成，还要运到日本进行精细的二次加工，然后再发往各地市场进行可直接食用的三次加工。至此，这个产业链才算完成。这也是发挥了各自的优势。

信息要灵。网络遍布，比较筛选。信息不仅求多求快，还须求精求准。借助于当今时代的互联网和大数据，把控信息，正确应对。上海有家文采实业有限公司是文具行业创意驱动型企业，极为重视并着力建设自己的全球供应链。针对不同产品的需求和特点，在全球寻找最合适的业界优秀供应商合作，力求提供给消费者最优质的产品。而这一切选择，都来自于强大的信息网络，既保证优质供应，又取得较好的经济效益。

心胸要广。没有框框，不设成见。寸有所长，尺有所短。跨国经营的上工申贝总裁张敏告诉我：他们出品的世界一流的厚料平缝机，实行了国际分工协作：总装集成是在德国，因为精益精准是其特长；精加工是在捷克，因为工装先进，功夫了得；粗加工是在罗马尼亚，因为人工成本较低。各取其长，各舍其短，三者合作，就

是一个完美的整体。

组织要精。千里万里，无缝衔接。涉及标准、时效、成本三大要素。全球合作，博采众长，应有严密的全球管理。来自各方的来件应该相互配搭，或标准统一，或接口统一，便于总装集成。船期、航班、车程、装卸、短驳等，都须计算精准，不脱档期，没有时差。成本参差，应保证合理利润。此外，还须提防突发事件和天灾人祸，要有必要的储备量、必要的备品备件，甚至还有必要的备胎。这样才可完美整合，立于不败之地。

整合要强。主权在我，整合成龙。品牌不是迁就各家，而是各家服从品牌。在总体意图下开展合作。总体规划、总体水平、总体形象、总装集成，这一切必定是品牌自己拿主意，品牌应把持主导权。

最后，无论何种博采众长，都应该是博而不滥，采而有道。博，是有所选择的博、适用可用的博、融为一体的博，而不是生搬硬套的博、食而不化的博。采，也是尊重知识产权的采、两厢情愿的采、互惠互利的采，而不是强取豪夺的采、坑蒙拐骗的采。这才是良心、良性、良久的博采众长。

杀鸡取卵

　　杀鸡取卵，说的是某人认为，母鸡每天生一只蛋，速度太慢。倒不如把鸡杀了，可以一下子把鸡肚里的蛋全部取出来。结果，事与愿违，鸡肚里的蛋全是还没成形的蛋。某人得不偿失，大失所望，后悔不已。

　　重读这个故事，发现杀鸡取卵至少犯了三个错。一是鸡肚里没蛋，这是判断之错。二是杀了鸡，就再也不生蛋，这是舍本之错。三是蛋没了，小鸡更没了，未来的鸡群也没了，也就没有更多的蛋，这是丢弃长远之错。原本可以几何级成长的事业，却因为杀鸡取卵，戛然而止。这算不算是一种自伤、自残、自杀和自灭。

　　世人好像不会这么蠢。但事实是这么蠢的人还不少。变态的杀鸡取卵经常发生。中国古代还有一个寓言，叫做竭泽而渔。说的是某人认为，水塘里既然有鱼，一条一条去垂钓，岂不是太费工夫。倒不如把水排干了，可以统统抓上来。可是，从此以后，水塘里就再也不会大鱼生小鱼，小鱼变大鱼，生生不息，常钓常有。

　　这两个故事是不是有点异曲同工之妙。是不是说明，无论中国还是外国，总有一些人性子如此之急，眼光如此之浅，刨根底，倾家当，超级急躁，简直是升级版的自毁长城。顾一时而不顾长远，顾今天而不顾明天。结果既没有明天，也没有今天，连立身之本都丧失殆尽。中国古话说：穷凶极恶。如果走极端，而不顾后果，就

会一场空。急于求成，千万要不得。

引用到品牌建设，实际上是提出了一个严肃的命题：战略耐心和战略耐力。

品牌事业绝不是一朝一夕的事业，而是日积月累的事业。不可能毕其功于一役，也不可能杀一鸡而取全蛋。凡品牌事业都得从长计议。既是战略，就得统筹考虑，全面安排；瞻前顾后，左右协调；有板有眼，有序推进；长期奋斗，持之以恒。千万不可急于求成，犯眼光短浅的错误；也不可顾此失彼，犯孤军冒进的错误。

干扰战略意图的因素，常有。抗干扰的能力，也应该常建常设。

我认为，干扰战略耐心，主要是三大诱因。一是利益，二是孤独，三是替代。

最主要的干扰，当然是短期利益。送到嘴边的肉，跳到碗里的鱼，只要短期利益足够诱人，就可能让一些人上当、放弃，乃至和盘托出、举手投降。天上从来不会掉馅饼，只会掉陷阱。哪有这样的好事，无缘无故送给你很多好处。还不是诱你放弃长远利益、放弃品牌事业，以至于彻底吃掉你、消灭你、根除你。所以，凡是干品牌的，就得想明白长远目标是什么；为了这个目标，甘愿放弃那些暂时的东西。如果没有明确而清晰的战略意图，请不要做什么品牌。那简直是瞎子点灯白费蜡。

另一个干扰就是孤独。长期战略不容易得到普遍认同。执行长期战略，必然是旷日持久、波澜起伏、荆棘丛生、一时难见成效，甚至牺牲一部分暂时利益。于是难免人心浮动、议论纷纷。这就需要耐得住寂寞、耐得住煎熬、耐得住反复、耐得住独守空房。这是一种比恒心比毅力比意志比耐力的考验。咬紧牙关，独排众议，坚定不移，执意前行。

再一个干扰是替代。也就是所谓的变通，或变通之法。可不可以耍点小聪明，弄点小投机，走点小后门，绕点小圈子，打打擦边球，闯闯小红灯。所有的变通，都可能影响或动摇品牌战略的执行。在形形色色的变通面前，需要的是高度自觉和高度自律，坚持既定方向、原则和纪律不动摇。正如大庆油田所说的"四个一样"：黑天和白天一个样，坏天气和好天气一个样，领导在场和不在场一个样，有检查和没检查一个样。

这实际上是三大较量：小利益和大利益的较量，小自由和大战略的较量，小聪明与大聪明的较量。孰轻孰重，孰弃孰取，心里应该有一杆秤。如果能够抗得住三大干扰，那就易于修成正果，建成辉煌事业。

试问，如果让你杀鸡取蛋或者竭泽而渔，放弃长远利益，不要明天事业，你干不干？

笨 鸟 先 飞

笨鸟先飞，意思是不够聪慧、动作迟缓的鸟儿要先飞、先行动。这个成语用来比喻做事慢、能力差的人，就要比常人更加努力，先行一步，才不至于落伍。

成语典故见之于东汉时的乐羊子妻劝学一事。初时，乐羊子的才干很是一般，可是他娶了一位知书达礼、勤劳贤惠的妻子，总是耐心帮助和辅佐丈夫，力求上进，做个有抱负的人。一次，其妻劝乐羊子道："你天生并不十分聪明，应该笨鸟先飞，外出多学些本领才是。"听罢，乐羊子欣然应诺，外出求学。可是一年后却因思念家人，又返回家中。妻子半晌无语，然后抓起剪刀，把织了一大半的布匹剪断了。乐羊子大吃一惊，连问为何。其妻道：这布原是我日夜不停一寸寸一尺尺织出来的，日积月累，才能成丈成匹。现在我把它剪断，就前功尽弃了。学习也是如此，如果不能坚持到底，不是和我剪断布匹一样可惜吗？乐羊子为此顿然醒悟，立即回去继续求学，一连七年都没有回家，终于学有所成、学有所用。

有关笨鸟先飞的故事很动人。可是，一般人只看到笨鸟的勤奋，却没有看到笨鸟的智慧。

我却以为，笨鸟不笨，相当聪明，很懂得"先天不足后天补"的道理。我甚至还以为，笨鸟先飞，是因为至少懂得了四个规律。

懂得生活规律：早起的鸟儿有虫吃。经过一整夜的休整或者繁殖，黎明即起，虫子便开始四出活动，不仅多，而且肥。鸟儿只有早起，赶上头班车，才可能领先一步，吃个痛快，吃个淋漓尽致，让自己尽快强壮起来。

懂得成长规律：勤能补拙。笨不要紧，要紧的是勤奋。只要赶早，肯下苦功，认准方向持续努力，不仅可以多吃食强身健体，还可以增长才干，增添本领。潜能需要发掘，空间可以开发。若不是先飞勤飞，怎么会有后来的善飞、远飞、高飞、快飞。

懂得世道规律：莫道君行早，更有早到人。世间图勤奋、图勤快的人，多的是。没有人肯闲着，没有人肯甘居人后。即使笨鸟先飞，也不一定是第一名。但是先飞，就一定可能挤进第一梯队，就一定不至于过分落后。只要坚持先行，并且持久努力，就必定会有所成功、有所收获，无愧于社会，也无愧于自己。

懂得竞争规律：抢占先机。无论觅食，还是强身，或是竞争，都强调一个"早"字，主张一个"先"字。捷足先登，领先一步，才可能有更多的主动，才不至于被动挨打，也不至于只得到残汤剩食。

笨鸟先飞，本身就是生产力，就是竞争力，就是战斗力，就是执行力。

不讳言自己笨，是聪明的开始，是进步的起点。先飞能够弥补"笨"的不足，笨鸟有着清醒的自知之明。笨鸟振翅先飞，不仅代表了认知能力，还标志着行动能力、纠笨能力、弥补能力、挖潜能力。这才是真正的聪明。至于那些嘲笑笨鸟的、自以为聪明的、固步自封不求进取的、靠着前人栽树吃老本的、那才是真正的愚笨。

笨鸟先飞，给品牌提供了必要启示和有益提示。

任何品牌都不要怕一时弱小、一时稚嫩、一时不完美、一时被

人看不起。只要发愤图强，善于求学，善于思考，不懈努力，足够勤快，就可以改变所有这一切。由弱变强、由小变大，其要旨就是始终不忘记"先飞"这个最常识的事情。

任何品牌都要有一点自知之明，知道自己的短处、知道自己的弱点。既不讳疾忌医，也不自暴自弃。懂得对症下药，弥补不足。不仅先飞，而且善飞，在实践中长才干，在试错中增胆量。只有先飞多飞，才知道有没有成长潜能，有多少发展空间。

任何品牌都应该知道，身边有众多竞争者，身后有许多追赶者，周边还有很多围观者。争着抢着吵着闹着要先飞的笨鸟，多的是。如果不努力，就大有被人后来居上、迎头赶上的可能。因此，不论有多大的进步、多大的事业、多大的名声，都一样骄傲不得、麻痹不得、松懈不得；都始终不敢放弃先飞的这一初衷和本色。

近日见到许多企业都在实施"早鸟计划"，一些网络平台也以各种形式鼓励"早鸟"成材。笨鸟先飞得到了相当普遍的认同和推广，这真是一件大好事情。

笨鸟先飞，值得任何品牌为榜样、为警示。学习别的什么，可能有这样那样的难度。学一学笨鸟、学一学先飞，总不至于太难吧。

半夜鸡叫

半夜鸡叫的故事出于军人作家高玉宝的自传体小说。说的是地主周扒皮，每当夜深人静的时候，就蹑手蹑脚走进鸡棚捏着鼻子学鸡叫，然后催着长工起床，逼他们到地里干活。

这个故事描述了地主的贪得无厌，刻意榨干长工血汗，残酷无情，毫无人性。这个故事虽然只是文学创作，却清晰地告诉我们，半夜鸡叫违反常理。

半夜鸡叫，不得人心，因为叫的不是时候。半夜是休息的时候，不是干活的时候，不应该有鸡叫声，只应该有人的呼噜声。

鸡应该在什么时候啼叫，不可过迟，过迟就变"马后炮"；但也不能过早，适时才最重要。这是一种生理习性，也是一种意念自觉。天蒙蒙亮，将亮未亮，此时正是阳气上升，提精蓄力，惺忪朦胧，将起未起之时。此时鸡叫，才是恰到好处。

品牌也一样，进入市场既不能过迟，丧失时机；也不能过早，让人不解，惹人讨厌。适时最重要。

1993年的时候，我在梅林集团工作期间，曾经支持上海咖啡厂与奥地利知名企业合资，在浦东金桥择地建厂，发展一种罐装咖啡：奥顿咖啡。这是一种好饮品，在奥地利很出名，连总统办公室里也都必备。总统每天都会喝上几罐，既解渴，又提神。我们分析了产品的市场前景：采用易拉盖的罐装奥顿咖啡，口味好、香气

浓、便于携带、便于饮用，虽然零售价每罐 7 元，稍高些，但也不会影响销路，毕竟是咖啡么！可是，金桥这家工厂建成后，销路却一直打不开，想了很多办法，仍无起色，厂长脸上愁云密布。又过了几年，实在维持不下去，只得歇业，设备也有偿转让他人。

然而，时至今日，市场上的罐装咖啡早已不是什么稀罕事。连可口可乐也把罐装咖啡作为重点发展的一大门类。即使 15 元 20 元一罐又如何，照样受欢迎。年轻人手持一罐咖啡，或站着喝，或边走边喝，已是一种常态。不过就是相差 10 年或是 5 年，甚至更短，罐装咖啡的命运就变得如此不同。这是为什么？

现在反思，当初的奥顿之败，是否也是赶早了，是否也有半夜鸡叫之嫌。

实际上，这种半夜鸡叫式的入市或者推广，可能远远不止奥顿咖啡一个。

引发的思考是：怎样才算适时？适时是什么时？有没有标准，有没有尺度？

公鸡司晨，在什么时候？朝气初升，曙光初露，晨晞初布，……一言以概之：初起之时，初时。初时才需要鸡鸣狗叫。这是闹铃，这是晨醒，这是提示，这是催请。

从市场而言，是否也有一个初时。新品类新产品的进入，是否也应该把握住"五个初时"。

初醒之时。人们对于某种消费内容或生活认知开始有了朦胧意识，有了初起觉悟，有所醒悟、有所向往。比如喝咖啡是一种应时生活、是一种情调生活、是一种惬意生活、是一种社交生活，可以带来美感、体面、联想和友谊，等等。

初习之时。人们开始怀疑生活中缺了什么，是否应该把某种生活追求和生活方式纳入日常生活程序之中。比如咖啡应该随手可取、随手可得、随手可带、随手可造、随手可复制，不至于那么麻烦、那么正式，如此等等。

初富之时。反映在购买能力、价格敏感度、货币态度有了变化。因为收入底线提升，借债消费介入，社会保障日益完善，所以对于某些价格已经无所谓，随手、随意、不计较、不在乎。甚至还有了月光族、剁手党。今天的很多消费者对于相差个1元2元已经没了感觉。明天很可能差个100元或200元也会没有感觉。未来可能差个一千元两千元没有感觉，甚至差个一万元两万元没有感觉。

初备之时。反映在市场设备和市场技术开始出现某种进步。比如罐装咖啡的保温技术、快速加热技术、智能选购技术等日趋成熟。使得罐装咖啡如同其他饮品一样普通，不再是另类或者异类。

初布之时。反映在市场网点的更新和进步初露端倪。比如，当初有了便利店和购物机，身边和手边的销售随时可能实现。之后有了互联网和快递业相配套，随手可以下单订购尝试，实现了可预见、可兑现的快速和简便。

初时，是一个重要时点，也是一个重要时段。能否准确把握，需要市场观察力和市场敏感度；需要有大局观，也需要有透视力；需要辅佐工具，也需要切身体验。大数据云计算和深入生活体验，两者同样需要，同样不可或缺。

由此感叹，品牌的发展既需要勇敢，又需要谨慎；既需要超前，又不可以冒进。而衡量的标准就是抓准初时。很多时候很多场合可能只须领先一步，甚至领先半步，即够。趁势而为、顺势而为、抓住初时而为，才最重要，可以收取事半功倍之奇效。

不求早，又求早；既求早，又怕早。该早则早，不该早则不

早。时早时不早。事早事不早。研发要早、储备要早、破析要早，洞察秋毫要早。而登台出场不宜过早，要适时。这可能就是半夜鸡叫的启示。

春 江 水 暖

　　春江水暖鸭先知，取自宋代苏轼的名诗《春江晚景》："竹外桃花三两枝，春江水暖鸭先知。蒌蒿满地芦芽短，正是河豚欲上时。"全诗洋溢着春的美妙，鸭的灵气。春天来了，桃花开了，水变暖了，鸭子首先知晓了，传递着春的消息。

　　并不是鸭子特别聪明，或者拥有特别先进高明的技术和工具，而是因为鸭子一直生活在水里，身子平稳，脚蹼不停划动，水暖水凉，自然知晓。也因为鸭蹼的神经系统和微循环系统发达，所以感觉灵敏，不会迟钝。又因为鸭子有心戏水、觅食、玩耍、健身，自然留意水温变化。别说春江水暖可先知，秋江水凉也一样可先知。水暖取势，水冻避寒。因为先知，鸭子就领了风气之先。

　　苏东坡说春江水暖鸭先知，其实并不一定是说鸭子，很可能是说人，说人类社会，说商业行为，说信息与情报。凡有用的信息，就是情报。信息和情报的价值，就在于先知、先得、先思量、先开发、先利用。领风气之先、立潮流之端。正确而及时的情报胜过一打纲领。情报定胜负。

　　春江水暖鸭先知，对品牌行为至少有三点启示：

　　一是下水。只有亲历其境，才有真实感受。品牌不仅游动于商海之中，更要游动于用户之中。勇于戏水、善于测水。只有不离水，就有可能深知水、先知水。千万不要或进或出，三心二意，随

意上岸。更不要成为旱鸭子。

探测市场动向和趋势，需要大数据，需要云计算，需要诸多的先进技术和工具，乃至许多公式或方程式。但是，比这些更重要的是下水。

下水，就是下到居民小区，下到用户家庭，下到学校、商厦、饭馆、会所等等用户聚集之处，谈家常，听意见，交朋友，从蛛丝马迹之中，从片言只语之中，发现、了解并分析消费轨迹、消费心态、消费习性和消费趋势。

我在香港天厨公司时曾开发了一批复合调味料，全因为对于一些家庭厨房的探访。我们在亲朋好友的厨房里，看到了各种各样的瓶瓶罐罐。其中"史云生"的鸡汤罐头更是被主人们赞不绝口。不必临时手忙脚乱，杀鸡熬汤，而是开罐煮热即可，放入面条或者其他食材，就是一道可口美食。主妇们求的就是既便捷又美味，不必大动干戈。家庭访问，明晰了我们的产品开发方向，坚定了信心。

当然，任何信息都有时间性，都有相对性，水温会变，调味会变。一切都会变。下水，测温，应该是经常的、反复的、自觉的。

二是建网。如果把品牌比作鸭子，一对脚蹼拥有无数的感官细胞，拥有网络状密布的微血管系统和神经末梢。信息若要迅速及时准确，也须建网。应该有主力军、地方军、游击队，一应俱全。不仅有专职机构，也有兼职人员，甚至全体员工积极参与，提倡全员情报。

从董事长、总经理、部门经理，一直到普通员工，人人有份、人人有责。千百双眼睛、耳朵、鼻子和嘴巴，总比一两个人强得多。人人都是有心人，都是情报员，都是家访员，就从身边做起，邻里、同学、亲友都可以成为受访对象。零碎的信息，拼接起来，梳理脉络，追究原委，可能就是极有价值的情报。

在香港天厨有限公司工作时，我就经常举办厨艺比赛。为的是测试一下，市场对于天厨产品的反映，以及天厨产品的各种应用和各种开发。参赛者既有企业内部员工，也有顾客、经销人员和媒介人员。通过比赛，评出优胜者予以奖励，不仅密切联系，增进友谊，而且从中获取信息和情报，知道怎么开发用途，怎么改进产品，怎么改革传播和推广，于娱乐之中获取有用的启迪。

三是定向。信息工作应该有明确指引。过去信息太少，无法决策；现在是信息过量，不知取舍。所以，信息工作一定得有指引。有方向、有重点、有过滤、有筛选。鸭子重在测水温变化，品牌重在测行情变化、测人性变化、测生活方式变化，以及测变化原因和变化去向。

邵隆图先生说："人是构成社会的主体，也是生活的主题，人变化了，不结婚了，丁克了，宅居独处了，网络化了，淘宝了，不做饭了，不做工了，不种菜了，不写字了，不看电视不看报了，不讲话了，不走路了，这个社会还会不变化吗？"相应的，品牌的经营内容和经营模式还会不变化吗？

值得一提的是，鸭子测水温并不张扬，而是融于戏水之中。脚在动而身不动，旁若无人，不露声色，具有隐秘性，唯我独知。这也启示我们，情报工作是商业秘密，也是知识产权，应悄然展开。

知冷知暖，或是将暖未暖，将冷未冷，鸭子都有一定的自觉、一定的感知、一定的对应。那么，品牌呢？

弱 水 一 瓢

与"事在人为"相比，"弱水一瓢"似乎显得过于保守。其实不然。首先，关注的焦点有所不同：事在人为，关注的是工作难度和态度。而弱水一瓢，关注的是工作广度和量度。这是两个不同的视野和范畴。其次，制约与发挥、无限与有限，本来就是相反相成的一对矛盾。有所作为，有所不为，是常有的事。在制约中有所发挥，在无限中选取有限，这才是辩证思维。

弱水一瓢的原句是：弱水三千，只取一瓢。源起中华古代很多经典。《尚书》中提到"弱水出张掖""导弱水至合黎"。《论语》中提到"一箪食，一瓢饮，在陋巷"。唐玄奘翻译的佛经中，则有一则完整故事，寓意是在人的一生中，可能会遇到很多美好的东西，但只要用心好好把握住其中的一样就足够了。《红楼梦》里也多次提及，贾宝玉曾对林黛玉表白："任凭弱水三千，我只取一瓢饮。"而按苏东坡"蓬莱不可到，弱水三万里"去理解，这弱水似乎又是指神仙出没、遥不可及的地方。弱水三千，既可理解为弱水之广，也可理解为弱水之远。

弱水如此之多，为什么只取一瓢？是不是有点可惜？不可以多取一点么？只取这么少，理由又是什么？依我领会，至少有四条理由。

一是能力不逮，胃纳有限。再大的本事与无限世界相比，总是渺小，不值一提。有多大的本事，办多大的事。弱水三千，靠一己之力，肯定收不齐，吃不了，消化不掉。与其消化不了，不如一日三餐，分而食之；细嚼慢咽，有利消化；为我所养，为我所用。

二是力量分散，欲速不达。因为能力和可控资源总是相对有限，所以应该集中力量，专注一样，才能做好。人生苦短，日月绵长，以有限的生命和有限的力量，去干无限又无边的事业，岂不是枉费心力。

三是形象模糊，缺乏特色。如果摊子很大很广很散，受众和用户就不知道您究竟是干什么的。不知所为，不辨主次。势必影响品牌个性和品牌形象塑造，当然也不利于联想和记忆。

四是好高骛远，竹篮打水。东打一棍，西抽一鞭，心思多样，出击多方，左顾右盼，前颠后忙，势必捉襟见肘，徒劳无功，样样不精，一无专长，最后一无所得。

正因为如此，于三千弱水之中，取其一瓢，已经足也。现代营销学中的定位理论居然也与之相呼应。让人不由得惊叹中国古代哲人的无上智慧。

一定时期、一定阶段，只取一定的量、只做一定的事。天大的本事、天大的野心，饭还得一口一口吃，事还得一件一件做。天下之大，只求一角；弱水三千，只取一瓢。这是一种深知其理的自知之明。

只取一瓢，取哪一瓢？既不任心，也不任意。只取最适合当下、最适合自己、最适合发展的那一瓢。为什么？

适合当下，目光所向。凡是当下急迫需求、热切向往、高度聚焦、饥渴难解、众望所归的，或者日有所思、夜有所想、心有所求的那一瓢，才值得品牌去取之、去攻之、去完胜之。否则，岂不是

大炮打蚊子，劳而无功；隔靴搔痒，没有感觉。关心点是什么，就主攻什么，其他一切免谈。

适合自己，发挥所长。自己几斤几两，自己最清楚。弱水这一瓢，应该是以自己能力够得到、拿得动、盛得下、化得了、用得上、跳一跳摘得到为准绳。如果跳多少跳，仍旧摘不到，又有何用。适合发挥自己特长，才取之较易、用之顺手、化之有益，才是最最重要。如果取之不了，或者食之不化、用之不果，拿来又有什么用处。

适合发展，前景所明。所取这一瓢，必是有一定质量、一定消费频率、一定发展空间、一定展望前景。如若不是，投入颇大，发展有限，空间拥挤，竞争过热，价值就不大，就不必贪羡取来。否则，未曾几时，已是碰头、饱和、过剩，无工可做，无利可图，又有什么意义。

根据这个"三适合"标准，给自己选取那合适又合用的一瓢，定一个角色位置，选一个主攻方向。

在弱水三千面前，既不贪婪，又不胆怯，就取这一瓢。这的确是一种辩证的思维、智慧的选择。

进退有据

　　品牌搏击市场，进进退退是常有的事。怎样的进退才算合理？中国古代有个成语，叫做进退有据。

　　进退有据，意思是说，前进或后退都要有一定的依据，有一定的理由，有一定的事实基础。它的反义词是，进退无据，形容前进或后退都失去依据；也形容无处安身，或者进退两难。可见之于先秦佚名《桑柔》："人亦有言：进退维谷。"也见于南朝·宋·范晔《后汉书·樊英传》："及其享受爵禄，又不闻匡救之术，进退无所据矣。"意思是有了高官厚禄仍拿不出什么救国救民的好主意，真是进退无据。

　　从中可以领会，进退有据就是无论前进或是后退，都要有依据、有分寸、有底气、有办法。

　　前进要有前进的理由，后退也要有后退的理由。无论前进或是后退，都要明明白白，心里很清楚其中的道理和原委。

　　很多时候，退为了进。退一步，进两步；或者退多步，进一步。无论退或进，也无论多少步，应该都与全局的长远的得失相关连。在很多情况下，以退为进，往往成为一种成功策略。弃一子而得主动，退一步而赢全局，既争取了合作，又敲开了市场大门。

　　改革开放初期，资本凭着敏锐嗅觉来到中国。为了吸引中国厂商的合作，常常开出优厚条件。比如可口可乐到上海，开出的诱人

条件是：赠送中方一条汽水灌装流水线，帮助中方建立自己品牌的浓缩液车间，以此换取可乐建立独资的浓缩液车间，而所赠汽水灌装线则生产雪碧汽水进入中国市场。经过这番合作，我方获得了技术和生产能力，而可乐方获得了市场。可乐方看以一种退让，实际上是一种进取，实现了利益交换，结果是双方各有所得、各有所益。

其实，这套有退有进的方略，早在革命战争年代就已经被我们运用得炉火纯青。电影《南征北战》中有一句著名的台词："大踏步后退，为了大踏步前进。"人民军队不以占领一城一池为目的，而以消灭敌人有生力量为目的。因为敢于放弃一部分坛坛罐罐，才能运转自如，集中优势兵力打歼灭战，才有全局的主动和全局的胜利。

经过这么多年市场经济的洗礼，我们在市场上也已经能够熟练运用进退有据、以退为进的大方略，屡屡出招、屡屡得益。

据说，前几年上海为了引进了美国的特斯拉，给出了很优厚的条件。1 300 多亩土地是优惠给予的，100 多亿元投资是中国的银团全额支持的……这一切为了什么？仅仅为了引进一种新能源汽车？为了所谓鲶鱼效应，刺激国内新能源汽车发展？为了安排为数不多的技术工人？为了一年可以收到的 20 多亿元税收？如是，仍不失为一宗赔本买卖。其实，所有一切的投入，只是为了特斯拉的一句承诺：三年内实现零部件 100% 的国产化。这就意味着全中国数百家工厂的技术进步和技术突破，这就意味着高新技术新能源汽车的全产业链在中国形成。这才是最重要最根本的收益。而这个收益是无法用金钱去估量的。

同理，我们放手让富士康、惠普、台积电等一大批高新技术企业进入中国内地，也是着眼于先进技术的引入和消化吸收，着眼于高新技术产业链的形成，着眼于一大批优秀技术工人的成长。这才是我们让出一部分市场，却能走向全世界的根本原因。

产业链的形成和完备，是这些退让所换来的最大进步、最大得益。高手才不在乎一时的退让甚至退出。那些一时的让步，只不过是获得更长远更全面收成的一个序曲。

所以，很多时候，一处的让步，是为了另一处的进步；表面的让步，是为了实质的进步；局部的让步，是为了整体的进步；暂时的让步，是为了长远的进步。一切退让，皆为进取。

而进退失据就是无理由无依据的退让，最典型的莫过于"造船不如买船，买船不如租船"，一味退让，以至丧失独立自主的能力。

进进退退，退退进进，进退有据，以退为进，你方唱罢我登台，这才是品牌走进市场该有的演绎方式和该有的精彩。

藏器于身

君子藏器于身，伺机而动。出处是《周易·系辞》。意思是说，君子就算有卓越的才能和超群的技能，也不会到处炫耀与卖弄。只是在必要时刻、在需要的时候，才会施展出来。这里的器，指的是工具、用具、武器、才能或本领。

君子藏器于身，因为自知之明。藏器于身，核心是藏。藏是储备，藏是积累，藏是掩盖，藏是潜伏，藏是低调，藏是轻易不外露、不张扬、不示众。藏，为什么？据我体会，道理有五：

一是"山外青山楼外楼"，强中更有强中手。品牌自以为很强，其实比你更强有的是。自夸第一，不见得就是第一。很多时候甚至不知道老大是谁，龙头又是谁。表面平静，平安无事，说不定暗底下正酝酿着升级换代和取而代之。品牌，输就输在闭塞、无知和麻痹，莫名其妙的狂妄，自高自大的张扬，逗人好笑的炫耀。

二是品牌再强也有软档，也有不足，也有改进空间。一个小小的缺点与不足，就足以一击即中，一招致命，轰然倒坍。即使庞大如可口可乐、即使股神如巴菲特，又如何？也会有错招、昏招、失招，也会有狼狈应对、被动改进的时候。

三是世界是动态的，创新是迭代的，任何领先都是暂时的。每当一项新技术突破，立刻改变原有格局，颠倒先后位置。你追我赶是常态。你方唱罢我登台，不知谁家更精彩。长江后浪推前浪，前浪死在沙滩上。任何时候都得有所藏、有所敛，促进自身不断进步。

四是有矛必有盾，有攻必有守。各有各手段，各有各制约。唯有保持低调，有所保留，才会有"秘密武器"，才会有杀手锏，才会有突然性、突击性、突发性，才有可能攻其不备，一招得手。聪明品牌不仅留一手，还要留后手，更要留先手，抓好领先研发这一手。嘴里吃一代，手里抓一代，眼里盯一代。一代又一代，时时有储备，才会有源源不断的制胜手段。

五是任何口惠不如实惠。口到不如手到，夸口不如实效。公众要的是解决实际问题，得到实在利益。君子藏器，关键是有器可藏。把本领练大，才是根本。根本不必去斗那一时的意气长短，言语多寡，口吻高下。嘴上得意、桌上体面，没用。

君子相争，不是胜在张扬和炫耀，而是胜在实力和智慧。君子不图一时之快，也不逞一时之勇。而是放眼长远，立足根本，藏器于身，伺机而动。这实在是一种博大智慧。

一些百年老字号或是知名品牌，历经磨砺，青春长驻，与藏器于身有很大关系。大体有三种高招：

低调为好，谦和为上。决不嚣张跋扈、趾高气扬，决不自夸老子天下第一。强势不如柔势，高调不如平调。不招忌妒，不做众矢之的。自谦反而增添信任，让人觉得实在、诚恳、可信。自谦，是一种别样的聪明、高明的聪明。比如"农夫山泉"先前的广告是说"有点甜"，只是以此证明是地道的山泉；后来的广告又说"我们只是大自然的搬运工"，也不夸张，只是把山泉送到每个人的嘴边。殊不料，就在平常之中，一步一个脚印，如今营业额已达到国内饮用水的领先位置。

　　反省为生，改进为常。"一日三省吾身"，不断改进不足，时时谋求进步。不以点滴进步而沾沾自喜，也不以小有成就而固步自封。关注用户意见，反馈必有回应。甚至还肯对自己痛下杀手，脱胎换骨，焕然一新。比如"喜茶"，是近几年风头正劲的网红产品，却不知早前也是一只丑小鸭，开店之初，营业一直上不去。正是经过自我反省，检点不足，了解年轻人的喜好与审美变迁，敢于创新，才变成了今日的白天鹅。

　　平和为人，亲民为本。埋头实干，扎根基层，扎根基础，扎根基本，精耕细作，博得广泛认知与支持、共鸣与信任。根基牢靠，不怕地动山摇。从这个角度看，亲民才是最厉害的器，民心才是最强大的器，公众认定才是最破敌的器。比如，香港有个百年品牌"保济丸"，差不多与上海的"六神丸"齐名，也是日常生活必备的一种保健药品，历经百年，长盛不衰。一方面因为功效确实好，另一方面与它扎根基层有关。虽是传统产品，却热心参与年轻人的社会活动，编写年轻人喜爱的音乐，与年轻人广交朋友，为年轻人所熟知，从而使得"保济丸"的用户一代接一代，没有断层。

　　君子藏器于身，关键是有器可藏。器，不是天外来客，不会由天而降。器，是磨砺和锤打的结果。与其夸夸其谈，夸大其辞，不如省下时间、留下工夫，多长些才干、多添些技能。时不我待，更待何时，品牌应该抓紧成长自己、丰满自己，这才是正道。

　　低调，为了制胜。藏器，为了而动。低调，不是久久隐忍，迟迟不发。只是时机未到。一技傍身，随时可用。时机一到，该出手时就出手。

　　只要是国家有需要，民族有需要，用户有需要，就值得全力出击，破解难题，博取实效。这才是本真地道的"内容为王"。

怀璧其罪

怀璧其罪，出于《左传·桓公十年》："初，虞叔有玉，虞公求旃。弗献，既而悔之，曰：'周谚有之：匹夫无罪，怀玉其罪。吾焉用此，其以贾害也。'乃献。"

怀璧其罪，按字面解读是，因为身藏璧玉而获罪。一般用来比喻因为富有或者拥有宝藏而招来祸患，也用来比喻因为太有才能或者太有成就而遭到嫉害。正因为害怕由此获罪，所以虞叔被迫把宝玉献出去了。

本来无罪变有罪，全因为太出色、太贵重，全因优秀惹下祸。俗话说"不怕贼偷，就怕贼惦记"。手里有宝贝，就容易引贼。这真是"祸兮福所倚，福兮祸所伏"。好事反而容易引出祸事。

联系品牌，引申扩展开去，怀璧其罪很值得深思和警惕。落后时，没人关注，也没人照顾。一旦领先或者独创，进步或者收获，都可能造仇。没仇也仇，没罪也罪。占位者、围观者、追赶者，其心态如何阴暗，如何险毒，没法估计，也没法估量。

三国时魏国文学家李康在《运命论》中说："木秀于林，风必摧之；堆出于岸，流必湍之；行高于人，众必非之。前鉴不远，覆车继轨。"民间也说"枪打出头鸟""出头椽子易烂"，等等。这些都是描述冒尖者不易，领头者危险。生活中还常有"吃大户""冤大头"，描写的也是这种情形：不让冒头，冒头必遭殃。

怀璧何以其罪，应是出于复杂心理，难言心态。诸如，不平：不患寡但患不均；妒忌：为何是你，不是我；压制：不让冒尖，不让抬头；独霸：唯我独尊，岂容冲破；挡道：横刀拦路，不准赶超；瓜分：大家有份，分而食之；不劳而获：你的就是我的，如此等等。

如何面对怀璧其罪。怕出头而不要出头，怕有罪而不要怀璧，怕发展而不要发展？当然不是。我们的国家，我们的民族，总要有人挺身而出，当英雄，当先锋，当闯将，当拓荒牛。否则，怎么进步。不能因为怀璧其罪而因噎废食。敢于进步，从来没有什么不妥，应该理直气壮。

关键是低调行事。不张扬，不喧哗，不招忌，"闷声不响大发财"。

改革开放之初，邓小平就告诫大家：韬光养晦。因为深知其中奥妙。他屡屡提醒"不要当头""不要当世界领袖"，争取时间空间，持续发展。这便是所谓抓住战略机遇期。邓小平真是深思熟虑，语重心长，苦口婆心，用心良苦。

即便如此，中国的发展还是引起世界的关注。韬光养晦，我们一般解读为：保持低姿态，低调做事。可是，外国人不这样翻译，他们解读为：掩盖一个人的真实意图。所以，美国人和欧洲人会反复质疑：中国人的真实意图是什么？为什么要掩盖自己的真实意图？

确实，事业如果发展到一定程度，必定藏不住。正如金灿荣先生所说，蹲下来也比别人高。咋办？

对于期盼成长的品牌，必有一个战略性任务：延长战略机遇期，保护战略机遇期，完成战略机遇期。至少也应该有这样几手：

扎实基盘。基础打实，不浮不躁。如同练武功，气沉丹田，扣紧下胯，站好马步。

决不招摇。不到火候不揭锅，揭了锅盖也不吹，即使吹嘘也低调，任何话语留余地。

持续发展。嘴里吃一个，手里抓一个，眼里盯一个，心里想一个。总是有所储备，总是有压箱之宝。

保守秘密。必有保密措施，防范手段，奖惩机制，反盗办法，严防收买。解密也要有节奏、有时效、有区分。

法律保护。分别密级，或申请专利，或专有技术。及早注册，产生法效。一旦有盗，诉诸法律。

有序转让。对付眼馋嘴馋手馋者，可以适时适当适量满足，聊以解馋；不过有偿，要收费，有规制。

立体防范。针对高科技盗窃手段，必须建立高科技防范手段。无人机、天眼、机器人、微型机器人等等，都得有。

勇敢面对。必须承认，没有一个新兴品牌，可以不经过与老资格品牌的较量，而顺利获取市场的认可和接纳。既然如此，那就坦然接受，毅然决然应对。应以一种"赢者思维"，把握总体，在战略支点上勇敢出击。

怀璧其罪，含意深长，寄语深远，让我们警觉，让我们细密，让我们扎实，让我们谦恭，也让我们勇敢，沉稳向前，破壁而进！

金 蝉 脱 壳

金蝉脱壳，是一种自然现象，又被人们引用来作为三十六计的其中一计。说的是蝉从幼虫变为成虫时，需要脱去一层壳。蜕变时，本体脱离皮壳而飞走，只留下蝉蜕还挂在枝头，造成一种迷惑人的假象。于是，常比喻用计脱逃，留下外壳，而让对手不能及时发觉。此所谓"存其形，完其势；友不疑，敌不动。巽而止蛊"。

然而，对照品牌经营，似乎并不需要什么金蝉脱壳之计。品牌既是为顾客服务，就应该内外一致，货真价实，有其形也有其质，怎么可以只留一个空壳呢。

不过，如果用来对照品牌成长历程，倒是可以从金蝉脱壳中得到不少有益的启示。

一是隐忍潜伏。品牌从 0 到 1，或是从 1 到 100，亦即是从无到有，从小到大，这其中的过程都属于初创稚嫩阶段。应该有一点金蝉幼虫隐忍潜伏、一心养育壮大的决心和耐心。决不可冒冒失失，急于出头，不自量力，以卵击石，正面冲撞，激烈较量。

君不见，金蝉从一颗微不足道的虫卵到一枚会爬行的幼虫，蕴育新生，不是一天两天，更不是一步登天，而是长期潜伏于地下，历时 3 至 5 年，甚至更长。时间够漫长，而且暗无天日，也不知哪天可以出头。可是，虫卵偏偏就有这样的耐心和信心，终于苦熬出头。这就足以令我们佩服和敬仰。小小虫卵都能做得到，更何况有着信仰和使命的品牌呢？

二是不怕历险。金蝉幼虫初成之后，便会爬出地面，再从地面爬到树上。路程不长，却也险情丛生，决不轻松。飞禽走兽都是天敌，狂风骤雨也会无情摧残。但是，幼虫并不畏惧，仍朝着既定目标坚定不移。

品牌也如此，生在市场中，长在竞争里，风险和考验层出不穷。如若意志不坚定，就会半途而废，前功尽弃。所以，哪怕风雨狂，也要兼程行。不可畏首畏尾，止步彷徨。

三是敢于蜕变。金蝉从爬行的幼虫变成会飞会鸣的成虫，须经历一场生死考验：蜕变，亦即是从原有躯壳中脱胎而出。此时的金蝉通体是柔软的，没有厚壳保护，没有一点防御能力，更别说反击强敌。但是，如果不从旧的躯壳中脱出，就可能窒息死亡，更妄谈长大。所以，再难再险也要破壳而出。

品牌也如此，成长路上必有多次蜕变，否定过去的自己。一次次蜕变，一次次壮大，同时也一次次面临生死考验。愿蜕者，敢蜕者，才可能变，变得更为壮大更为强大。

四是舍弃旧衣。金蝉脱壳，抛弃的是旧衣，是旧的躯壳。因为旧壳束缚了成长壮大之躯。品牌蜕变，也需舍弃束缚成长的旧衣，舍弃过时的陈旧的条条框框，舍弃既不适合当下也不适合未来的一切制式和外壳，而不可让陈规戒律捆绑自己。敢于否定自己，才会赢得新生。检讨和反省是经常的事、自觉的事。只要头脑清醒，内核健康，随时可以更新换代，继续成长。

五是分身有术。金蝉脱壳，演绎新生，成功并非偶然，而是循环往复，不断演绎。启示我们，成功可以复制，成功可以推广。每一次蜕变，都会有新生命诞生，新活力焕发。品牌应把自我更新作

为生命全程的必修课。不是独此一次，下不为例，而是反复演绎，不断升华，成为毕生的使命，从而跟上时代的节奏，增添生命的活力。

从这个意义上看，品牌就是金蝉，就是潜心修炼、敢于否定自我的金蝉。无数知名品牌就是一次次蜕变成功的金蝉。它们的经历和心得，就是品牌建设的宝贵财富。每一次刻骨铭心、痛苦不堪的蜕变，造就了他们的成功和喜悦。

而那么多名牌在我们面前倒下，尽管各有各的原因，但其中一条必定是因为舍不得旧壳，不愿蜕变，不肯扬弃。数码相机最早是由科达胶卷发明的，可是它舍不得如日中天的胶片事业，而没有大力发展数码技术，结果被无数后来者蜂拥而起，弄得名落孙山，以申请破产而结局。

正因为这样，我们乐见金蝉脱壳，欢呼金蝉脱壳，乐意为金蝉脱壳接生，迎接每一个新生命新精灵的降生！

054

东山再起

东山再起，是指再度出任要职。也比喻失势之后又重新得势，或者失败之后又重新崛起。

这里面有个典故。据《晋书·谢安传》记载：谢安"隐居会稽东山，年逾四十复出为桓温司马，累迁中书、司徒等要职，晋室赖以转危为安"。事情是这样的，东晋谢安才学过人，但在朝廷遭一帮小人嫉妒和陷害，皇上对他忽用忽贬，谢安一气之下就到会稽东山隐居。后来，前秦苻坚率百万大军南下伐晋。皇上不得已重新启用谢安，率军打败了苻坚。因为谢安从隐居之东山出来，所以就称之为东山再起。

到了唐朝，大诗人杜甫在诗中这样说："无数将军西第成，早作丞相东山起。"

品牌成长也一样。一帆风顺，只是一种祝福、一种愿望，而不是现实。现实无情，有干扰，有对抗；有挫折，有失败。小败小输乃常见。即使大败而归，一败涂地，倾巢而覆，也很有可能。失败并不可怕。可怕的是，从此一蹶不振，销声匿迹。谁若不想重振旗鼓，重振河山，那就莫谈品牌。

失败之后的东山再起，是想象，还是真实，五大环节，缺一不可。

理念上的"透"。看透世事规律：胜败乃兵家常事，荣枯乃岁

月常态。大大小小的失败或失势，只不过是大大小小的人生考试，考的是意志、斗心、韧劲和磨炼。枯即是荣，枯蕴育荣。我见识过浙江大学吴晓云教授在杭州西湖边拍摄的一组荷塘照片，只见冬天一片枯枝败叶，来年盛夏却又是一片葱绿，满塘荷叶托起一朵朵雪白荷花。因为坚信，所以坚定。永不言败，永不放弃。

得失上的"省"。反省得失要谛。成败往往是一念之差。差在哪里，失在何处，须深入反省，寻找原因。力量、判断、时机、策略、安排……哪里出了问题？是个别错还是系统错？是战术错还是战略错？失败乃教科书，反省得当且深刻，才可能从中长知识、长眼力、长才干。省得及时、省得自觉，才不负失败的积极意义。

心态上的"忍"。忍得压迫和磨炼，忍得失落和寂寞。失败又如何，留得青山在，不怕没柴烧。忍，不是放弃。忍，是表面的屈辱，内心的坚持。暂时的隐忍，为了今后的伸张；一时的示弱，为了将来的逞强。忍，可能一时一事，也可能旷日持久，考验恒心。忍，不是等，不是挨，而是改，是创，培育东山再起的时机和力量。

策略上的"藏"。藏得力量积蓄。卧薪尝胆，韬光养晦，为的是麻痹对手，争取到让自己成长和壮大的足够时间。犯不着过早暴露实力，过早暴露战略意图；犯不着在摇篮里、在稚嫩时就被扼杀。在强大的对手和压迫面前，当然希望有足够和必要的战略机遇期。

时机上的"奇"。东山再起，应是出得奇兵，用得奇技。何时出击，得选准时机，选对地点，选巧事件，选好方式。时机不对，成全不了奇效、奇果、奇迹。还要善于洞察和捕捉对手的种种虚处。犯错是虚，调整是虚，麻痹是虚，松弛是虚，骄横是虚，轻敌是虚。种种虚，皆可为我所用，为我所击。乘虚而入，才可能致敌于死命。千万不可得意忘形，泄露先机。

2020年新冠肺炎疫情期间，很多品牌都曾经遭受过挫折。但是它们并没有沮丧，没有退缩，而是把"危"转化为"机"，调整策略，突出个性，东山再起。

有个"林清轩"护肤用品，从2月业绩暴跌90%到5月业绩复苏，只经历三个月的挫折，就突出重围，成为国产护肤品牌的一匹黑马。疫情期间，"林清轩"开启了微信、小程序全员营销的自救模式，还在分众电梯广告中频繁播出，强化自身"修复"特性，直指修复"口罩脸"的需求和产品体验，圈了不少粉。从线上传播到线下引爆，实现了一场华丽的逆袭。另有一个"小仙炖"鲜炖燕窝，抓住燕窝酸可以增强人体免疫力的特性，选用名人作为代言人，加大视频广告片的投入，进行饱和攻击，在疫情期间，实现销售额从8亿元到20亿元的重大跃升，连续在"6·18"和"双11"夺得天猫保健类目的冠军。

互联网时代，数字经济时代，最大的不同是信息快、信息多、传播迅速、反应及时。于是，东山再起，应该注意隐蔽性、技巧性、突然性和有效性。不鸣则已，一鸣惊人。不可过早地暴露实力、意图、方略和出击点。一旦出击，则全力以赴，义无反顾。

后 来 居 上

后来居上，是对后起者的一种真情激励，也是对追赶者的一种真实写照。落后不要紧。要紧的是不泄气、不松劲，奋起直追。

却不料，一查典故，竟发现，后来居上，最初只是一句牢骚话。见之于《史记·汲郑列传》。其中提到汲黯是西汉武帝时人，以刚直正义、敢说真话而受人尊重。为地方官时，他把一个郡治理得井井有条。后来调到朝廷担任了相当于组织部长的官。却因为一次直言指责了皇帝就此一直不再被提拔。而原先一些不起眼的小官却一个个当上了大官。于是汲黯发牢骚："陛下用群臣如积薪耳，后来者居上。"

谁也没料到，后来居上，日后会从一句牢骚话变成了一句赞美语，称赞和鼓动后起之秀超过原先居前的一辈。

后来居上，对于品牌，尤其对于后起品牌或者暂时落后的品牌，具有激励作用。但是，后起品牌并没有先发优势，如何才能后来居上呢？首先当然是方向对头，目标清晰。接着就是思路开阔，加倍努力。但是即使如此，还根本不够。你在进步，人家也在进步，而且先发者占尽了先机和优势，基础扎实，家底雄厚，步幅宽大，距离只会越拉越开。于是就得苦干猛干加巧干。如果无巧，岂会有成功希望。

后来居上，巧妙各有不同。从我的体会，至少有四种可以超车居上的方法。

直道超车。把前人的得失成败作为借鉴，少走弯道，不走岔道，那就只剩下直道了。直道是快速道，是便捷道，当然可以把前人绕圈所耗费的时间节省下来。一直听说"站在巨人的肩膀上"谋发展，这应该有多重好处。一方面可以提高起点，另一方面可以登高望远，选准道路。一切现成的成熟的都可以为我所用，不必事事从零开始。可以中途上车，甚至把别人的终点作为自己的起点，与先进者站在同一个起跑线上。根本不必去重复前人早已经做过的陈旧作业。

弯道超车。本是赛车运动中的一个术语，只有弯道才是超越对手的唯一机会，当然也是难度很大的超车机会。现在已被广泛引用于政治、经济和社会生活各个领域，亦即在社会进程的某些重大变化或转折关头，可以出现超车机会，应该不失时机抓住，不可错过。上海有个上工牌工业缝纫机，原先在世界同行中处于落后。但是，由于抓住国际产业结构调整的机会，果断出手，先后收购了国际领先的 3 家德国公司，因而一下子登上了峰巅，实现了弯道超车。

换道超车。亦即是不能一条道走到黑。原有的赛道，或者拥挤不堪，或者发展空间有限，或者赛道本身就是错的。这时候就必须换道，换一种思路，换一种方法，换一种模式，前途就可能一片光明。据报导，"又一个新赛道爆发，一线 VC（风险投资）悉数下场"。说的是，在一二线城市的核心圈出现了一个美妆新物种：美妆集合店。比如"喜燃"，就集结了 300 多个品牌。它们一般开在屈臣氏或者丝芙兰附近，具有很好的辨识度，货架上布满密密麻麻的护肤品和彩妆，而穿梭其间的大多是年轻女孩，往往满载而归。

美妆集合店依托两大背景，或是大集团的新品牌，或是独立团队的创业品牌。它们或者拥有流量和资源，或者拥有新思维新创意，有自己的鲜明特色，集结之后，另辟蹊径，成为重要的线下渠道。

近道超车。盘山公路或是棋盘小道，来往盘旋，一条直线距离可以拉长数倍甚至数十倍。与其弯弯绕，不如斜插或者直冲。危险是够危险，但是如果遇到时不我待的紧急情况，也不妨冒一次险，抄抄近路，抄抄小路。

无数实践告诉我，在后来居上的蓝图里，后起者似乎更占优势，更占便宜。因为前有借鉴，后有动力，没有框框和束缚，任尔最佳选择，反而什么都可以优化。正如伟人所说："一张白纸可以画最新最美的图画。"

后来居上，是一种历史的公正。创造和创新，既有先后，又不分先后。君不见"长江后浪推前浪，后浪更比前浪高"。正因为后来居上，才有了历史大潮的滔滔向前。

056

壮士断腕

壮士断腕，是指勇士的手腕被毒蛇咬了，为避免毒液走遍全身，殃及生命，只得斩断手腕，杜绝后患。唐代窦皋《述书赋下》有："君子弃瑕以拔才，壮士断腕以全质"之说。高阳在《胡雪岩全传》中也有描述："有句话叫做'壮士断腕'，我只有自己斩掉一条膀子，人虽残废，性命可保。"

在当下改革开放、调整改组、动能转换的过程中，也常常用到壮士断腕，用以表示果断、勇敢、坚决和义无反顾，以牺牲局部而推进历史车轮前进。

我理解，壮士断腕，既是革命精神，又是科学态度。既是为保全，更是为进取。不仅是牺牲，更是为新生。就好比烈火金钢、凤凰涅槃。新生和强健是更积极的目的。一时残缺，为了今后的重新健全；一时退缩，为了将来的扎实扩展。

壮士断腕绝非莽夫所为，匹夫之勇；也不是任何时候任何情况下都需要去断腕。若是动手术，最好还是微创，既可去除病患，又无重大疼楚，也不伤及元气，恢复得也快。

壮士断腕，实际上是因为条件限制。想想解放军中独臂将军的经历，之所以断腕乃至断臂，往往因为：一是伤势过重，伤患处已破败不堪，甚至坏死，不除去将危及生命；二是医疗条件局限，一般治疗已无法治愈，断臂才是上策；三是境况过于急迫险恶，或是

强敌围困，或是强敌进犯，迫在眉睫，必须速断速决。很多时候，壮士断腕实在是不得已而为之。

壮士断腕，要还是不要，值还是不值？绝对是一项科学决策，有一个得失之比的综合考量。绝不是心血来潮，一时冲动。

品牌也如此。若要对自己动如此重大的手术，必定是因为伤患危及生命；一般处理不能解决问题；时间上刻不容缓。因此，该下决心时就要痛下决心。

壮士断腕，能否顺利实施，又须有眼光、有魄力、有智慧，至少具有三种观念：

牺牲局部观。甘愿牺牲局部，保护整体；甘愿牺牲过往，迎取未来。貌似牺牲，实为保全：去除败坏，换取再生；卸下累赘，换得轻骑。留得青山在，不怕没柴烧。

长痛短痛观。与其拖延病情或者伤势，长痛不止，流血不断，不如坚决下刀去除病患，根除痛源。被动调整不如主动调整。大踏步后退，换来大踏步前进。

断腕透彻观。不仅肉体断腕，还得精神断腕、思维断腕。果断抛弃旧思维旧格局，可能比抛弃腐败的肉体更加重要。否则，即使输血、接氧、再生，却仍然还是病体，还是畸形，还是不争气，又有何用。旧思维不断根，就好比老牛拉磨，还在原地打圈，走不出寰臼。

从根本上看，品牌的自我修行，就是不断舍掉一些东西，卸掉一些负累，始终保持一份纯洁、一份简单，轻装上阵。关上一扇门，开启一扇窗，没有什么不可放舍。没有放下，就没有解脱。调整转型，本是经常事，也是寻常事。放下过往，才能拥抱未来。

诺基亚，曾经被人们认为已经死了，却不料今日的它，已经悄悄地重回世界第二。8 年前的 2013 年 9 月 2 日是诺基亚手机的"最后一天"。这一天它以市值 1 150 亿美元的 1/16 的代价亦即 73 亿美元卖给了微软。之后，又售出了 here 地图。诺基亚毅然决然舍弃了自己的长臂。可是，它拿回了现金，收紧了拳头，保留了通信器材部门，向新的方向出击。

诺基亚先是与西门子合作，成立诺西通信；接着又先后收购阿尔卡特朗讯和美国贝尔实验室；加上早前收购的摩托罗拉无线业务部门，成为一个超级联合体，形成一个全新的诺基亚。

诺基亚从全球召集 4 万名工程师，加班加点攻克 5G 技术。截至 2019 年 4 月，诺基亚的 5G 必要专利声明量超过 1 471 件，在全球通信厂商中排名第二，占比 13%，仅次于华为的 17%。2019 年诺基亚官网宣布在全球范围内达成 63 个商业 5G 合同。

与此同时，诺基亚也没有彻底放弃手机，"诺基亚手机"品牌兜兜转转，又回到诺基亚手里。2017 年功能手机销量接近 6 000 万部，仅一年时间就成了世界第二大功能手机制造商；智能手机的开局也不错，一年售出 800 万部。2018 年和 2019 年又有大幅增长。诺基亚用壮士断臂，换来了更新更专业的发展。

人们常常说，商场如战场。既然是战场，就会有牺牲。可怕的不是断臂求生，而是没有断臂求生的魄力和勇气，最后导致满盘皆输。毕竟只要活下去，就有翻盘再生、再次强大的机会。这是不是又一条铁律。

举重若轻

很多时候，品牌被视为是一个沉重的话题。

品牌常常负重前行。有多种多样的负重：责任负重，求全责备；目标负重，求大求强；资本负重，融资扩张；思想负重，循规蹈矩。负担过多，包袱过大，品牌反而变得束手束脚，走不稳，走不快，走不远。好比背着巨大蜗壳的蜗牛，只能慢慢爬行。

成语举重若轻，启发了我。负重前行，根本没有必要。应该化重为轻，轻装前行。

举重若轻，粗查出处，由清代赵翼《瓯北诗话·苏东坡诗》提出。其中说："坡诗不尚雄杰一派，其绝人处，在乎议论英爽，笔锋精锐，举重若轻，读之似不甚用力，而力已透十分。"这位赵先生在赞美苏东坡做诗功力深厚的同时，也表述了一种处世哲学，举重若轻。即使再沉重，也轻松摆弄，驾驭自如。世人一般认为，举重若轻，这是能力特强的人才能做到，轻松胜任繁重工作，轻易处理艰难问题。

我却不这样理解。举重若轻，若是只讲能力过人，就有点太过于偏面，也没了普遍意义。举重若轻应该是人人可以做到。面对繁杂工作或是艰难任务，心态平和，冷静应对；处事不躁，视若无物；有条不紊，有序完成。该放下则放下，该省略则省略，不过多拘泥而直奔主题，不过多纠缠而直指目标。这才是举重若轻的

要旨。

　　轻与重都是相对的。想得太多，就重；如能放下，就轻。总揽一切，就重；分工负责，就轻。多头并进，就重；循序渐进，就轻。

　　举重若轻，全在于看透：不过如此。也在于看清：路径对头。还在于积累：能量足够。胸有成竹，满腹对策。若是看透、看清，并且力量具备，就必能举重若轻。

　　举重若轻，也是一种自觉。拿得起，放得下，行得通。若是迷茫、盲目、肤浅，或是放不下，势必举轻若重。因为自觉，于是坦然平和，循序而进，既无包袱，也无束缚，轻装上阵，行稳致远。

　　品牌事业的确应该是伟大的事业。但不必时时处处把伟大两字放在心里，挂在嘴边，把自己压得透不过气来。在没有成为伟大之前，你就是平凡。平常之心，平凡之举，足矣。只须尽心尽力，努力做好即可，是什么就是什么。犯不着上纲上线，动不动就与伟大挂上钩。即使有一天真的达到伟大了，也不必用伟大压迫自己。一切归零，仍是平常心，轻装前行。

　　品牌目标的确应该是崇高的目标。但不必一上来就求大、求全、求齐、求排场。再大的目标也是一瓢一壶一点一滴积累而成。老虎吃天，无处下口。饭还得一口一口吃，菜还得一口一口嚼。一步登天，既办不到，也消化不了。大目标可以分解成一个个小目标，分而治之。既不负重压，又鼓舞士气，还可获得成就感，一举三得。何必好高骛远，不堪重负。

　　品牌思维的确应该有完美的境界。但不必一上来就求全责备，完美无缺。"英雄不问出处"，在没有成为白天鹅之前，人人都是丑小鸭。丑归丑，但是有生命活力，有向往、有斗心、有进取。哪怕

有千样万样缺点，有千般百般稚嫩，历经磨炼之后，终有一天会展翅翱翔，千里万里集群远飞。

品牌之路的确应该是宏伟的征程。但征程的蓝图和路径，也是在实践和试错中，逐渐清晰，日渐明朗。不必一开始就给自己设立条条框框，这也不行，那也不准。水无定势，兵无常态，原则坚定，方法灵活，怎么顺手怎么来，这才是辩证法。什么路都是人走出来的，品牌的活力就在于，解放思想，不拘一格。

品牌的问世，实为解决生活问题而来，实为针对关心点而来。能解决什么问题，就解决什么问题，一切从实际出发，不必想得太多太杂。因为举重若轻，才有种种创新，种种破题。

于是，就可以实施轻资产运作，决不贪大求全，不必"大而全""小而全"。能借不买，能土不洋，能简不繁，能缓不急。

于是，就可以实行无框框运作，不拘泥成规，创意创新，只要能捉住老鼠就行。

于是，就可以实施"牛皮糖"运作，既有大目标，又化整为零，分阶段、分步骤，有序实施。

举重若轻，是一种大气。正因为看透、想穿、力够，所以不急不躁，不紧不慢，收放自如，运筹帷幄。我仿佛见到了一代代伟人，就是如此，从容不迫，踏浪而行，胜似闲庭信步。

第四编

管理之律

纪律

人才

品行

约法三章

两千多年之前的那场楚汉相争，最初弱势的刘邦却夺取了最后胜利，争得天下，建立了汉王朝。这是为什么？

伟人曾经做过总结：刘邦能够打败项羽，是因为刘邦和贵族出身的项羽不同，比较熟悉社会生活，了解人民心理。在伟人看来，刘邦的成功与他出身下层很有关系。

因为出身下层，懂得民心，理解民心，所以很多举措对准民心，赢得民心。刘邦率先攻破潼关进入汉中之后，听从谋臣张良的建议，不进皇宫，还兵灞上；为稳定人心，也为笼络人心，又提出了著名的"约法三章"：第一杀人者偿命，第二伤人者要抵罪，第三盗窃者也要判罪。不仅当众宣布，还派出大批人员到各县各乡去宣传。百姓们表示热烈拥护，还送来牛羊酒食慰劳刘邦的军队。

约法三章，很简单，也易行，很有气度，深得人心。因为得到百姓的信任、拥护和支持，刘邦赢得了胜利。

"约法三章"对于品牌走向成功颇有启示。它说明建立合适而严明的法纪是争取民心、夺取胜利的必要之举。

首先，品牌法纪为民而定。约法三章的由来，是因为刘邦深知民间深受暴秦之苦久矣。必须以德服人，宽厚待人，给民间以必要的休养生息的机会。同时又要严惩盗贼，保护百姓基本利益。所以必须法纪严明。

当今，品牌的一切作为，更是为了社会大众。只有严明纪律，倾情服务，严惩伪劣，货真价实，才能赢得大众的信任和支持。品牌在任何情况下，也不能放纵自己、随便自己，而是坚决与一切不实不良行为划清界线。大众正是从品牌纪律认识品牌、信任品牌，形成深厚的品牌社会基础。纪律是品牌的立身之本。

其次，品牌法纪为民而明。"约法三章"的好处就是简单、公开、透明，一目了然。品牌纪律既然是为公众而立，就根本不必藏着掖着，而是应该公诸于众、彰显于众；也根本不需要层层选选，过于复杂，而是朗朗上口，简便易行。既让社会公众知晓，也让社会公众监督。即使是企业的内部信，也可以向社会公开，会取得意想不到的好效果。

瑞幸咖啡董事长兼 CEO 郭谨一先生的"牛年新春寄语"员工内部信在网上流传。让公众既了解过往，又了解当下，知晓品牌宗旨是"创造一个源自中国的世界级咖啡品牌""让每一个顾客能够轻松享受一杯喝得到、喝得值的好咖啡"。

再次，品牌法纪为民而行。约法三章不是装腔作势，而是付以实行。品牌立规矩守纪律，是出于自觉和自律。深知得民心者得天下，根基不能动摇。对违纪违法必严惩不贷，立信于民。只有品牌铁，公众和用户才会铁。

聪明的品牌在执行品牌法纪时，也会造势，也会造事件。既为震慑内部，也为传颂民间。以此扩大影响力、传播力，从而增加竞争力、营销力。光明乳业对有疑义的乳品采取全部下架回收的坚决措施，并切实查找原因，堵塞漏洞，造就广泛而深刻的社会影响。

定、明、行，是品牌法纪的三部曲。人民利益是法纪的生命线，也是法纪的生命力。离开了人民利益，任何品牌法纪都没有了任何意义。

1921 年这一年，与中国共产党同年建立的政党组织有 100 多个，但只有共产党走到了历史前台，走到了最后。中国共产党打天下，靠什么？一靠信仰坚定，路线正确；二靠组织严密，纪律严明；三靠扎根人民，基础深厚。伟人提出的"三大纪律，八项注意"，深得人民拥护。老百姓认识解放军，就是从秋毫无犯，宁睡马路不进民宅开始的：这才是人民的军队，自己的军队。

品牌打天下，一样要信仰坚定，纪律严明，扎根群众。一样要懂民心，知民心，解民心，一样要有"三大纪律，八项注意"，一样要让社会大众认识这才是自己的品牌，贴心的品牌。

上有信仰，下有底线，左右有边界，前后有规范，打造铁的纪律、铁的军队，步调一致就能得胜利。

补过拾遗

品牌不可能不犯错。只要主观与客观相脱离，认知与规律相背离，就有可能犯错。犯错不可怕。可怕的是，有错不认错，知错不纠错。因此，品牌若要健康成长，必须有一套正确对待错误和过失的机制和文化。

中国有个补过拾遗的典故。出处是《汉书·汲黯传》："出入禁闼，补过拾遗，臣之愿也。"意思是臣子愿为帝王纠正过错，弥补过失。后来被广泛引用，泛指匡正过失，改掉缺点。今天我们也可拿来为品牌所用，不仅靠别人，更要靠自己，自觉地省错、查错、知错、纠错。

首先，要有省错文化。古人云：一日三省吾身。也就是一天之内有三次反省，检讨有哪里做得不妥，哪些做得不当。

没有达到预定目标，固然需要检讨，即使达到预定目标，仍然需要检讨。要检讨个别成功是否代表可以复制成功；检讨局部成功如何影响全局走向和走势；检讨阶段成功如何影响总体成功。即使达成总体目标，仍可检讨每个环节每个细节是否都那么精准。

不以成功和进步而盲目陶醉，而以反省和纠错作为毕生习惯。错，有各种各样，有判断之错，有认知之错，有举止之错，有处置之错，如此等等。在某种意义上说，不错只是一种偶然，错才是一种常态。只要稍有松弛，稍有马虎，稍有疏忽，稍不留神，就会出错。所以，常思常省要成为自觉，成为文化。

其次，要有查错机制。品牌既需要各种各样的推进机制和激励机制，去促进目标完成，也需要有相应的检讨机制，来避免对于目标达成的干扰和阻碍。这包括：经常性的体检制度；来自第三方的监督制度；定期访问受众和用户制度；公众意见反馈和接收处理制度；自身微服巡访制度和飞行检查制度等，从而能够从多方面多侧面预警式的查错。这一切都是为了避免犯错，或者为了及时纠错，不致犯下不可挽救之大错。查错的效果目标很清晰：于细微之处、于青萍之末，发现问题苗子，把过失和不当消除在萌芽状态。

再次，要有认错觉悟。错不错，首先应该有比照物。比照物可以是预定目标和计划，可以是趋势、潮流和潜藏机会，还可以是同类或异类品牌的对比。这些比照物是镜子，是指南，是尺度。

发现错了咋办？既要敢于正视，敢于细析，也要敢于揭短，敢于揭伤疤，敢于捅马蜂窝。不掩盖问题，不固执己见，不讳疾忌医。认错需要有嫉恶如仇的立场，有眼里容不得沙粒的痛觉，有零容忍的态度，有广纳各种意见的肚量。良药苦口，忠言逆耳，正面意见反面意见都听。这才有利于发现问题，查清问题，纠正错误。

其四，要有纠错决断。有错必纠，有过必改。纠错坚决，快刀斩乱麻，决不姑息养奸，养成大患。甚至杀鸡用牛刀，小病当作大病医。杀一儆百，抓住典型案例，大张旗鼓，作为反面教材。把纠错过程成为教育全体、反思提高的课堂和真枪实战演练的练兵场、演武厅。

为了有效纠错，在资源调度上，要建立必要的补救能力、疗伤能力、更新能力、自愈能力。军队一旦开战，就有战地医院，有担架队，有救护队，还有战场急救包。要是没有合适和必要的资源和

能力，将难以及时救死扶伤。品牌也一样，也得有救护队，有急救室，有康复院。需要常备不懈，有必要的储备。任何时候都要留有一定的余量和余力。

最后需要强调的是，无论自觉省错，还是坚决纠错，目的都是为了正确执行，大踏步前进，而绝对不是为了养成一批谨小慎微、迈不开步子的小脚女人或者旗袍女郎。

从 善 如 流

从善如流，见于《左传·成公八年》："君子曰：从善如流，宜哉。"此处的从，是听从；善，是指好的、正确的意见；如流，形容好像流水向下，非常迅速。连起来读，就是指，能够迅速接受别人的好意见。

与从善如流相近的，还有一句成语，叫做纳谏如流。纳，是吸纳；谏，一般是臣下对帝王的建议，称之为进谏。这两句成语虽然都有从流的意思，貌似相近，实质却大为不同。一是地位不同，前者似是平等关系，是人与人之间的关系；而后者似是君臣关系，是上与下之间的关系。二是标准不同，前者讲从流，是以善为标准，善者才从之如流；而后者并没有善恶之分，也可以说善恶不分，只须对帝王有利、对帝王有用就可以。

由此，我更赞成也更欣赏从善如流。

伟人，作为伟大的无产阶级革命家，就为我们树立了从善如流的榜样。1952年，伟人收到了一封信，是山西大学历史系罗元贞教授写来的。信中对长征诗中的"金沙浪拍云崖暖"提出修改建议，认为前句已有"五岭逶迤腾细浪"，为免重复，后一句将浪拍改为水拍更为妥帖。伟人经过思考采纳了，并说"不要一篇内有两个浪字，是可以的"。虽然这是一位不相识的朋友的建议，但伟人还是欣然接受。

从善如流的好处，显而易见。可以把不够妥帖改得较为妥帖，把不够合适改得较为合适，把不够完善改得较为完善。既如此，又何乐而不为呢？俗话说得好，"一个篱笆三个桩，一个好汉三个帮"。品牌事业若要成功，就得从善如流。

可是，真正做到从善如流，也不容易。至少应该有态度，有制度，有气度。没有这三个度，恐怕既做不到，更做不好。

态度。以虚心求教和广纳意见作为毕生的追求。甚至达到如饥似渴、望眼欲穿的地步。把来自各方面的批评和意见，当作灵丹妙药、及时春雨、创意源泉和宝贵财富。虚怀若谷，用心听取，反复思忖，认真领会，吸取精华，广纳博收，为我所用。绝不是耳边风，不上心，不过目，一头进，一头出。也不是装模作样，似听非听，只为欺世盗誉。从善如流必是真诚的、由衷的。

制度。广纳好意见，若要常态化，就得有一套好制度。让各种批评和意见进得来，听得到，吸得住；及时汇集，及时整理，及时分解，及时吸纳。而不要有什么障碍，有什么过滤，有什么折射，有什么美化。应该是原生态的、第一手的，这才可能看出真谛，了解本意，知晓实情。至于具体制度则多种多样，可以有 24 小时运作的热线电话，面向公众的微信号，意见集纳箱，意见反馈表，等等。

气度。从善如流，应有一定的雅量、肚量、容纳量。千万不要动辄上纲上线乱扣帽子；胡乱把好心当成驴肝肺；随意把内部矛盾当成敌我矛盾。无论顺耳的，还是逆耳的；无论奉迎的，还是尖刻的，都能听，去粗存精，去伪存真，吸收养分，壮实自己。伟人说过："不管是什么人，谁向我们指出都行。只要你说得对，我们就改正。你说的办法对人民有好处，我们就照你的办。"精兵简政这一条意见，就是开明人士李鼎铭先生提出来的，因为他说得对，我们就采用了。从善如流就得有这个气度。

从善如流，要害是从善，而不是从恶。怎么区分善与恶呢？伟人实际上早已列出了一个标准，这就是对人民有好处。这是善与恶的分界线。凡是对人民有好处，这一类意见就是善，就应该像海绵遇流水一样，善于听取和吸纳。

常见到一些高度自觉的品牌会频频向用户、向顾客、向社会，高价征求意见。有招榜征意见的，也褒奖好意见的。这不是一种噱头或一种姿态，而是一种由衷而发的实际行动，具有实际意义和实质价值。

从根本上看，品牌不是帝王将相，并不高人一等。品牌与用户和受众的关系是平等的关系。从某种意义上看，甚至是主从关系、主仆关系，用户和受众才是决定取舍的主导一方。用户和受众认可，才是品牌；不认可，就是废物一堆。来自老百姓、回报老百姓，品牌应该有从善如流的主动、自觉和勇气，形成从善如流的习惯、制度和常态。从善如流，让品牌不断进步。

061

洁身自好

品牌自律，非常重要。用得着一个成语，叫做洁身自好。与此相近的，还有洁身自爱、洁身自守，等等。无论自好、自爱、自守，都离不开一个"自"字。这个"自"，就是自己。自己对自己有要求、有目标、有管理、有坚守。这就是自律。

洁身自好，最早见于《晏子春秋·内篇问上》："洁身守道；不同世人……"也见之于《孟子·万章上》："归洁其身而已矣。"用今天的话说，归根究底洁身自好而已。

洁身自好的本意是保持自己的纯洁，不同流合污。后来也有解释指，害怕招惹是非，只顾自己，而不关心公众事情。

从字面看，洁身自好似有两面性。既有积极的一面，又有消极的一面。积极是因为自好，对自己要求高严，出污泥而不染。消极也是因为自好，光顾自己而未顾及他人，有点高冷或清高。

对于品牌而言，洁身自好，当然要取其积极一面，而去其消极一面。不仅自律，也要他律，还要共律，从而带动周边，乃至整个社会，一起进步，这就是所谓的社会责任。

不过，千律，万律，自律还是基本，还是基础。没有自律，他律与共律也就无从谈起。

什么是自律？就是自己对自己有目标、有要求、有约束，也有放弃。既要有所为，也要有所不为。而为与不为都有一把尺子去衡定，这就是对公众的根本利益有利，对社会的文明进步有利，对自己的道德高尚和健康成长有利。对个人而言，路不拾遗是一种，助人为乐是一种，坐怀不乱是一种，两袖清风是一种，克己奉公是一种，闻鸡起舞是一种，十年寒窗是一种，作息有序是一种……；而对品牌而言，一丝不苟是一种，精益求精是一种，童叟无欺是一种，纪律严明是一种，管理精细是一种，不畏艰难是一种……，如此等等。

自律体现着强烈的目标意识，坚定的使命职责，不变的道德规范，清晰的处世哲学，必要的牺牲精神。这对于品牌事业相当重要。

因为一切从公众的根本利益、社会的文明进步、自身的健康成长出发，所以自律不是一种被动，而是一种主动；不是一种强迫，而是一种自觉；不是一种损耗，而是一种增值；不是一种束缚，而是一种解放。这是从必然王国向自由王国的一种升华。

自律，是对意志和毅力的挑战。自律，其实也没有那么难。有效的自律可以建基于三大原则。一是设立具体目标，坚持无一例外原则。二是设立进度要求，坚持每次完成一项原则。三是分解挑战内容，坚持管理精细原则。如能这样，人人皆可做到自律。

自律，是一种至高的修养。尤其在市场经济的花花世界之中，自律是一帖清醒剂。香风毒雾随时随地可能动摇意志，迷惑方向，涣散纪律，搅动原则，而自律恰恰可以有效抵御各种各样的诱惑与拐骗，让我们坚定。

自律，好像是自己给自己设置了不自由。其实，自律正是给了自己更大的自由。为什么这么说？因为自律是通往自由的必经之路。

一己的不自由，给予整体的自由；一时的不自由，给予长远的自由；平时的不自由，给予战时的自由；工场的不自由，给予市场更大的自由。正如解放军战士们所说："平时多流汗，战时少流血。"

心理学家曾经总结过这样的规律：自律的前期是兴奋的，中期是痛苦的，而后期是享受的。当自律成为一种习惯，成为一种生活方式，人格和智慧也因此变得更加完美。

好友伊华女士也曾精练地说："言语自律，好好说话。品行自律，守住底线。感情自律，信任忠诚。内在自律，充实灵魂。自律才有自由"。有了自律能力，就没有什么事情是做不到的。

让我们为了更大的自由，自觉自律！

厚积薄发

　　厚积薄发，常见于文字，也常闻于口头。从字面上看，厚积，厚重地积累；薄发，慢慢地散发。

　　厚积薄发，过去一般解释为因果关系，只有厚积，才能薄发；只有准备充分才能办好事情。包含着从量变到质变，积小胜为大胜的意思。莫视小为小，积小才能成大。莫视少为少，积少才能成多。薄发来源于厚积。

　　可是《咬文嚼字》主编郝铭鉴先生认为，厚积薄发并不是描述一种因果关系，而是表达一种治学态度。即使厚积也只是薄发，始终保持谦虚、低调、平和、好学。即使有一身真本事，也不招摇，也不显摆，也不趾高气扬。

　　他这样说是有依据的。仔细品味苏轼《送张琥》原文："呜呼，吾子其去此而务学也哉！博观而约取，厚积而薄发，吾告子止于此矣。"苏轼把博观约取与厚积薄发放在一起，讲的都是治学之道。博观，广泛地读书；约取，只取其精华。厚积，厚重地积累；薄发，是自我约束有序地发挥。并不是一股脑儿都吸收，也不是一招一式都拿出来。学以致用，学问再大，也不是用来卖弄与炫耀，这才是科学的可取的学习态度和学习方法。

　　我很赞同郝先生的观点。而且进一步认为，厚积薄发不仅是治学态度，也是为人处世之道。治学须厚积薄发，为人也须厚积薄

发，始终保持有一种谦虚谨慎、留有余地的态度。即使本事再大，也始终与人平等相处，平和示物，平静处事。只有这样，才能不断有所进步。

品牌也一样。无论治牌、持牌或是扬牌，可取之道也是平和亲民、柔情满满、留有余地。决不漫无边际、满打满算、自夸自大、自吹自擂，甚至强势无比，嚣张之极，让人望而生畏，不敢亲近。万丈高楼平地起，失去了公众的亲近和拥护，品牌也就失去了赖以生存的基础。所以，即使厚积，依然薄发。

厚积薄发，应该是品牌的为牌之道。品牌是用来解决民生问题的，不是用来卖弄和炫耀的。很多人以为，衡量一个品牌是否成功，就看品牌是否强势，是否高调，是否所向披靡、所向无敌。我却以为，品牌越是强势，就越是应该平和、柔和、亲和。很多时候，强势不如柔势，高调不如低调。品牌只须始终把服务对象放在心上，贴心贴肺，提供体贴、关怀、奉顺、迎合、讨好、周全、卖乖、讨巧，乃至指引和导向。没有必要剑拔弩张，以至于让人敬而远之。品牌始终一个态度：我可以为您做些什么？您还有什么难点可以让我分担？您的不方便，就是我的责任、我的使命。

厚积薄发，应该是需求的应对之术。亿万人民对于美好生活有不懈而不倦的追求。喜新厌旧，是人之常情。即使如日常用品，也希望不断有新的款式和新的方便。因此，对品牌而言，研发和储备必须厚积，而投产和上市必须薄发。过去我们常说，投产一代，储备一代，研发一代。讲的就是这个意思。还有一种说法是"嘴里吃一个，手里拿一个，袋里藏一个，眼里盯一个"，说的也是这个意思。产品一代又一代，连绵而不绝，不断给公众提供新鲜和惊奇。就好比华为，有了2G有3G；有了4G有5G；而更新的6G也已进入了研发。又好比那些精彩的电视连续剧，一出连一出，波澜起伏，高潮迭起，不会一下子就让人看到大结局。

厚积薄发，也应该是市场的竞争之策。不是和盘托出，而是慢慢释放，留有后手。不是留一手，而是留多手。兵来将挡，水来土掩。不让对手一眼看穿，而是看不穿，识不透，摸不准，不知道你手里有多少底牌，有怎样的底牌，不敢轻举妄动；即使进攻，也有所顾忌。而我方始终有应招、有备胎、有杀手锏、有秘密武器，掌握应战的主动权。比如，华为应对某国无理和蛮横制裁，早就有了多手储备，所以，即使有困难，也是应对自如，照样发展。不仅防守，还能反击，给对手制造困难。

由此深感，厚积薄发不仅是术，是策，而且是道，是一种哲学。高瞻远瞩，通揽全局，有条不紊，逐次推出，把握主动，掌控胜机。这比之明火执仗，急于求成，要高明得多！

孟 母 三 迁

孟母三迁，说的是孟子幼小时，他母亲为他选择求学环境的故事。一开始他家住在墓地附近，孟子就去模仿丧葬之事。孟母见了就认为："这不是我们居住的地方。"于是搬去市集，附近还有个屠宰场。孟子又在游戏中模仿商人做生意和屠夫杀猪羊。孟母认为："这也不是我们住的地方。"于是又搬到学校附近。每月夏历初一，官员会到文庙行礼跪拜，互相揖拱谦让。孟子见了也一一学习模仿。孟母高兴地认为，这才是儿子应该住的地方。

孟母三迁，表述了学习环境的重要性。环境对于一个人的学习和成长具有重要影响。不同的环境会形成不同的爱好和习惯。

是的，注重教育，更应注重教育环境。环境对于教育的成效甚至成败有着莫大的意义。古人云："近朱者赤，近墨者黑。"讲的就是环境。环境对于育人成材常常起到耳濡目染、潜移默化、烘云托月的作用。

传到当今，无论学习、进修、培训或会议，也都会讲究环境。我在"上海实业"工作时，领导核心的年度务虚会，经常会选在远离市区的地方，出了门哪儿也去不了，冷僻得很，为的就是让大家集中心思，把发展方略讨论透。至于什么集训营呀、训练场呀、运动会呀，也一样都会考虑环境的选择。

联系实际再想一想，却觉得，对于孟母三迁，是否也应有个辩证理解。过分强调环境的合理和合适，太温室了，也不见得一定好。任何环境都有两面性：一方面会影响人，另一方面也会磨炼人。人们对待环境的态度至少也有五种：迁就、迎合、逃避、享受或者斗战。平和，并不是唯一的真实的社会环境；逃避，也不是唯一的对待环境的可取态度。

再进一步细细品味，什么样的环境才算是合适的环境？不同的年龄阶段，不同的培养目标，可能就会有不同的权衡标准、不同的认识角度、不同的理解范畴。也许幼苗时候，基础教育时候，需要相对平和与干净的环境；而到了初成时候，专业教育时候，又需要相对多元和复杂的环境。

暖房里出不了参天大树。即使参天，也不一定稳固。因为底盘和根基不一定扎实。经风雨，见世面，或者傲霜斗雪，饱经风雨，可能才是良木成材的必由之路。很多有识之士就专门选择险恶或恶劣环境，来磨炼自己。

统计显示，全国 31 个省级的党委书记中居然有一半曾经在农村插队落户。而中央政治局常委也有一半曾经插队落户。想当年伟人说："知识青年到农村去，接受贫下中农的再教育，……"多么富有战略眼光！再教育就是在一次教育基础上的二次教育；就是在学堂教育基础上的实战教育。这种教育对于环境的选择自有其另类的取向。

有志老板训练第二代，相当注重环境的磨炼和实战的锻炼。往往基础教育选择海外知名大学，而学成归来必须从企业基层做起，甚至还要隐姓埋名，不许有种种照顾。他们深知，只有身经百战，历经锤打，才可能接上班，接好班。

动物似乎比人更加厉害。即使基础教育，也不给情面。从一开

始就严苛无比，毫不留情。母鸭训练小鸭，自个儿先带头跳下水，引得小鸭一个接着一个，抖抖小翅膀，也先后跳下水，即使不那么会划水，也会快活地划动起来。老鹰训练稚鹰更加残酷，毫无怜悯之心，逼着稚鹰从悬崖壁上的鸟巢往下跳，凡是健壮不死的，才可能最后成才。

依我理解，正是自然生存条件的无比险恶，才逼得这些家长如此严苛无情。不痛下狠手，怎么生存成长，怎么传宗接代。

今日解放军训练也是从难、从严、从实战出发。反复强调练为战，不是练为看。一切为了能打仗，打胜仗。不搞花架子，而是搞逼真的对抗演练。高手过招，真枪实弹。即使模拟演练，那也是深入战场。非如此，哪能练出熟练的真功夫，杀敌制胜。

所以，对于学习和成才之路，确实需要有一个辩证思维。一切学习，只是为了认识社会，生存社会，服务社会，改造社会。一切学习，都是挑战，是对智力、心力、体力的挑战。既是挑战，岂会绿洲一片。就得吃苦，就得逆行，就得顶风破浪。而所有的学习成果，最终都得接受社会实践的验收。这也许就是对于孟母三迁应有的哲学思考。

064

三顾茅庐

　　品牌发展必是因为齐心协力，众志成城。孤掌难鸣，独木不成林，一个好汉三个帮，众人拾柴火焰高，说的都是重视人才，引进人才，用好人才，凝聚力量。

　　不过，若要引得百鸟归巢，建立精英团队，并不容易。学一学刘备三顾茅庐的做法，持有合适合理的人才立场和人才政策，可能会有所启迪。

　　三顾茅庐，又名三顾草庐，典出《三国志·蜀志·诸葛亮传》，说的是公元206年冬到207年春，当时被曹操所败、屯兵新野的刘备，因离任谋士徐庶的推荐，接连三次前往南阳郡邓县隆中恭请诸葛亮出山辅佐的故事。第一次拜访，正巧诸葛亮出游去了。第二次，冒着大雪去拜访，不巧又没碰见。第三次，选了一个好日子，再去拜访。诸葛亮正在午睡，刘备不敢惊动他。就让关羽、张飞在门外等候，自己则在台阶下静静站着。过了很长时间，直到诸葛亮醒来，才彼此坐下谈话。刘备向他请教平定天下的路径，并盛情邀请他出山辅佐自己。这个故事流传至今，以此比喻对有专长的贤人，真心诚意，一再相邀的精神和做法。

　　今日重读这个典故，细细品味，觉得其中有五个要点值得后来者借鉴：

　　一是求贤如渴。深知人才对于事业成功的重要和必要，建立对

人才需求的自觉和迫切。刘备在屡遭挫折之后，深知人才之关键。为了求贤相助，不仅多方打探，广觅信息，而且躬身前往，盛情相邀。一次不行，二次；二次不行，三次；直至成功。其间若按关羽、张飞的做派，或是用绳子捆绑了来，或是一把火烧了草庐逼着他来。而刘备都予以制止。据一些考证，其实刘备请诸葛亮不止三次，而是更多次。"三"只是代表多次的意思。杜甫也有诗云："三顾频烦天下计，两朝开济老臣心。"按周汝昌先生的解读：频烦两字，就是指不止三次。

二是礼贤下士。刘备三请诸葛亮时，已是46岁，贵为皇叔，又是历经百战的一代枭雄，而诸葛亮不过是26岁的年轻人，身居乡下，并未表现出特殊才能，也没有任何头衔和功名，而刘备却能放下皇叔和长辈的架子，登门三请，连夜请教。这是何等至诚至恳。尽管关羽、张飞等人不悦，刘备仍一再劝说道："孤之有孔明，犹鱼之有水也。愿诸君勿复言。"关羽、张飞乃止口。对人才如此尊重，才会有人心的呼应。

三是推心置腹。刘备后来充分信任乃至重用诸葛亮，是建立在深入交谈充分交流的基础之上的。并不是盲目所为，也不是冲动之举，而是理智和清晰的决策。刘备在屡次登门访谈中，每每与诸葛亮彻夜深谈，著名的《隆中对》就是由此而来。其中诸葛亮说道："将军欲成霸业，北让曹操占天时，南让孙权占地利，将军可占人和。先取荆州为家，后即取西川建基业，以成鼎足之势，然后可图中原也。"这种博大的政治智慧，深深感动了刘备。正是情投意合，大彻大悟，才有了之后的果断任用。

四是委以重任。尽管刘备与关羽、张飞的关系亲如骨肉同胞，食则同器，寝则同床，但刘备仍任命诸葛亮为军师，可以指挥关张之辈，可以统领三军出征。而兄弟们则不得无礼、不得违令、不得抗命。这的确属于越级提拔、越级重用。一旦确认是顶尖人才，就得敢用，并且是重用。打破世俗框框，打破资历阶梯，打破陈腐偏见，赋以位高权重，让其充分施展。如若不是，岂非把人才当作古董。敢于重用，非但需要眼力，更加需要魄力。无胆魄，人才岂会脱颖而出，长袖善舞。

五是坚信不疑。对于刘备重用诸葛亮，一开始关羽、张飞之辈是心存疑虑，不敢相信的。还常常明嘲暗讽，馋言馋语，出言不逊。可是刘备不为所动，对"小报告"一律不接受，坚持用人不疑，疑人不用。这才有了后来的草船借箭、借东风、赤壁大战、曹操兵败华容道，奠定三国鼎立的大局。乃至后续的六出祁山、屡次北伐。直至最后的临终托孤于诸葛亮。如果没有充分信任，何以攻克关隘，发挥才干。信任比任何福利更重要。

离心离德各有各原因；而聚才同心则必有共同之道。三顾茅庐是否证明了这个道理。

一 山 二 虎

中国有句俗话"一山不容二虎"。说的是，老虎贵为"百兽之王"，喜欢独居山头，称王称霸；而不喜欢二虎同居，除非相亲季节。二虎同居必争斗不已。不分出个高下，或你死我活，或赶出领地，决不收手。

有人分析，这是因为老虎天性使然，独来独往，称霸一方。也有人分析，这是食物链的关系。毕竟在一定区域之内资源有限，满足一虎尚可；如有二虎，就得相争。由此，形成老虎的领地观念十分强烈。一旦有外来入侵者，必定赶尽杀绝，这是一种生态学的道理。

"一山不容二虎"，也给品牌内部的人才管理带来难题。为了品牌事业发展，当然希望广招天下人才。尤其是顶尖人才十分难得，那可是攻关克隘的大将帅才。人才不怕多。可是，又怕人才多。人才多了，顶尖人物之间不一定相处得好、相处得协调。这是一对难解的矛盾。

"一个和尚有水喝，两个和尚挑水喝，三个和尚没水喝"，说的就是这个情况。文人相轻，谁也不服谁。人才多了，反而不是助力，而成了阻力。

2020 年 12 月 16 日爆出了一条新闻：中芯国际因为委任 74 岁的蒋尚义当副董事长而事先又未充分沟通，结果引起联席总裁梁孟松提出辞职。这件事在社会上引起很大震惊。舆论普遍以为中芯国际把两个原本有些杯葛的顶尖人才硬凑在一起，很可能因为人事变动而损伤正在迅猛发展的大好形势。股市立即灵敏反应，一天之内市值失去数百亿元。不过，事后该公司董事会有了弥补，总算平稳过去。

中国古代有个"两桃杀三士"的故事。只是因为顶尖人才之间摆不平，结果造成三败俱亡。

杰出人物如何相处，始终是管理者面前的一个难题。

最理想境界当然是志同道合，意气相投，互相理介，互相配合，组成"金三角"或者"铁三角"，所到之处，所向披靡。比如马克思和恩格斯，共同创立了马克思主义。比如毛泽东和周恩来朱德等为亲密战友，携手创建了新中国。那是建立在共同信仰共同理想基础上的深厚战斗情谊。

但是，生活中具有这样崇高信念、相辅相成的，毕竟十分难得。常见的是各有所求，各有所长，自视甚高，互不买账，都想当头，都想冒尖。尖子人物太多反而容易引起内讧，变成累赘。

有什么办法可以相处得好一些呢？

最直接的办法，就是提供更多资源，增设几座山头，各容一头老虎。山山相隔，山山有虎；山山相争，各有风头；群山巅峦，风光无数。

如若资源有限，则不必一时过急过多地招聘人才。吸纳人才的节奏应与资源配置的节奏相呼应、相配合。贪多而嚼不烂，反而不协调不和谐，这里面是否也有生态学道理呢？

就我体验，品牌内部若要防止一山二虎互相争斗，不妨采取以下五种办法：

术有专长，各攻一方。引进人才之前就得考虑：避免人才冲突，实施人才互补，建立良好人才组合。不仅避免技术专长冲突，也得避免人际关系杯葛。引进之后则妥帖安置，让顶尖人才处于不同的产品线、不同的技术线、不同的岗位线，各自领军，各有所攻。相互之间既有竞争又无冲突机会。

扁平管理，减少掣肘。管理最忌架屋迭架，层层汇报层层监管。工作的高效及有效，来自管理层级少，责任到位，直接汇报。避开人才之间或部门之间相互牵制、相互扯皮。

家长人物，居中协调。扁平管理的有效、线条之间的配合，还在于有一位既有威望又有能力的统帅人物的总体协调。德高望厚，胸襟宽阔，驭人有术，赏罚有度，众人皆服。

因人施策，各得其所。顶尖人物多有个性，有的喜静，埋头研发；有的喜闹，大刀阔斧；有的喜打，冲锋陷阵；有的喜守，稳如泰山。必须给他们创造不同的环境和政策，发挥他们不同的专长和特点。

求同存异，有放有收。只要方向一致，共同为着企业和品牌发展目标，就可以容纳一些小脾气小缺点。只是在必要时，才略加指点，略加引导，略加纠偏。和风细雨，轻锤敲打，坦诚相待，相处无隙。

以上五条，相互配合，是否可以有利于总体上的和谐平稳相处。

若能如此，则一山不仅容得下二虎、三虎，甚至更多的虎也容得下。我们的队伍就会壮大，力量就会强劲，就有能力冲破种种阻力，勇攀高峰。

和 而 不 同

品牌发展，内部要上下一心；外部要可靠结盟。志同道合，是最佳境界。

志同道合，见于《三国志·魏志·陈留王植传》。曹植曾上书兄长曹丕，说道，当年伊尹只是陪嫁小臣，至贱也；吕尚只是屠夫钓叟，至陋也，可是当他们遇到了志同道合的汤武王、周文王，就辅佐君王成就了大业。

志同道合，指的就是志向相同，道路一致。形容彼此之间理想与志趣相合，心往一处想，劲往一处使。如能达到这个境界，自然最好。不过，事情总不尽如人意，不会总是那么理想。任何合作也好，团结也好，并非总是动机一致，常常是各有所图，各有所求。即使认识相同，也会有高低深浅广窄之程度不同。更何况人群中各有背景，各有思想，各有所长。这就需要退而求其次，不求志同道合，也求和而不同。

和而不同，是更早的典故，见于《论语·子路》，子曰："君子和而不同，小人同而不和。"一般这样解读，君子在与人交际中，既能保持一种和谐友善的关系，又不会苟同别人的意见或主张。而小人在表面上随意附和甚至迎合别人，内心其实并不如此，各争其利。

在中国古代，"和"是一个重要概念，指的是一种有差别的、

多样性的统一。比如烹调，必须使酸甜苦辣咸调合在一起，达到一种五味俱全、味在咸酸之外的境界，才能算上等佳肴；比如音乐，必须将宫、商、角、徵、羽配合在一起，达到一种五音共鸣、声在宫商之外的境界，才能算是上等美乐。至于后来的学者，更是对和而不同，有着多角度多层次的解读。

和而不同，代表了包容和开放，胸怀和肚量。按我理解，是指只要大目标大方向相同，就允许有差异、有个性、有所不同。在一定条件下，可以允许和容纳不同理想、不同目的、不同个性、不同优缺点的人集合在一起，或者相处在一起，去共同努力达成某个共同目标。而且因为各有所长，反而可以扬长补短，发挥综合优势。尽管这种集合或合作，有时候不一定那么长久，但一定会有某种成效。这在历史上经常发生。

秦末汉初的那场社会大变动，陈胜吴广高呼着"王侯将相宁有种乎"，在大雨滂沱中揭竿而起。响应者众多，有灭了国的旧贵族，有不甘人下的小官吏，有社会的三教九流，沉渣泛起，踊跃而上，都直言推翻秦王国。目标似乎一致，目的不尽相同。有的为了复国，有的为了权势，有的为了求存，有的为了瓜分利益。虽各有动机，却能从不同角度，集聚到一个目标上。这也算是一种"和而不同"。

这种有意无意或有形无形的结盟，其力量强大无比，最后直接导致秦王朝的覆灭。之后，又经过楚汉相争，直接催生了汉王朝的建立。

这个案例提示我们，既然各有不同，为什么还可以存和，还可以结盟？

因为有共同敌人，比如秦王朝。因为有倍增力量，可以前仆后继，所向披靡。因为有合作可能，分头并进，各个击破。因而虽然各人动机不尽相同，却也可以达成同一目标。

品牌建设也一样，需要团结或联合多方面的力量去争取胜利。虽然思想和认知并非达到同一个尺度、同一个高度、同一个深度，但是只要目标一致，为我所用，就有了和的基础、和的可能；就不必过分苛求，拒之门外。

对外可以和而不同，对内更需要和而不同。一个品牌内部最好是思想一致、目标一致、步调一致。如果还存在一些认知差异，即使不能统一于同一个思想，也完全可以统一于同一个目标。以一个共同目标来团结和激励所有的同仁一起奋斗。

不求志同，但求道合；大同小异，和而不同，这正体现了品牌事业的气魄和胆量。

最后，无论战略结盟，或是事件合作与活动合作，品牌既要合作谋求共同的目标，又要保持必要的自主性、独立性，不模糊自己的立场和个性，不忘记自己的战略意图是什么。这是和而不同的另一层重要意思。这就是不苟同、不随同、不盲同，始终认定自己的战略方向，坚定不移向前进。

班门弄斧

　　鲁班，原名公输班，是中国古代著名的工匠，善于制作精巧器具和建筑。据说流传至今的锯子、墨斗以及榫头都是他所发明的，民间历来尊奉他为木匠的祖师爷。因为他是战国时代的鲁国人，以至人们不再称他原名，而尊称为鲁班。

　　成语班门弄斧，意思是在鲁班门前舞弄斧子。过去一直用来比喻在行家或者大师面前卖弄本领，不自量力，当场出丑。这与民间流传的"关公面前舞大刀""饭店门前摆粥摊"，具有相近的意思。

　　可是，再细细品味，我却觉得班门弄斧不应该成为嘲讽的对象。班门弄斧，应该是一种常态：正常、经常、寻常。

　　班门弄斧，含义其实相当丰富，用一句话去形容，那就是"五味杂陈"。虽有讥讽：不自量力；更有鼓励：不怕出丑；还有挑战：不怕权威；又有检验：找寻差距；再有求学：期望指点。积极的意思比消极的意思多得多。像这样的成语可以说并不多见。

　　品牌初生，就应该有一点"初生牛犊不怕虎"的劲头。想当鲁班，敢比鲁班，有何错？不如鲁班，出些小丑，又怎样？对照鲁班，学赶鲁班，有什么不好？拜服鲁班，求教鲁班，有什么不妥当？所以，班门弄斧实在是大好事，值得提倡、值得鼓励、值得褒扬。

　　品牌如果没有一点眼界和勇气，不提高自己的志向和起点，不以大师为范，不与高手过招，不从高点起步，那又有多大出息？

"春风杨柳万千条，六亿神州尽舜尧"。伟人以诗的语言，激励亿万人民不怕权威、挑战权威，人人皆可成为权威。"高贵者最愚蠢，卑贱者最聪明"，这个世界上谁怕谁。

品牌也一样，用不着畏惧害怕任何已经成名的大品牌。清代赵翼有诗云："江山代有才人出，各领风骚数百年"，太有道理了。中国诗词大会曾经以"江山代有才人出"为上句，通过网络在全国征集下一句，引得来稿无数，结果中选的是"我辈登临正少年"。这正应了"自古英雄出少年"的见解。

即使百年品牌又如何，一样可以作为学习和赶超的对象。君不见，光是饮料行业就有群雄蜂起，挑战权威。有个星巴克，就有个瑞幸，年轻是年轻，稚嫩归稚嫩，却是一上来就高起点，弄得像模像样，风生水起。面对百年品牌、老资格的饮界霸主可口可乐或百事可乐，又有何惧。硬是有一大批中国饮界品牌不买账，无论老牌新生的"王老吉"，还是"大自然的搬运工"的年轻品牌"农夫山泉"，或是更年轻的"喜茶"之辈，一个个都另辟蹊径，开创新领域，成为新龙头。

正是因为班门弄斧，才有商业繁荣；因为班门弄斧，才有产业雄厚；因为班门弄斧，才有人才辈出；因为班门弄斧，才有学术发展；因为班门弄斧，才有科研突破；如此等等。

至于美食一条街、服饰一条街、珠宝一条街、文化一条街、小商品一条街等等，几乎无一不是班门弄斧、饭店面前开粥摊的成果。正因为班门弄斧，所以众星拱月，繁花似锦。

我记得 1986 年夏天，第一次参加全国广告学术研讨会，面对着来自各界的专家权威，敢不敢上台阐发自己的学术成果和心得体

会？大会前晚，邵隆图先生和我住同一个房间，一起准备明天讲稿。隆图说：专家也是寻常人，只要有特色，就是专家。他讲他的，我讲我的，根本不用怕。发言那天，隆图讲了引入 CI 识别系统创作露美成套美容化妆品的案例，我则运用大量实例阐述了"正确回答消费者的关心点"。结果，效果意外地好。会后，中国广告协会秘书长杜少杰先生还专门找我个别谈话，肯定了我的发言，并交给我编写中国第一本《广告策划》大学教材的光荣任务。

班门弄斧，有什么不好？敢于班门弄斧，才有升华和提高。象鲁班这样的大师，当然越多越好。独此一家，别无分店，社会怎么进步，历史怎么发展，人生怎么精彩！

真所谓：从来不嫌鲁班多，满门工匠皆鲁班。

量 金 买 赋

　　品牌需要创新创意。创意是有价的，但往往被认为是无价的，是不需要成本的。创意好像空气，虚幻无形，手抓不到，眼看不到，是不应该开价的。创意只是附带的，是实物的附从，而制作和材料才是有价的，是实实在在的，是无可厚非的。

　　这种想法是对无形资产、对知识产权的一种藐视和亵渎。

　　成语"量金买赋"有助于我们加深对于无形资产的认识。故事说的是，西汉时，汉武帝的陈皇后因为婚后十年没有生育儿子而失宠，被打入长门宫，终日"愁闷悲思"。后来听说蜀郡成都有位司马相如，天下人都知道他善于作文，于是就奉上黄金百斤（一千两），并为他夫妇取酒，请他写文。司马相如于是写成了悲愁之辞《长门赋》。汉武帝看了之后，很受感动，为之醒悟，重新亲宠了陈皇后。这段故事，生动告诉我们创意的能量和创意的有价。

　　对品牌而言，创意是生命，创意是活力。某种程度，创意也是灵魂。创意似乎无形，但这无形是融入于有形之中的。创意似乎虚幻，但这虚幻是升华于实体之内的。没有创意的品牌，不仅不能打动人心，而且好比行尸走肉，是僵尸，是傀儡。正因为这样，创意应该是无价的，是不可估量的；创意又是有价的，可以有高价，更可以有天价。创意无价又有价。

　　据说，小米最新的那个小小的红色标志 mi，花了 250 万元。

百事可乐的标志最初酷似可口可乐，2008年请广告公司重新设计一个"笑脸"，花了100万美元。英国广播公司BBC的标志就是三个黑色小方块内的BBC字母，花了180万美元。万事达信用卡标志红圆＋橙圆，付费600万美元。最离谱的是英国石油公司标志，犹如小学生用万花尺画出来的圈圈，花费竟高达2.1亿美元。所有的创意应该都是有价的。

当然也有捡漏，捡到便宜货的。比如耐克标志简化为一个对勾，只花了35美元，是向一位设计学院的学生买来的。苹果标志没有花钱，是由一位创始人设计的；而在1977年苹果公司又找来一位设计师重新设计，一开始是一个苹果形状的黑白剪影，被乔布斯一口否定："谁知道这是樱桃还是苹果"，于是把苹果logo改成彩色的，还被咬了一口，这是花了钱的。

以上这些，只是一个方面，说明创意的重要和有价。另一方面，还须指出并非任何创意在任何情况下都是有效的、有价的。这里有个"适用原则"。行得通，才有价；行不通，则无价。符合实际，是宝贝；不符实际，是垃圾。被人接受，价值连城；不被接受，分文不值。

因此，品牌创意既要新，又要行。实践中经常碰到三对矛盾：可想性与可行性冲突；样品与商品冲突；创意构思与生产流程冲突。

想，可以天马行空；做，必定受制于社会认同。丑媳妇总要见公婆。公众不认可就难以生存。

做一两件样品，可以耗时费力，惟妙惟肖；但做商品就得标准化、通用化、系列化。

构思，可以高精度、高难度；但是一旦投入生产，就得接受工艺、技术、材料的制约。

很多时候，难以判断哪一边出了问题，究竟是创意出了问题，还是生产出了问题，让人左右为难。权衡的尺度就是：投入产出比、时间时效比。尤其是期望效益之比，近期投入与远期产出之比。如果权衡的结论是合理的、值得进入大生产的，就要有"舍不得孩子套不住狼"的气概。

出色的好创意一般会得到响应、认同、接纳、传播。但是也不一定。于是，就需要品牌去沟通、去诠释、去营销。没有得到社会公众接纳和应用的创意，仍然只是纸上谈兵。

有时候，好创意难于推进，还需要从理念、体制和机制上查找原因，从根子上消除不必要的障碍。"功夫熊猫"正式公映，主角阿宝究竟是中国人还是美国人，国宝熊猫为什么不能成为中国人的创意。"花木兰"接着上演，明明是咱中国人的巾帼英雄，怎么又成了美国电影的主角。泱泱中国从来不缺创意元素，缺的只是促进创意的机制、氛围和力度。中国有的是设计师，也不乏上佳之作。但设计师拿出的只是作品，而不是商品。价值大打折扣或者不被认可，正是因为缺了一个中间必不可少的环节：中介，营销。而境外大牌设计师都有代理人或经纪人，懂包装，懂经销，设计师不必亲身上阵，也不必到处求人。

品牌创意的理想境界应该是："想得妙，做得到，用得好，传得广。"让我们大家一起为之努力，努力，再努力。

069 滥竽充数

滥竽充数的故事发生在战国时候，齐宣王喜欢音乐，尤其是喜欢听竽乐合奏，乐队必定多达三百人。有个南郭先生本不会吹竽，却冒充吹竽高手，加入了吹竽行列。当竽乐齐奏时，这位南郭先生就混在乐队之中，装模作样，前俯后仰，仿佛吹得十分卖力，其实一点声音也没有。因为造假逼真，居然也享受高薪美食，一混就是多年。后来，齐宣王死了，齐湣王继位，他也喜欢音乐，不过不爱听合奏，只爱听独奏。这样，南郭先生就混不下去了，只得悄悄溜走了。

滥竽充数，常用来比喻社会生活中的以次充好，以滥充真。

滥竽充数为什么可以成立，得逞于一时？恐怕主要有三个条件：主有所好，人多水混，装模作样。这三样，缺一不可。

如果不是主政者有爱听齐奏的偏好，弄虚作假者就不可能混入其中；如果不是因为齐奏者多达300人，一两个作假的，怎么会不被识破；如果作假者不是摇头晃脑，模仿得惟妙惟肖，恐怕也早就露出破绽。也或许，滥竽者早已得到某种默许，被开了"后门"，因为主上只求场面盛大，虚荣一时，管他是真是假，那也说不准的。

唐代张志和在《和渔夫词》中说："风搅长空浪搅风，鱼龙混杂一川中。"意思是说，风急浪混才可能鱼龙混杂。"水至清则无鱼。"由此联想，若要铲除假货，先要铲除利于造假的环境和条件。如果没了假货的生存土壤，也就没了假货。假货总得依赖杂土而生，仗着混水而长，即使当下有所谓"无土栽培"，那也要有各种各样的营养液予以滋补。斩草须除根，打假须铲土。如果土是优质的，水是清澈的，假货就没了滋生、成长，乃至成气候的可能。就如同后继的那位君王，不喜齐奏，只喜独奏；不喜场面，只喜悦耳，一个个过堂，一个个表演，那就没了作假之土、混杂之水，也就作不得假了。

联想当下，弄虚作假，假冒伪劣，远远并未绝迹。铲除作假之土，远远比铲除假货更为重要。依我体会，铲土至少应该把握五条：

醒神。提高公众的鉴赏能力和鉴别能力，改进公众的欣赏习惯和审美习惯，增进公众的自我保护和维权意识。应从价格至上转变至品质至上、品味至上；从追求所谓的"价廉物美"提升到"物有所值"、质价齐升；从"得过且过"的生活态度转变到一丝不苟的严谨和尊严。同时，公示正牌正品的防伪标志和鉴别细节，让公众掌控识别标准和辨别方法。

清土。不求表面繁荣，只求一方净土。无论线下还是线上，都要建立市场准入机制和验收机制，逐个查验核实，假冒伪劣者不得入内。无论哪一种展示销售平台，都要设置"照妖镜"，负责"验明正身"；同时提高入市门槛，"非正莫入"。无论哪一种营销模式都应提高清假与查假的职责，设立溯源机制和追责机制；你若不筛假、不除假、不打假，那么，社会和公众就给你应有惩处。

织网。建立广泛而有效的社会监督机制，编织打假的天罗地网，形成"老鼠过街人人喊打"的人民战争。社会监督至少包含四

个层面：政府、公众、媒体、同行。从多侧面多层次多角度进行广泛监督，鼓励并奖励公众举报。决不可"事不关己，高高挂起"，犯自由主义的错误。

重拳。一旦发现造假做假或纵假漏假，必定查明实情，严肃处理。如同眼里容不得半粒砂子那样，区分情况，予以不同惩处。不论名气多大，背景多深，后台多硬，该重罚还得重罚，该严惩还得严惩，不予故息。造成不容假、不作假的大气候大环境。

自律。这是铲除假土的根本。牢固树立"用户至上，诚信为本"的基本理念。若是人人自觉，对社会公众对衣食父母抱有敬畏之心，就不会有假货滋生。自律应该是全面自律，包括行业自律、企业自律和个人自律。个人不自律，由企业管；企业不自律，由行业管；行业不自律，由政府和公众管。由不得你不自律。人人自律，才会有正气抬头，歪风扫地；才会有真正的昌明和繁荣。否则，一切皆是假象。

沐猴而冠

　　沐猴而冠，是个典故。说的是秦末群雄起义，西楚霸王项羽占领了汉中，有韩生献计说："关中地形险要，有山河保障，土地肥饶，可以建立霸业。"可是项羽见秦朝的宫室已经烧残，破败不堪，心里又想着东归，回到故乡，就说道："高贵而不归故乡，就好像穿着锦绣衣服夜间行走，谁能知道。"于是，韩生在背地里就说："人们都说楚人是沐猴戴帽子，果然如此"，项羽闻知此话，勃然大怒，就把韩生杀了。

　　沐猴而冠，此处的沐猴指猕猴，冠指帽子。连起来解读，猕猴虽然戴上帽子，装成人样，却依然是猕猴，猴性并没有改变。

　　后人以这个典故，形容有些人只追求表面一套，不注重修养，没有真本领。或者指有的人自以为是，浮夸不实，不能成就大事。

　　历朝历代许多名家名流为此作诗作词，以为警鉴。比如唐代李白有诗云："沐猴而冠不足言，身骑土牛滞东鲁。"宋代苏轼有诗云："强名太守古徐州，忘归不如楚沐猴。"金代元好问有诗云："韩生已死言犹在，千载令人笑沐猴。"明代袁宏道有诗云："一字懒操鹦鹉赋，十年空戴沐猴冠。"

　　猴子不是人。即使洗得干干净净，穿得像模像样，仍然不是

人。如果不是通过劳动进化，脱胎换骨，洗心革面，猴子依旧还是猴子。

品牌也一样，不能沐猴而冠。不能只求表面工夫，而不求苦练内功；不能只求口号的完美、广告的逗人、营销的花巧，而不求内容的实在、品质的确保、细节的周全、服务的周详。当然，也不可只求一时的高光，而不求持久的努力、彻底的改造。如果只是戴上一顶高帽子，又有什么用。仍旧还是那个玩世不恭的猴子。

比如，"三只松鼠"曾经是零食市场的"一哥"，主张轻资产运作，发展奇快，还实现了公司上市。名字够花俏，运作也新奇，可是，对于各个代工点的管控却并不那么严密细致。结果，不断有质量事故冒出，先是有小虫子，有虫卵，接着又是发现霉菌和致癌物质。招来无数投诉。"三只松鼠"简直成了三只过街老鼠。升得快，跌得也快。爬得高，跌得也惨。

沐猴而冠，归根结底是不肯接受或者逃避从头到脚、从里到外的彻底改造。毕竟，表面文章容易做到，也容易见到，容易成为外界识别，成为业绩标志，而培育并坚持正确的核心价值观，不是那么容易。

伟人历来反对只看表面而不重实际的形式主义。

换衣服容易，换脑子不易；洗身子容易，洗思想不易。即使洗澡穿衣只是个程序，如果不认真，也会走过场。

所以，品牌需要经常照照镜子，自己是人还是猴？需要经常考考灵魂，自己是进化了还是没有进化？

脱胎换骨，绝非易事，而是痛苦难当，甚至是痛不欲生。《追鱼》中的鲤鱼精，坚贞追求爱情，宁可承受刮去全身鱼鳞之剧痛，也要变成真正女人。这是彻心彻肺的痛，满地打滚，生死瞬间。没有如此重大的牺牲，怎么会有爱情的圆满和人间的真美。

　　品牌若要成为名副其实的品牌，何尝不是如此。

月 怀 一 鸡

一个成功的品牌，必定有自觉而强大的自我调整能力和纠错能力。这是品牌不断进步的动力和希望。

知错必改，改错必速，改错必彻。既是做人做事的美德，也是品牌为牌的美德。

但是，也有另外一种逻辑，叫做大错小改，急错慢改。这就是所谓的"月怀一鸡"。

月怀一鸡，出自《孟子·滕文公下》，说的是，有个小偷每天从邻居家偷鸡。有人就劝他说："这不是君子的道德行为。"不料，小偷却说："既如此，那我就减少这种行为吧，以后就每个月偷一只鸡，等到明年就不偷了。"既然已经知道不对，就应该马上改正，为什么还要等到明年呢？故事很有点讽刺意义。但是，现实生活中确实存在各式各样的月怀一鸡。

有错不改，应该予以谴责和批判。有错小改或者慢改，也不可取。小改慢改，实际上没改，也没真心改，最终还是改不了。就好比戒烟，慢慢戒，从每天一包变为每天一枝，实际上坚持不了几天，结果还是死灰复燃。也好比刀切莲藕，似乎断了，其实藕断丝连，并没有断。

所以知错必改，必须痛下决心。闭上眼，咬紧牙，铆足劲，快刀斩乱麻。只有坚决彻底，才能断得爽快。不坚决，稍故息，就断不了。

知错必改，怎样才会坚决？取决于改错自觉。深知错的危害，深恶痛绝。

恶，不分大小快慢。大恶是恶，小恶也是恶。不以善小而不为，不以恶小而为之。小恶随时会转化成大恶。如韩非子所说"千丈之堤，溃于蚁穴；百尺之室，突隙烟焚"。所以，除恶务早，除恶务净。

对于品牌而言，改错的坚决和彻底，来自于品牌立场和品牌宗旨的坚决。一个品牌只要有坚定正确的信仰，就会嫉恶如仇，必欲除之而后快。

为了随时修正错误或过失，一个自觉的品牌可能需要建立三种机制：反省机制、纠错机制和监督机制。反省，是为了及早发现；纠错，是为了坚决修正；监督，是为了防止阳奉阴违，小改不彻，变通走板。而任何有效的机制最终还是出于自觉、依靠自觉。没有自觉，一切机制形同虚设。

据说，棋手下围棋，大多数时间并不是用在与对手搏杀，而是用在复盘上。复盘的过程，就是为了发现错在哪里，为什么会错，并作为教训在今后的比赛中予以避免。同时，也会发现成功的因素，并在今后的赛事中予以应用和放大。

品牌也需要经常复盘，分析成败得失中的经验与教训，从而使今后的路走得更加顺畅一些。不肯正视过错，甚至还固执过错，不予改正，那就没有明天，没有未来。

今天我们正处在一个改革和创新的新时代。改革和创新最好不犯错。但是既然要走前人没有走过的路，难免要摸着石头过河，难免要大胆试错，也就难免会犯错。犯错是试错的代价。试错又纠

错，才会有进步。希望就是在不断试错和不断纠错之中交替出现。

纠错，当然越早越好，不应错失时机。及时纠错，可以避免过大损失。不及时纠错，则错误会发酵，会蔓延，甚至一败涂地，不可收拾。从这个角度去看，如果知错而不改，那么就与死不悔改没有多大的实质区别。

马未都先生说得好：没有人一生中的每一步都是迈对的，只不过我下一步把我迈错的这个纠正过来而已。一个人能在这个社会上成功，就是他的纠错能力比别人强。

每个人都是在犯错与纠错之中成长的。犯了错误并不可怕，可怕的是不知道错了，或者知道错了却错误地面对错误。

为了成功，为了今天，也为了明天，品牌千万不可月怀一鸡，故息养奸。

商 鞅 立 木

商鞅立木，几千年来一直被传颂。说的是，战国时的秦国国都，商鞅变法之初，生怕民众不信任新法，就放了一根高三丈的大木头在南门城墙下，贴出告示说：如果有人将这根木头搬到北门就赏十金。但民众疑惑，没人肯搬。于是，商鞅就加赏金，一直加到五十金，终于有一位壮士把木头搬到北门。商鞅当众兑现承诺，赏他五十金。此举赢得了民众对商鞅的信任，新法才得以公布并推行。

商鞅立木就是立信，立商鞅变法的信用。后来，太子触犯了新法，商鞅也果断执法，予以相应惩处。王公贵族与平民百姓一样都得守法，一视同仁。

今天，我们暂且不去讨论商鞅变法的是非得失和功过成败，只去探讨商鞅立木对于品牌树立信任有什么实际意义。

众所周知，品牌是承诺和信任的结晶。立牌就是立信。没有信任，就没有品牌。信任对于品牌生死攸关，至关重要。

信任，有多种。以我的粗浅见识，信任至少有三大类：理念信任、愿景信任、实证信任。

理论只要足够透彻，就能说服人，从而建立信任。就有了"砍头不要紧，只要主义真"的坚定。

愿景只要足够动人，也可以让人向往，建立信任。就有了"不在乎遥远，只在乎兑现"的追求。

相比较理念信任和愿景信任，实证信任似乎更为直接，更为直观，也更为快速。所谓"耳听为虚，眼见为实""讲到不如做到，听到不如得到"。

信任之路千万条，实证信任太重要。水中捞月，镜中看花，都是幻象。有时奇遇，生怕是梦境，就会掐一下自己。为什么？因为实际感受切肤之痛，才会让人相信是真的、真实的。由实证建立的信任可以收到立竿见影的效果。

因为实证，真凭实据，铁证如山，对于大多数普通人群来说，就是建立信任的基础，走向信任的开端。"灵不灵，当场试验""真金不怕火来烧"，都是对于实证信任的描述。因为实证，可以有效破解各种各样阻挡信任的心理障碍。

事实上，理念信任、愿景信任和实证信任是相辅相成的。正因为协同发挥作用，信任才更深厚，才更加不可动摇。伟人的很多思想，一开始并不为大多数人所认同。但是，经过无数实践，甚至经过生与死的教训、血与火的考验，证明是正确的，是行之有效的，于是就被越来越多的人所认同、所拥护。

实证信任，一般而言，应该有"五得"：看得见，摸得着，拿得到，传得开，记得住。就如同商鞅立木。具体而论，实证有种种。证人证言，是一种；真实表演，是一种；互动体验，是一种；试吃试用，是一种；如此等等。

而高级一点的实证信任还应该"三有"：有故事，有剧情，有惊奇，从而产生印象深刻、震撼人心的效果。

比如诞生于 1912 年的西铁城手表就是炒做事件的高手。1956年，西铁城进军澳洲市场，曾经高调宣布在某天某时某地将从直升飞机上扔下手表，谁捡到归谁。一下子吸引了广泛注意，快速得到市场认可。1963 年，西铁城又在众多媒体见证下，把一些手表放进玻璃瓶，顺着洋流漂往美国；几年后人们果然在美国海岸边捡到这些漂流瓶，而瓶里的手表都在正常运行。1986 年，西铁城又在众多媒体见证下，把一批防水系列手表不加任何防护，直沉深海；一年后又在大家见证下捞出来，虽然表带破烂，表壳腐蚀，而手表仍然运行正常。正是一次次实证，让西铁城建立并维护了公众信任。

其实，实证信任，更可贵的是日常表现。一点一滴见真情，潜移默化融人心。这种实证信任，更容易感动人，也更容易形成口碑。

我曾经在澳门的一家"上海点心店"品尝家乡风味小食，诸如油条、小笼馒头、粢饭糕等。因为好吃，连连赞许，临走时却把钱包遗留在座位上而没有知觉。走出店门一段路，忽然身后刮来一阵风。回头一看，原来是店员追来："先生，你的包。"我连声道谢，由此增进了对这家小店的好感和信任。

我还见过一些饭店，在进门的墙壁上不厌其烦地张贴一些广告，不是宣传菜式的特色，而是介绍菜式的用料和配比；介绍食材供应商和进货渠道；公布服务员和大厨的体检证明；……开诚布公，以此与顾客建立信任。

更有一些名店名厂，以透明的开窗或敞亮的参观走廊，公开厨房的卫生环境和烹饪过程，或者生产线的加工情景，让公众一目了

然，了解实情，增进信任。

世界上所有的惊喜和成就都来自信任。只要有了信任，品牌的事就好办多了。

第五编

竞争之策

谋略

策略

技巧

073

相生相克（上）

中国古文化认为，构成世界有五大元素，金、木、水、火、土，也称之为五行。五行相互作用，形成世间万物。世界万物，无不遵守着相生相克之道。孤阴不生，孤阳不长。有雌必有雄，有阴必有阳，有日必有月，有水必有火，如此等等。

品牌也是结伴而来。汽水业有可乐与百事，快餐业有麦当劳与肯德基，乳品业有蒙牛与伊利，自行车有永久与凤凰，手表有上海与海鸥，飞机有波音与空客，等等。竞争如果没有对手，品牌如果不是结对而行，反而令人生疑。

据我所知，百事可乐每开辟一个新市场，总要顺口问一下：可口可乐来了没有？为什么来？为什么不来？是什么原因？是否需要作一番新的考量？如果某个市场可口可乐不去，百事可乐必是疑窦丛生，反复掂量。

为什么品牌竞争常常结对而行？

皆因品牌有一个共同点：既逐香，又逐臭。香，乃人香；臭，乃铜臭。哪里有人群有人流，哪里有消费，哪里有购买力，哪里就有市场，哪里就有机会，哪里就有利可图，哪里就必须到达。与此同时，哪里就必然有矛盾，有竞争，有斗争。这才是正常现象。真所谓"英雄所见略同"。

品牌结对而行，客观上，由竞争规律决定，群雄蜂起，必有几

家冒尖领先，并且互不相让，此伏彼起，不分出个高低优劣，决不罢手。主观上，则是因为有个旗鼓相当、势均力敌的竞争对手，实在太重要。

对手是镜面。随时可以对照，随时可以反省，看到问题、看到不足，为改进与提高提供借鉴。

对手是动力。正视对手，陡增压力，激励自己，鞭策自己，逼迫自己不断进步提高，增进实力，把握主动。

对手是老师。无论经验还是教训，都是前车之鉴，都是教科书。你压我一头，我高你一手。只要不服输，最终双双提高水准。

尤其是因为有了对手，品牌就多了一份清醒，多了一份警觉，多了一份斗志，多了一份智慧，不会再为点滴进步而沾沾自喜，也不为小有成就而固步自封。"沧海横流，方显出英雄本色。"

敌在我在，敌去我亡。如果没有对手就可能麻痹，就可能松弛，就可能懈怠。因此，即使没有对手，也要给自己造一个假想敌，时时警示，常备不懈，创新不已，前进不止。

品牌竞争并不一定都是悲剧，尸横遍野，血流成河；也可以是喜剧、是正剧，来一个竞争共赢，皆大欢喜。"不是冤家不聚头"，竞争对手就是欢喜冤家。打打闹闹，相生相长；斗而不破，越斗越旺。

正因为如此，才会有美食一条街、服装一座城、小商品一世界，等等。还有皮鞋、皮装、玩具、时装、珠宝、化妆品……也都是成堆而聚、成堆而斗、成堆而长、成堆而旺。你烘托我，我抬高你，成了命运共同体。正因为相生相长，所以竞争才从低端走向高端，品类才从单一走向丰富精彩，生活才得到日益进步和满足。

从哲学角度看，一对又一对的矛盾，其解决方法并无一定之格、一定之规，而其结局更是多种多样，千变万化。你死我活是一种，同归于尽是一种，取而代之是一种，蜕变新生是一种。更可以和平竞争，和平共处，相生相长，相安无事，各得其所。甚至还可以化敌为友，化干戈为玉帛。而形成多种结局的必备条件是，品牌必须自己有足够的强大和坚实。

百年老牌李锦记曾经告诉我一个案例：马来西亚一直是李锦记的传统市场，可是 20 世纪 90 年代初，忽然变得滞销起来，当地很多经销商不再像以前那样积极进货，引起了李锦记的警觉。经调查，原来当地有人采取不正当竞争手段，打着李锦记商标大量产销冒牌货。经过持续几年旷日持久的官司，最后法院宣判李锦记胜诉，并责令生产冒牌的厂商以及经销冒牌的 18 家超市必须予以赔偿。此时，李锦记的当家人体现了很强的品牌智慧和气魄，公开宣布，不要 18 家超市赔偿。如果一定要赔偿，就作为帮助李锦记开拓市场的费用。结果这 18 家超市大为感动，纷纷表示愿意诚心诚意为李锦记效力。从此以后，李锦记在马来西亚市场增添了一批得力伙伴，发展更为迅猛可观，业绩喜人。化敌为友的结局，是帮助李锦记雄霸一方天下。

由此，更加体会相生相克、结对而行是一种品牌大智慧。实在应该细细品味，并在实战中予以灵活应用，发扬光大。

074

相生相克（中）

五行相生，说的是金生水、水生木、木生火、火生土、土生金。五行之间存在着一定的内在联系和逻辑关系。同样，世上万事万物、相生相长，也有着铁定的顺序和不可逆转的规律，存在着相生相长的能量转换和动力借助。

若是水不够，就要借金；木不够，就要借水；火不够，就要借木；土不够，就要借火；金不够，就要借土。五行相生相借，为的是弥补自身不足。借，几乎是一种常态。正是借，造就了力量和完美。

品牌也如此。品牌之初，不可能十全十美，必有各样不足；即使有所成长，也不可能完美无缺。不是缺水，便是缺金，或是缺其他什么元素。缺，几乎经常发生。借，也必然经常有求。

相生相借，除了弥补自身不足之外，更可以借力发力，达到原本难以达成的目标，加快成长或者前进的步伐。光是埋头蛮干怎么行？光是左冲右突怎么行？还须巧干妙干，以四两而拨千斤。

回到现实世界，借力发力，力来自多方，借也有多样，用也是范围各异，发也是各有巧妙不同，各有效果不同。

借景生境。这是对环境的借用。真所谓"地绿利招商，路通易致富，水清宜适居，天蓝引百鸟"。无锡的锡惠公园，园子不大，因为借了远处锡山惠山之景，居然觉着宽敞无比，秀丽倍加。上海张江开发区之初，本金不多，生地大片，竟先动手修了设施齐全的灯光网球场。"观一斑而窥全豹"，让外商看到了前景，看到了坚定，看到了信心，项目和资金纷至沓来。

借花献佛。这是对人脉的借用。鲜花本来在别人手里，借来一用，同样可以敬献佛祖。这就是人脉的力量。人脉建立在意气相投、诚信靠谱、互相仰慕、互助互利、合作共赢的基础之上。如果权钱交易，或者坑蒙拐骗，那就走偏了，走到邪路上去。

借梯登天。这是对政策的借用。政策既是对产业方向、产业前景的导向，也是对产业发展、产业成长的赋能。当然要细细读、静静品、紧紧靠、好好用，千万不可让大好政策白白放空，千万不可辜负政策制订者的一番良苦用心！

借锣开道。这是对舆论的借用。舆论，是无冕之王，也是隐形杀手。若要用得好，先要自己做得好。方能有根有据，理由气壮，呼风唤雨，兴风作浪，造势壮气。借用舆论还有一种，就是借用社会共识。要与共识顺着走，而不是拧着干。这样，也利于事半功倍，借力行运。

借船出海。这是对资源的借用。双鹿品牌休眠复苏之初，要人没人，要线没线，全部是借来的，连品牌都是借用的。借用的好处是轻资产运作，主要精力集中在产品研发和市场营销。一旦羽翼丰满，立即可以变借用为收购，变他物为产权。打的是时间差，何乐而不为。

借力发力，遵循的是五行之间的内在联系和潜在规律。

有的是天然之作。比如家具与家纺搭配合作，互相借力发力，共同为现代家居制造种种温馨舒适和方便。

有的须慧眼识珠，看明白其中的相互关联。

有的须敢作敢为。比如负债经营敢不敢，运用杠杆敢不敢，长期投入短期不产出敢不敢，等等。

有的须小心翼翼。比如政策非常珍贵，来之不易，须循规蹈矩，紧紧把握，小心使用。比如友好合作伙伴关系，也相当珍贵，须用心维护，不出差错。

借有道，还有信。借力发力还须谨记两条：

一是相生相长，要顺着来，而不可逆着行。千万不可顶风作案，与潮流顶风，与大势顶风，与政策顶风。若顶风，那真是自寻死路，自投罗网，自取灭亡。

二是有借有还，再借不难。知恩图报，回馈社会。借，总是一时的。借而生力，应该生自力更生之力，这才是长久的。借力成长不忘借力之人，甚至可能成倍回报，才会心安理得，再借也不难。

发展中的品牌，只要生之有道，借之有法，必然行之畅顺，行之甚远。

075

相生相克（下）

万物既相生，也相克。好比卤水点豆腐，一物降一物。又好比孙大圣下龙宫，一招接一招。

品牌竞争，办法很重要，策略要巧妙，要懂得相生相克的关系，运用相生相克的方法。竞争不是死顶硬扛，而是智慧行事。竞争不是千篇一律，千病一方，而是对症下药，对穴下针。竞争不是鲁莽上阵，蛮力抵抗，而是水来土掩，兵来将挡。只要方法对头，就可以一物降一物，用较小代价取得较大成果。

万物相克，说的是金克木，木克土，土克水，水克火，火克金。这是一种内在的逻辑关系，是一种相克的排列顺序。一般而言，应该顺着来，而不可逆着行。弄顺了，事半功倍。弄反了，事倍功半，甚至劳而无功，适得其反。

万物相克在实战中如何运用，全在于吃透其中的逻辑关系，懂得其中的相克奥妙，具体情况，具体分析，具体把握。

比如，常说品牌诉求和品牌推广应该面向目标受众。其实目标受众是可分的，分成消费者和决策者。有时候两者是同一个人，有时候又是不同的人。于是，广告既要面对直接消费者，更要面对间接消费者，亦即消费决策者。间接消费者才是最终拍板者，决定消费的取舍，购买的成否，起到一锤定音的作用。

于是，儿童用品就要说服爷爷或奶奶；妇女用品就要争取老

公；学生用品就要赢得家长和老师；老人用品就用动员子孙和后辈；如此等等。

粗看起来这些人并不是最终消费者，可是他们是决策者，是掏钱包的人。只要把他们说服了，就可以通过他们再去说服使用者，这也算得上是"一物降一物"了。

常说品牌竞争取胜之道是"你无我有，你有我先，你先我优"。这是另一种"一物降一物"。有胜无，先胜后，优胜劣，早已成为社会常识，但又远远不止这几点。

更有"快胜慢"：快鱼胜慢鱼，先手胜后手。"先到头道羹，后到吃剩汤"。

还有"灵胜呆"：灵动胜过迟钝，应时胜过老套。如果不懂得审时度势，灵活应变，那必定是被动挨打。

也有"便胜烦"：便捷胜麻烦，简单胜烦琐。如果购买或消费中，程序复杂，手续繁多，那必定被顾客拒之于千里之外。

再有"真胜假"：真心胜假意，务实胜虚言。耐心待客，细致讲解，不厌其烦，参谋顾问，必定胜过冷若冰霜、阴阳怪气。

此外，还有"知胜昧"：知情胜闷包，体验胜硬销；"雅胜俗"：高雅胜俗套，文明胜蛮横；如此等等。

万物相克，一物降一物，随着时代进步，技术发展，创新迭代，亦非一成不变，也会反转。品牌应该审时度势，自主调节。

当下社会常常讲"网购胜实体"，因为方便简便轻便，送货上门。可是，如果网购做得不实在不地道，充斥假货劣品，那就神仙也救不了，那就宁可到实体店去，到生动展示、真实体验、充分比照的实体店里面，挑挑拣拣，随心所愿。实体店只要交通便、环境雅、设施齐、货品多、价格宜、礼遇好、趣味足、结算快，一样可以与网购比一比高低，形成"有趣胜无趣""体验胜闷包""综合胜单一"的新局面。这也是一物降一物。正所谓"你有你的招，我有我的招，一招对一招，看谁更高招"。

当下社会也常常讲"快递胜邮局"。这是因为快递可以预约下单，预约上门，预约接收货。不但时间好安排，而且送达效率高。既快又准，服务上佳。而邮局却有一点像旧时衙门，不仅态度生硬，效率低下，时效过慢，还常常错漏。两者立刻分出高低优劣。不过，同样快递公司，也参差不齐，这里又有比赛，比谁更贴心更细致更方便更准确。比如同样订购冷饮食品，有的认为距离近，简单保温即可，有的则相当细致，不但用定制的保温包，还外套泡沫塑料箱，内置干冰袋，保证不变形不变味不变色。这就是差距："周全胜马虎"，一物降一物。

万物相克，既有一定之法，又有可变之术，全在于深入体会，灵巧把握。你说妙不妙？

076

知 根 知 底

　　市场竞争，品牌竞争，讲究知己知彼，才可百战百胜。可是，知己知彼不能停留在表面，应该更深入了解对手，力求知根知底。

　　好友丁俊杰教授告诉我，西方有位哲学家说过这样的话：对一个行将与敌人作战的将军来说，知道敌人的力量固然重要，但更重要的是知道敌人的哲学。

　　这与中国成语的知根知底，可谓不谋而合。知根知底本意是讲，对友人相当了解熟悉，连他的来龙去脉和本领特长，也知道得清清楚楚。

　　而对于品牌来说，知根知底，就不仅仅是了解对手的出身、经历、教育、特长、业绩，以至祖传渊源、直系旁系、三亲九族，等等，更需要的是了解他的信仰、他的立场、他的哲学、他的思维方式、他的处事风格、他的应对逻辑、他的应变习惯、他的心态变化规律，等等。诸如生性多疑不易受骗、有所挫折便易退缩、敢于冲锋不讲策略、思考绵密出手细腻等，分别反映了不同对手的不同处事态度和特点。只有吃透对手的风格和逻辑，才可能抓住其弱点或者漏洞，给予致命一击；或者是避其锋芒，奇袭巧夺成功。

　　草船借箭为什么能成功？因为深知迷雾之中，敌方谨慎有余，小心过度，不敢靠近搏杀，只肯远距离射箭。因而可以诱敌上当，快船与草人照样可以引来敌方万箭齐发，借得箭矢数十万枝，满载而归。

鸿门宴为什么敢去？因为深知西楚霸王项羽虽似强悍好斗，内心却是好好先生，沽名钓誉，妇人之仁。因而刘邦乐得赴宴，有惊无险。好吃好喝之后，托辞远走，全身而退。

华容道为什么派关羽去把守？因为深知关羽重情重义，而从三国大局出发，既要杀曹操之势头，又不可杀曹操之肉身，于是由关羽把守最为妥当。貌似把关，却送人情，各得其所。

这些都是古时候的故事，却也说明了知根知底、应对有方的好处。

当今世界也是如此。可口可乐与百事可乐在上海乃至全中国激烈竞争，百事可乐曾经一度落于下风，于是就从加拿大调来3位得力干将，统领中国内地市场。可口可乐立即反应，迅速搜罗这3位的相关资料。不仅了解其出身和经历，而且了解其业绩和特长，尤其是分析其处事应对的思维方式。知道这些人是从最底层做起，甚至做过搬瓶工，实战能力特别强，等等。来龙去脉弄得一清二楚，然后选择有针对性策略。

知根知底为什么重要？因为提供了可借鉴的预测性。知晓对手必然会这样思考，必然会这样应对，必然会按这个轨迹行事。然后，对症下药，形成我方正确应对、走向成功的三个性：提前性、针对性、有效性。

不过，任何真理总有相对性，只是在一定环境、一定条件下才可能实现。虽然知根知底，还须结合其他情报，加以综合考量，才可避免犯经验主义的错误。

空城计，很有名。既是诸葛亮的成功，也是司马懿的失败。这两位是老对手啦，实在太了解对方。诸葛知道司马的思维逻辑，生

性多疑，举棋不定；而司马也知道诸葛的处事风格是小心谨慎，不会冒险。可是，偏偏这次出了意外，诸葛亮因为无兵可用，被逼用了空城计，假装镇静，城门大开，在城楼上弹琴。司马却因为习惯性思维，疑有埋伏而退了兵，其实是上了大当。

当然，现在也有学者考证说，像空城计这类雕虫小技，久经沙场、老奸巨猾的司马，岂会轻易上当。只不过，他深知时机没到，过早剿灭诸葛，反而会功高盖主，招来杀身之祸。为了宗族长远利益，所以，他将计就计，假装上当受骗，撤兵回朝，也算有了一个交代。但是，诸葛岂会不知道司马的这点小心思，也许正因为深知这一点，才会大胆启用空城计，戏弄司马一回。

由此可见，知根知底，既可能是一种启示，也可能是一种束缚。既可能是一种制约，也可能是一种反制。这应该是我们对于知根知底的哲学思考。

077

胸 有 成 竹

胸有成竹，是大家很熟悉的成语，里面有个动人的故事。宋代大画家文同，字与可，与大文学家苏东坡是表兄弟。这位文先生擅长画竹。首创了以深墨为面、淡墨为背的写意竹，开创了墨竹画派，对后世画坛的影响很是深远。殊不知，文先生取得画竹的如此成就是下了一番苦功的。为了画好竹子，他在房前屋后种了各种各样的竹子。无论春夏秋冬、阴晴风雨，他经常在竹林里观察竹子，记录下竹子在不同景况下的不同形态。一有灵感就动笔画下来。即使三伏天，烈日当头，地面发烫，汗流浃背，也不妨碍他仔细观竹。日积月累，竹的形象就深深印刻在他的脑子里。只要凝神提笔，竹子就浮现眼前。于是，他所画之竹，无不栩栩如生。苏东坡因此赞美他："故画竹，必先得成竹于胸中。"

胸有成竹，就是由此而来。一般用来比喻做事之前已经做好充分准备，对事情的成功很有把握。也用来比喻遇事不慌，十分沉着。

细细品味胸有成竹，至少包含了三层意思。一是观察细致，二是准备充分，三是勇于担当。这对于品牌建设是很有益的。

观察细致。胸有成竹，源自深入竹林，观察细致，精确把握。并且不怕日晒雨露，与竹为友，相知相识。它启示品牌：若要建树准确的市场攻略，必是深入民间、深入社会、深入观察的成果。现

在盛行大数据和云计算，但是，"纸上得来终觉浅"，即使数据再多，计算也快，也不可替代对于社会生活方方面面的亲身体验和亲身验证。这是不一样的两种信息：一个是面，一个是点；一个是间接，一个是真接；一个是外在的，一个是内在的；一个是无情的，一个是有情的。正是通过直接观察，切身体验，才能更深切、更真切地认识人和事，摸索规律，确认本质，把握真谛，精准对策。

准备充分。怎样才算充分，必是未竹已竹，未图已图，未果已果，了然在胸。思考是成熟的而不是稚嫩的，安排是周密的而不是草率的，方案是细致的而不是马虎的。因为观察仔细，作风扎实，功底深厚，所以准备细致周全，直至整体轮廓，每个细节，都清清楚楚。闭上眼睛，一幅实样就浮在眼前。事前对问题已有全面的考虑和解决办法，心中已有清晰主意，因而神态镇定，沉着自信。

责任担当。胸有成竹，是成竹，而不是幼竹，更不是嫩笋。成竹的特点是可以抗弯，也可以抗压，可以挑大梁，可以担责任。君不见，建筑工地上，穿天的脚手架；桥梁屋宇上，承重的柱和梁；竹篱竹具上，细密的连结交织。成竹像是顶天立地、收放自如的硬汉与好汉。

品牌若要成功，胸中成竹的这三项修行应该是缺一不可的。

可我更觉得，胸有成竹，不像是实务，更像是一种哲学，它阐述和表达的是辩证唯物主义的方法论。

胸有成竹，提倡的是一种科学态度。重生活，重实证。不停留也不满足于纸面、嘴边、耳旁。事必躬亲，身临一线，观察细致，了解透彻，知根知底，知全知细。亲口尝，反复品，深知其中真滋味。

胸有成竹，提倡的是一种预谋作风。凡事预则立，不预则废。

成竹是竹，成竹非竹。成竹在胸，其实就是蓝图，就是谋略，就是布局，就是预案。做足功夫，做出预谋，谋定而动，动必有果。实为处事行事的大前提，是一个基本条件和起码要求。

胸有成竹，提倡的是一种冷静风格。不鲁莽，不冲动，不轻信。每战必有备而来。轻易不出拳，出拳必求胜。不打无准备之仗，不打无把握之仗。尤其到陌生领域，到新辟市场，必是做足功夫。

即使是"陆战之神""散打专家"又如何，还不是一样要知己知彼，知天知地，才可能百战不殆。

最后，胸有成竹也是一种工作要求。工作宜细不宜粗，宜精不宜躁，宜全不宜偏。成竹在胸，才可能所向披靡，每战必胜。

078

避实就虚

品牌竞争，讲究制胜之道。避实就虚是其中一招。尤其是初生品牌，面对如林强手，就得避其锋芒，攻其软肋；保护自己，迎击对手。你打你的，我打我的。打得赢就打，打不赢就走。不断捕捉战机，积小胜为大胜。

避实就虚，出于《孙子·虚实》："夫兵形象水，水之行避高趋下，兵之形避实而击虚；水因地制流，兵因故制胜。故兵无常势，水无常形。能因敌变化取胜者谓之神。"《淮南子·要略》中亦说："避实就虚，若驱群羊，此所以言兵也。"一般解释是：打仗要避开敌人的主力，进攻其薄弱环节，才有利于取胜。

我的理解，避实就虚最大的好处是以较小的代价取得较大的胜绩。而避实就虚之所以成立，全在于虚与实的关联性。如果某个虚并不足以影响大局，抓住攻击仍无伤大雅，即使完胜，又有何意义。就虚，应该就牵动全局的虚，就危及生存的虚，就动摇军心瓦解斗志的虚。这样的虚才值得进攻，才会对全局有更显著更致命的成效。

避实就虚的好处，懂的人很多。如何求虚、如何就虚、虚在何处，就不一定人人知道、人人清楚。弄得不巧，求虚、就虚，却是一脚踢在铁板上，一头撞在南墙上，弄得头破血流，手断脚折。那就不是就虚，而是就实了。

虚，需要用心侦察，用心查找，用心捕捉。甚至还需要来一番由表及里、去粗存精、去伪存真的仔细分析。

我们都知道练功之人，身上会有一处命门或者死穴。有的在腋窝，有的在脚底，有的在颈部，有的在肛门，也有的在阴处。若想一击而中，就需要有各种试探，以便找对穴、下对手。

品牌对手也是如此，有不同的命门或死穴，有各种不同的虚处。并且因为怕人一击而中，又会有各种各样的掩饰手法，决不肯轻易暴露自己的弱点或短处。于是就需要我们去做各种试探和探究。

品牌对手的虚处，若以种类去分，有硬虚，也有软虚；有明虚，也有暗虚；有真虚，也有伪虚。如若实在找不到虚，那也要诱骗对手出错，让它犯虚，让它生虚，露出破绽，以便一击而中。

硬虚，是有形之虚。比如，对手的心很大，气很足，可是能力有所不达。或是市场，或是服务，或是技术，或是网络，或是产能，或是资本，或是债务，存在这样或那样的薄弱环节，这些就都可能成为我们去攻击的机会。以市场为例，一线二线很强，三线四线可能是空白；城市城镇很强，农村乡镇可能是软档；线下终端很强，线上网站平台可能是虚处。绝不是铁板一块，总可以找到一些可以乘虚而入的环节，找到扬我之长攻其之短的战机。

软虚，是无形之虚。诸如思路之虚、境界之虚、心理之虚、方略之虚、言词之虚，都属于软虚。任何一种软虚，都是软肋，都可为我所识、为我所擒、为我所攻。言过其词是一虚，急于求成是一虚，简单粗糙是一虚，自高自大是一虚，不求进取是一虚、毛躁急进是一虚，斗志松懈是一虚，不上心不设防不用功不用心等等，亦皆是虚。只要分析细，何处不见虚。

　　明虚，是看得见的虚。暗虚，是一时看不见的虚，是暂时掩盖着的虚，是尚未长成的虚，是未成气候的虚。这就需要透过现象看本质，透过行为看轨迹，透过端倪看趋势，透过言论看内心，如此等等。过去有句老话叫做"见貌辨色"。而中医诊断也有"望闻问切"之术。说的都是透过表象看出掩盖着的病症。如能抓住对手的暗虚，就会取得一定的提前量，就会争得更多的主动权。

　　真虚，是实在之虚。伪虚，是假象之虚，是伪装之虚，是故作破绽之虚，是设有陷阱之虚，是引人上钩之虚。这就需要善于识别真伪，防止上当，中人圈套。

　　如果实在无虚可乘、无隙可钻，那也不要紧，完全可以做些假动作，制造假象，让敌人犯错。诸如一面增兵，一面减灶；明修栈道，暗度陈仓；声东击西，望北朝南；如此等等，以引动对手的误判、误断、误对，露出破绽，为我所攻。

　　无论知虚识虚，还是造虚生虚，其目的都是为了就虚，为了攻虚。攻其一点，波及其余；牵一发而动全身；以四两之力破不败之体。

　　最后要说的是，任何制胜之策都有一定的适用范围。避实就虚，可能是长久之策，时时事事可以复制，一再演绎；也可能只是一定时期的一定之策，只是适用于势均力敌之时，或是品牌力量弱小之时。而一旦到了力量对比转换的那一刻，避实就虚就可能转变为避虚就实。虚部已不屑顾及，唯有攻其核心，攻其主力，才是首要之选，那就是决战了。以泰山压顶之势，横扫千军如卷席。

兵 贵 神 速

兵贵神速，源于《三国志·魏书·郭嘉传》。曹操在率军征战乌丸时，郭嘉进言道："兵贵神速。今千里袭人，辎重多，难以趋利，且彼闻之，必为备。不如留辎重，轻兵兼道以出，掩其不意。"曹操依计行事，部队轻装快速行军，果然出其不意，攻其不备，不仅乌丸的单于被杀，而且还赶走了躲藏在此的袁尚、袁熙两人，后来也被辽东太守孙康所杀。曹操的这次千里征战取得了完胜。这个典故证明了兵贵神速的有效性。正因为用兵神速，所以具有突击性和突然性，以至赢得胜利。

兵贵神速的全部意义在于，抢先机，拔头筹，占主动，出其不意，攻其不备。就像电影《南征北战》中，敌我双方争抢制高点，分秒定胜负，一战定乾坤。

市场如战场，用兵同样要兵贵神速。从营销的角度，一旦决策，就得执行快、推进快、布点快、传播快，让对手措手不及，被动挨打。从传播的角度看，一旦率先进入，就可获得"先入为主"、树立"第一印象"的先发优势，进而获取先发效益，啖得头道汤。争分夺秒争天下，好处多多。

然而，兵贵神速，知之者甚多，得之者甚少，而且往往求快反慢。为什么？因为拖后腿，横生枝节，横生羁绊。主要有五条原因。一是战略摇摆，举棋不定。二是准备不足，拖三拉四。三是程

序太多，流程太长，拖延时机。四是兵分多路，力量分散，不能一击制胜。五是辎重过多，拖泥带水，进展迟滞。如此种种，想快也快不了。

电视连续剧《风云年代》中有这样的情节：抗日战争胜利在望的 1944 年末，各方都看到中国东北战略地位的重要。共产党迅即组织实施，从山东调兵。把控重要港口烟台、青岛，大批民船渡海辽东，10 万大军迅即抵达东北，捷足先登，抢得先机。而国民党虽然有美国帮助，运力庞大，又有飞机，又有军舰，又有火车，又有汽车，但却思绪杂乱，牵制甚多。先是急于大量运送百万日俘日侨回国，同时又忙着整编军队急于瓜分利益，继尔内部派系明争暗斗不停，结果丧失先机，处于被动。

经验和教训告诉我们，怎样才能抢得先机的奥秘。兵贵神速首先取决于提纲挈领，把握要点，神智清醒，分清轻重缓急。明白什么是重点，什么是非重点；什么是当务之急，什么不是当务之急。从万千事态中抓住主要矛盾、主要目标、主要出击点。敢舍敢取，丢掉辎重，排除重负。只有认识清晰、认识坚定、认识统一，才有行动坚决、行动果断、行动快速。信息全，分析细，把握准，运筹帷幄。层次少，流程短，负重轻，逐鹿大地。目标明，力量齐，不分心，急事急办。曹操舍得留下大批辎重，换得轻装上阵急速前进。而今，品牌发展也应敢于舍弃各种牵绊，以换取重点目标的快速突破。

具体而言，为了抢得先机，就得痛下决心，排除干扰，集中目标，集中全力。至少应该具备"四个到位"：

一是理清线条，目标到位。不宜多项并进、多头指挥、多层指挥。集中于重点目标或主要目标，上层明确总负责，政出一门，令出一人，令行禁止。下层明确各自目标、任务、职责和进度节点、达标期限。避免各种指令互相碰撞冲突，让下属不知所从，不知所为。

二是简化流程，权责到位。围绕重点目标，既要集思广益，又要杜绝文山会海，杜绝层层请示和层层汇报。实施扁平管理，指令直达，清晰无误，效率倍增。责任和权限同步明确，便于迅速行动。

三是迅速集结，力量到位。围绕重点目标，须有打大仗打硬仗打胜仗的必要准备。调度和集中必要的人力物力财力，"集中优势兵力打歼灭战""伤其十指不如断其一指"。伟人的战争论思想完全可以应用到市场竞争之中。

四是破除常规，创新到位。围绕尽快达成重点目标，允许并鼓励各种创意创新，重视并鼓励来自第一线的首创精神，扶持并鼓励任何出其不意的怪招与奇招。勇于开拓，不怕试错。

机不可失，时不再来。兵贵神速，图的就是不失战机，快速突击，直取胜利。

080

欲速不达

在成语世界中，与"兵贵神速"齐名的，还有一句，叫做"欲速不达"，意思正相反。欲速不达出自《论语·子路》，其意思是，想求快速反而不能达到目的。更有趣的是，民间还有"慢工出细活"的说法，更让人摸不着头脑。其意思是，慢一点没关系，只要精细操作，慢慢琢磨，就会做出精美的好作品。这简直是在给慢唱赞歌。

忽儿要"神速"，忽儿要"慢工"，究竟是要快还是要慢。这是古人出尔反尔，自相矛盾，还是神仙打架，各有奥妙。真值得细细品味。

品牌事业中也有快与慢的争论。究竟是快一点好，还是慢一点好。现实世界中，强调快的往往容易得到肯定，并被认为积极进取；主张慢的往往受到指责，并被认为右倾保守。这里面涉及对待品牌进展的节奏、进度、过程的把控态度和把控准度。

快与慢，真的是一对矛盾。孰快孰慢才较为理想，经常会让人左右为难，捉摸不定，难以禅透。

一种最为直接的、最不会犯错的回答是：该快则快，该慢则慢。

那么，接下来，又一个问题产生了：何事该快，何事该慢？何时该快，何时该慢？我的体会是，具体情况具体分析，是否可以从四个方位来思考和把持快与慢。

品类。品类不同，快慢不同。比如烹饪，热炒要快，急火快翻，色香味形俱全；炖锅要慢，细火慢炖，糯软入味，香气绕鼻：快慢各相宜。品类不同、品性不同、风味不同，追求效果不同，用火自然不同，快慢也就不同。这就叫做因品制宜。

任务。任务不同，快慢不同。比如军队，用兵要快，要果断，该出手时就出手；养兵要慢，养兵千日才可用兵一时。十八般武艺精通，并非一日之功，那是日积月累才可百炼成钢。成长过程不可求快，不可急于求成、拔苗助长。这就叫做因事制宜。

环节。环节不同，快慢不同。进攻求快，准备求慢、求充分、求足够。应用求快，研发求慢、求成熟、求可靠，无后遗症。收割求快，培育求慢，精耕细作，精心料理。手术求快，康复求慢，伤筋动骨一百天。过程都是耐心积累，而出击则争分夺秒，这就是所谓厚积薄发。快或慢由环节或阶段的特性所决定。这就叫做因时制宜。

时机。时机不同，快慢不同。时机成熟，稍纵即逝，当断则断，来不得半点犹豫；时机不到，则耐心培育，积蓄力量，静候佳音。之所以欲速不达，就是因为时机不成熟或者条件不具备。夹生饭，半熟菜，粘牙饺，总不见得对胃口，添口彩吧。时机不到，不打无把握之仗，不打无准备之仗。这就叫做因机制宜。

文武之道，一张一弛。有张有弛，有紧有松，有快有慢，这才是辩证法。所以，战神林彪才会提出著名的"四快一慢"。这就是：准备要快，前进要快，扩张战果要快，追击要快，发动总攻要慢。慢，最后也是为了快，为了一举拿下。因此，准备求充分，检讨求细致，对策求全面，总攻求必胜。

　　股神巴菲特曾多次成为世界首富。人们请教他的股市心得，他竟归结为一个字：慢。并且还把慢解析为四个层次。第一层次是耐心。他一生并未做过太多投资，却常常在投资之前花费大量时间对投资目标进行调研，甚至历时几年。正因为每次都有充分准备，所以投资成功率很高。第二层次是做自己喜欢的工作，让自己更加投入，还能不断提高能力。第三层次做一只大笨象，每一步的脚印都踏实、实在、深刻，时刻保持理智，不冲动、不盲动。第四层次，渴望成功，有必要慢一点，把方向弄清楚，提高效率，而不是盲目勤奋。一个慢字，竟被分析得如此淋漓尽致。

　　人们期望快，快自然有快的好处。天下武功唯求快，兵贵神速，出其不意，攻其不备，大获全胜，躺着也借光，站着也分享。

　　慢，又如何。慢，不是一种被动，而是一种另类的主动。慢，就是调查研究，就是把控趋势，就是掌控方向，就是精心培育战机，就是努力创造成功条件。无论垂杆钓鱼，还是埋伏捕兽，都大有学问，都得有足够耐心。特别在快节奏、高爆光、人心浮躁的当代，更应该冷静理智，沉稳应对。心急吃不了热粥，也吃不了热豆腐。慢，不是等待，而是蕴育；慢，不是消极，而是积极。就好比十月怀胎，一朝分娩；呱呱落地，循序渐进，茁壮成长。

　　快中有慢，慢中有快。不信，可以试试。

081

远 交 近 攻

　　远交近攻，是《三十六计》中的一计。说的是结交远方的国家，进攻邻近的国家。这个想法是由战国时代秦国大臣范雎提出来的。秦国经过商鞅变法之后国力日盛，秦昭王开始图谋吞并六国。一开始，他打算越过韩国和魏国去远征齐国，因为他认为齐国是最大的对手。但是，范雎劝他道：齐国势力强大，地理又远，出兵少了难取胜，出兵多了又劳师动众；即使打赢了，也将难以管控。倒不如与齐国结盟，稳住它；先攻打身边相对弱小的韩国和魏国，就会越战越强；之后再攻打楚国；最后才攻打齐国，也就顺理成章。秦昭王采纳了范雎的意见。从此，远交近攻成为秦国统一六国的基本国策。

　　远交近攻与近交远攻，显然是不同的战略。过去，常听人说"兔子不吃窝边草"，这与远交近攻是不是有点矛盾。邻近周边究竟是烽火连天好呢，还是睦邻友好更妥当。

　　我想，范雎首创远交近攻，恐怕还是从实际出发，量力而行。这是一种逐层推进的战略，也是步步为营的战略，更是分化敌人减少阻力的战略。远交近攻，应该从实质上理解，总体上把握。

　　远交近攻的实质，是一种战略布局：总体部署，分步实施，由近及远，各个击破。正确处理好三对关系：战略与战术，长远与当前，结盟与交战。

从秦国的实践来看，并吞六国，一统天下，是他的战略目标，也是他的长远指向。但是在整个实施过程中，必须分轻重缓急，有结盟，有交战，区别对待，分而治之。事实证明，远交近攻，进展较顺，效果很好。

"一口吃不胖""一步难登天"，分步实施是远交近攻的要点。这与"不吃窝边草"，貌似不同，实质异曲同工。都是从战略企图出发，实施具体的策略行为和战术行为。该攻则攻，该交则交，该稳则稳，该急则急，灵活应对，收放自如，水无常势，并无一定之规。

至于为什么先近后远，也有其一定的道理。先打突出之敌，先打孤立之敌，先打冒进之敌，先打傲骄之敌，集中优势兵力打歼灭战。这与伟人思想几乎同出一辙。

远交近攻中的远与近，说到底，又是一种比喻。可以理解为实际距离的远与近，也可以理解为相互关系的远与近，还可以理解为品种品类的远与近，等级水平的远与近，产业分工的远与近，等等。对相近的攻，而对相远的交。对贴近的有威胁危害的攻，而对暂无威胁或危害的交。比如，对同类品牌攻，对异类品牌交，既有助于搏杀对手，脱颖而出；又便于跨界融合，博采众长。对同等级品牌攻，而对不同等级品牌交，既便于争取多数，孤立对手；又便于上下合作，拓展资源。对同区域品牌攻，而对不同区域品牌交，既便于围追堵截，称霸一方；又便于区域交流，合作共赢。

"同行是冤家，隔行是朋友"。在电商网络发展方面，阿里巴巴、京东、腾讯是对手，斗得不亦乐乎。可是它们与银行又是朋友，分别与工行、建行、中行联姻，跨界合作。在汽车领域，一汽、二汽、上汽是对手，互不相让，你追我赶。但是它们与芯片、玻璃、橡胶、皮件以及电池供应商却又分别结盟，以求稳定的合作和发展。

　　远交近攻，提供的是一种策略思路、一种分化之术、一种权宜之计。要害是区别对待，分化瓦解，逐层推进，分而治之；不让对手结盟，不让对手抱团；最终目标是独占鳌头。无论交还是攻，都必须服从品牌总体战略。交与攻，随着时间和境况，是会变换的，并非一成不变。正所谓"没有永久的朋友，也没有永远的敌人"。当然，也可以谈谈打打，边谈边打；交交攻攻，边交边攻。一切以总体战略的实现为转移。

　　远交近攻，提供了一种哲学思考。解决矛盾应该分层次、分阶段、分梯级、分先后。在矛盾诸多环节中，先挑易于攻击的环节，易于突破的环节，易于解决的环节，一点突破，逐层解决，从而取得事半功倍的成果。

082

釜底抽薪

　　釜底抽薪这个成语出自汉代董卓《上何进书》："臣闻扬汤止沸，莫若去薪。"釜，是古代的一种锅；薪，是木柴。釜底抽薪的意思就是，只要把木柴从锅底抽掉，就能熄火止沸。比喻只要从根本上入手，解决问题就干脆彻底。

　　对品牌而言，釜底抽薪也是竞争的一大杀招。借用成语抽薪灭火，就是在竞争中不必死顶硬扛，而是要善于寻找对手的弱点和漏洞，抽掉它的产业基础，否定它的立身之本，动摇它的经营理念，直击它的致命死穴。只要瞄得准，抽得净，根本不必去拼消耗，就可灭掉对手之火，还可避免"杀敌一千，自损八百"，既省力，又有效。很多时候，只是轻轻一击，抽掉薪火，就可以把对手弄得心慌意乱，手忙脚乱，不打自乱。从这个角度看，釜底抽薪实在是斗智斗勇的巧妙手段，克敌制胜的飞侠奇兵。

　　然而，事物没有绝对。由市场规律决定，品牌之间竞争往往无情，来而不往非礼也。釜底抽薪，既可为我所用，也可为敌所用。我可抓你的弱点和缺陷，你也可攻我的痛点和死穴。于是，既要对对手施以釜底抽薪，又要防范对手对我釜底抽薪。攻防转换是一种常态，釜底抽薪实在是一把双刃剑，既可杀敌，也可伤己。

　　因此，应用釜底抽薪这种策略，首先必然要求自己做得足够完美、严密、细致、规范，任何一个细节都不能马虎，不可成为别人对我釜底抽薪的对象；同时还要注意诉求实事求是，不可说满口话，不可说过头话，不可说虚话空话，不可让自己的过失成为别人对自己釜底抽薪的把柄。

有的教训往往令人难忘。我曾经对人实施过釜底抽薪，也遭遇过被人釜底抽薪。那还是 1998 年，我刚到香港工作不久，见到鸡粉市场行情好，于是参与其中。作为后起品牌，总想瞄准别人的弱点，战而胜之。我发现香港市场的鸡粉品牌虽强，市占率也高，可是毛病却不少，尤其是脂肪含量高达 8%，显然不利于健康。所以，我公司主打"低脂肪"鸡粉，广告口号是："让健康走进厨房。"显然，这是抽了对手的薪，将了对手的军。

果然，这个策略很成功，市场反应相当正面。一时间，"低脂肪"风头无二。

但是不久，就收到香港政府有关部门来函，要求我公司更改包装和广告，因为我公司产品说是"低脂肪"，却没有注明脂肪含量的百分比是多少，有了"虚而不实"的成分：必须在一个月内从广告和包装两方面同时更正，否则就得下架退市。香港历来奉行"小政府，大市场"，如无投诉，政府不会过问。这显然是对手将了我公司的军、抽了我公司的薪。

权衡之下，我公司随即应变，调整策略，终端方向从超市改为食肆，广告主题从"低脂肪"改为"新口味"，避开正面竞争，不再去抢别人饭碗，而是寻找和开辟新市场，在新方向上取得新进展。你打你的，我打我的，各打各的。就此，这场风波才黯然平息下来。

这件事对我公司印象深刻，也激起我公司的反思和检讨。

釜底抽薪这种策略，既可以用来攻击别人，也可能被别人用来

攻击我们，让我们的命题不成立，让我们的攻击化为无形，并且造成我方的忙乱和损失。

痛定思痛之后的及时调整和改弦易辙，虽然取得别样成功，却也让我们添了经验和教训。实战让我们明白：实施釜底抽薪策略，至少应该把握四个关键节点：

一，深知"釜"是什么。可能是某项战略，可能是某项策略，可能是某个战役或战术行为，在市场上更可能是一个商业活动、一个商业攻势。判断"釜"的厉害程度，以及是否值得采用釜底抽薪的策略。

二，明白"薪"在哪里。明的、暗的，都要懂得去识别与捕捉。"薪"可能表现为一个口号、一个行为、一个包装，甚至一个数据，等等。判断其是否具有"牵一发而动全身"的关键意义和决定性作用。

三，懂得如何"抽薪"。通过仔细观察和认真分析，捕捉漏洞，抓准接缝，识别虚实，动摇基础，坚决抽取，或是"攻其一点，波及其余"，或是"以其之矛，攻其之盾"，都不失为制胜的有效手段。

四，清楚如何防"抽"。"打铁还须自身硬"，对己方工作应该高标准严要求巧安排。预防因为细节不当而成为对手把柄。得意时也不应忘记补足底气。出击之前，先做好风险分析和防范，避免和有效控制对手的反杀。

如能切实做好上述四点，釜底抽薪才可能行得通、打得狠，一招致命。

狮子搏兔

　　狮子搏兔，全力以赴。这句成语很出名，应用得也很广，常常在一些纸面或者网络的小说里可以见到。

　　一些名人也早就说过相似的话。清代黄宗羲《〈称心寺志〉序》中说："沾沾卷石之菁华，一花之开落，与桑经郦注争长黄池，则是狮象搏兔，皆用全力尔。"茅盾在《谨严第一》中说："艺术巨匠的天禀，固非人人所能有，然而艺术巨匠的谨严，却是人人应当效法；狮子搏兔，亦用全力这一句成语，最足以说明艺术巨匠们之无往而不谨严，丝毫不肯随便。"

　　狮子和兔子，本来就不是一个质量级别，相差悬殊。狮子发怒，一个巴掌就可以拍死兔子。为什么狮子搏兔还要用全力，而且还要全力以赴，不留余地？这是为什么？

　　因为态度。对待任何事物都讲究一个态度，认真还是不认真，谨严还是不谨严。不论对手强弱，都得认真对待，仔细部署，全神贯注，全身心投入。决不允许开小差，心不在焉。伟人曾经说过，世界上怕就怕"认真"二字。不认真，再小的事情也会弄砸，再好的机会也会错过，再弱的猎物也会开溜，煮熟的鸭子也会飞走。一般而言，强敌当前容易警惕，弱敌面前容易松懈。而吃亏往往就吃亏在松懈。所以，即使对手是兔子，那也得全力以赴。全力以赴是医治麻痹大意的一帖良药。小事也要当大事去做。不认真对待，不

全力以赴，怎么行。

因为难度。任何一个对手都有值得尊重的地方，再弱小的敌人也会有它的绝招。兔子确实很弱小，可是也有它的特点，给狮子捕食带来麻烦。兔子听觉灵、视野广、奔跑快。不仅感应度、警觉度、灵敏度、速度一流，还有不少技巧。比如狡兔三窟、兔子蹬天、兔子再生，以及奔逃时频繁变向、闪转腾挪，等等。所以，有人会感慨：大目标，小目标，难易程度没大小；大事情，小事情，认真对待没区别。小有小的强处，大有大的弱点。不高度关注，不全力以赴，怎么行。

因为细度。大有大的复杂性，小有小的细致性。"治大国如烹小鲜"。小鲜，鲜就鲜在细致到家。讲究方法、讲究程序、讲究配方、讲究火候，缺一样都不行。疏忽往往就疏忽在简单粗糙，疏忽在程式颠倒，疏忽在自以为是。小而不当固然不好，大而不当也不见得好。市场竞争就是打仗，就是烹调，讲究的就是一个"细"字，任何一个细节都得编排妥帖、拿捏妥当，一点也不能错位，一点也不可马虎。否则，就会"一着错，招致满盘输"。不精心安排，不全力以赴，怎么行。

尤其到了生死相搏的关头，再弱小的对手都会竭力反击，都有可能反咬一口，什么阴招损招都会出手。为了避免"伤敌一千，自损八百"，为了避免疲于奔命，劳民伤财，为了避免东奔西扑、徒劳无功，就得全神贯注、全力投入。不全力以赴，怎么行。

伟人说过："在战略上要藐视敌人，在战术上要重视敌人。"这话实在太有道理了。决策时要深思熟虑，执行时，则要扎实仔细，一点也不能马虎。中国传统智慧一直强调：一只青蛙四两力，瘦死的骆驼比马大，杀鸡用牛刀，三只手指捏田螺等等，都反映了高度重视对手，全力以赴应战作战的理念。

品牌在市场上搏杀，当然得全力以赴。再小的战役也得精心策划，细致部署，也得捏紧拳头，全力以赴，集中优势兵力，力求打胜歼灭战。

记得当年笔者曾任可口可乐在上海的制造企业的管委会主席，对于市场竞争也是全力以赴，一丝也不敢松懈。对于一些竞争对手的分析与研究，也拿出了狮子搏兔的劲头。不仅仅分析市场动向，而且分析它们的经营哲学。不仅仅分析产品、广告和营销，更要分析它们的主要经营管理人物。包括这些人物的出生家庭、工作经历、主要特长、处事论事的思维方式和处理方式，以及他们的缺陷和不足。然后制订我们相应的对策。正是因为花费了大量投资和精力，知己知彼，才能对症下药，有效应对，并且取得连年两位数的高速增长，以及营销、利润和现金流三丰收的出色业绩。

是的，只要具备了狮子搏兔全力以赴的精神和功夫，胜利就会向我们招手。

爱屋及乌

中国古代《尚书大传·大战》中说："爱人者，兼其屋上之乌。"唐代诗人杜甫则在诗中说："丈人屋上乌，人好乌亦好。"宋朝周敦颐也有诗句："怒移水中蟹，爱即屋上乌。"宋朝陈师道也有诗云："时清视我门前雀，人好看君屋上乌。"

据说这些都是有关成语"爱屋及乌"的典故。意思是说，因为爱上一个人而连带爱上他家屋顶上的乌鸦。以此比喻爱一个人而连带爱上与这个人相关的人或物。

乌鸦，在中国民间，并不被看好，甚至被认为是"不祥之鸟"。乌鸦落到谁家屋顶，就会被认为是"不祥之兆"。《诗经》里说："瞻乌爰止，于谁之家"，意思是说，且看乌鸦哪里落，灾祸就落谁的家。日常生活中，人们也不喜欢乌鸦。一是乌黑肮脏，二是叫声难听，三是瓜嘈，没事惹事，还要欺侮其他小鸟：简直一丁点优点也没有。而爱屋及乌却说，因为爱上一个人，就连落在他家屋上的乌鸦也不再不祥了，也不再令人讨厌了，也被喜欢上了。你看，这个爱有多深沉、多坚决！而从另一个角度看，这个爱又有多糊涂、多盲目！

为什么会发生爱屋及乌这种现象，心理学上解释，这是一种"晕轮效应"，或者称之为"光环效应"。

根据这种解释，我的理解，爱是会延伸的，会扩展的，会波及的，就像晕轮那样，扩展波及到哪里，哪里就会因此而沾光；也像光环那样，聚焦到哪里，哪里就会因此而受宠。当晕轮或光环照到某个名人或者明星时，那么，连同他身上穿的、戴的、用的、吃的，就会一齐光亮起来，令人喜爱起来。这是一种高级的借光。

根据这种解释，我还体会，爱，是可以转换的、可以变质的、可以扭曲的。因为晕轮或光环效应，所以本来不爱的，可以变成爱的；本来不祥的，可以变成吉祥的；本来令人讨厌的，可以变成令人喜欢的。于是，就爱屋及乌了。

如此看来，晕轮效应或者光环效应的力量，真的够大！

但是，千万注意一个细节，爱的扩展、爱的延伸或者爱的转换，应该是有条件的。这个条件就是关联度。如果乌鸦不是站立在被爱人的屋顶上，而是站立在其他什么地方，那么，它就不会被爱上。在这里，关联度是一个必备条件。

爱屋及乌所蕴含的晕轮效应或者光环效应，在品牌建设中具有积极意义。企业经营者既要善于运用，更要善意运用。

有关联的，要善于用好关联度。比如一个名牌不应停留在一个产品上，而是可以系列化成套化。一个名牌也不应停留在某个门类上，而是可以跨界合作，融合发展，以扩展自己的名牌效应。让公众对名牌的爱得到应有的合理的延伸和波及。既扩大阵容，也扩大市占率，同时也延续了品牌的生命活力。

没有关联的，则要善于找到结合点，找到关联点。一个不知名的新品牌或新产品初入市场，想要尽快得到社会认可，不妨"攀亲家""攀高枝"。陌生的可以与公认的相挂钩，新生的可以与传统的相关联，以便用较小的成本，尽快找到市场切入点，找到与目标顾客的共鸣点。

比如，上海的"石库门"老酒进香港，就抓住香港人爱吃大闸蟹的习好，在大闸蟹上市的旺季，展开广告："吃大闸蟹，饮石库门老酒"，以显示两者是最佳配伍。以众所周知的大闸蟹，以自然生发的爱，去推介上海老酒的销售。

又如，天厨的蜂胶制品进入香港，抓住香港人饮早茶喜欢拿一份报纸看半天，而两粒蜂胶又等于一份报纸的零售价这两个特点，展开广告："早上起身，一份报纸，两粒蜂胶。"让老习惯里填进新元素，让新朋友变成似曾相识的老朋友，尽可能扫除新产品进入新市场的陌生感。

当然，我们更可以借用名人名流名家名角来推广新品牌新产品，借用他们的光环为新的商业服务增光添色。

应用爱屋及乌的原理，既强调善于，更强调善意。为什么？这是因为各种形式、各种名义、各种手段的假冒伪劣也会借用名人的光环，成为自己的伪装。如果这时候也去"爱屋及乌"，那就难免上当。这根本不是什么善意，而是恶意，必须坚决反对，坚决制止。

只有出于善心和善意，才是借用爱屋及乌手法的初衷，才是合理合法的成功之路。

连乌鸦都可以被爱及，我们总比乌鸦好得多、强得多吧！

物 稀 为 贵

　　网上流传着这样一个小故事：有次发洪水，商人和卖烧饼的小贩同时被困在一个山岗上。过了两天，洪水未退，商人却吃光了随身携带的食物，而小贩手里还有一大袋烧饼。于是，商人向小贩提出，10元买1个烧饼。小贩却说，要买就全部买下。商人买下了全部烧饼，可是洪水却依然没退，小贩饿得忍不住了，提出买回几个烧饼。商人却抬价到50元1个，小贩也只好答应。又过了几天，洪水终于退了。因为价差，商人不仅白吃了烧饼，还赚了几十元。

　　这是物稀为贵的一个有趣佐证。

　　物稀为贵，既有心理因素，更有实际因素，首先是实际因素。因为有迫切需求，物资又极度缺乏，价格就可能一下子被成倍哄抬上去。不接受也得接受。这是一种被迫，是一种强制。一般只在极端情况下才会发生，才会得到承认。灾荒或战争都会形成极端情况，造成供应短缺，造成物稀为贵。所以，适当的备战或备荒，十分必要。

　　和平年代，随着经济发展，物资供应丰富且充沛，是否也存在物稀为贵？恐怕更多的是心理因素。凡是领先一步的产品、高人一等的产品、独此一家的产品、别具一格的产品、时尚一时的产品、制作一流的产品，都有可能造就"物稀为贵"的认知，形成唯恐落后、唯恐缺失、唯恐错过的心态。这时候，物稀为贵，应该是出于

某种自觉，或者某种公识。

物稀，代表着效益；物剩，则代表着亏损。品牌若要在竞争中取得良好的效益，就应当不断创新，努力形成自己的个性特色，形成自己的核心优势。非如此，就不可能取得"物稀为贵"的心理效应，也不可能赢取社会效益和经济效益的双重胜利。

物稀与物剩，总是相对的。追求的人多了，物就稀了。追求的人少了，物就剩了。洪水中的山岗上，如果只有卖烧饼的小贩一个人，吃剩有余，没人抢，没人夺，没人讨价还价，烧饼也就始终是1元钱1只，绝对不可能坐地起价，从1元变10元，又从10元变成50元。于是，能不能造就众多的"追求者"，就成为品牌的一门必修课，一门值得深入研究和熟练把握的必修课。

世界上稀少的东西多的是，但不一定都是贵的。当人们不认识其价值时，就不贵，甚至可能视如废物，视若粪土。发掘价值、阐发价值、表现价值、输送价值，是品牌的应尽职责。品牌应该尽一切可能和手段，去准确而又充分地展现产品的功能、效用、价值和应用前景。

我们当然希望品牌"追求者"能够自发产生。但是更大的可能是，只有经过积极培训和引导才会大量形成。于是，"意见领袖""直播网红"和"舆情导师"等一批"引导者"，就显得格外重要。不引导，如何会追求。品牌应该舍得在这方面的培训和投资。

物稀，可能是真实的物稀，也可能是人造的物稀。人造的物稀和人造的恐慌属于经营技巧的范畴。控制制造批量、控制铺货节奏、控制门店人流等等手段，就好像大江大河的拦水坝，时刻调节着水流和水量。既可以均衡供应，又可以制造紧缺。当然，都得恰到好处，不可过分或者过头。

物稀与物剩，会互相转化。热门的东西，大家眼红，就会争相投资，一哄而上。但是，一哄而上的结果，往往是一哄而散。因为大家都去投资发展，物稀很快变成物剩。所以，品牌选择产业或产品，千万不可只盯住当红产品，而应该把更多的精力瞄准未来门类和未来产业。

当红，意味着顶峰，也意味着转折，可能就是下坡的开始。未来，代表着发展，代表着梦想，代表着机会。同时，未来也代表着不可知，代表着不可控，代表着风险和挫折。如何科学预测，于青萍之末把握端倪，了然于胸，是品牌的另一门必修课。

物稀，可以是数量的稀，也可能是质量的稀。稀，不仅可以解释为稀少，也可以解释为稀奇、珍稀。有些物品即使数量很大，仍然附加值很高、效益很好。这是由其特别的功效、技术含量、重要性和关联性所决定的。

物稀与物剩，从历史长河的角度去观察，总是经常发生的、互相转换的，而平衡则是暂时的、一时的。于是，任何时候，品牌都不能止步于现状。你根本不知道同类竞争与异类替代会在什么时候什么地方发生，一下子让您的产品从"稀少"变成"饱和"，从"时尚"变成"过时"。品牌永远不能沾沾自喜，不能固步自封，创新才是永恒主题，清醒才是不变的竞争力。

张冠李戴

张冠李戴说的是，张三的帽子戴到了李四的头上，既令人好奇，也令人困惑。

张三的帽子怎么会戴在李四的头上？是抢的，偷的，送的，还是仿的？是自己戴上去的，还是别人戴上去的？

李四为什么要去戴张三的帽子？好看？模仿？伪装？抢功？或者是关系太过亲密，已经到了不分彼此、"你的就是我的"地步？

都有可能。但我总觉得，人各有个性，各有所长，各有所为，各有优劣，各有权责，如若混同一般，不辨你我，总是不甚妥当。

品牌也一样。品牌本来就是特定产品、特定服务、特定水准的标志，如果碰上张冠李戴这类怪事，就会让顾客真假难辨，甚至受骗上当，就像吃了苍蝇，让人恶心难受，还可能承受不明不白的经济损失和精神损失。张冠李戴，既伤害顾客，也伤害品牌，李逵李鬼，莫辨一衷，或是抢了品牌声誉，或是抢了品牌地盘，让品牌蒙受不白之冤。

张冠李戴，并非笑话，几乎是一种生活常态，经常发生，经常碰见。诸如：

雷同。天南地北，到处都有五芳斋，都有冠生园，都有深井烧鹅，都有南翔小笼，都有沙县小吃，同名同姓，却未必师出同门，未必同样功夫、同样质素、同样精彩。

近似。虽说李四不是张三，却也要弄得像张三，至少也要被人认为是张三的兄弟姐妹或者表亲。比如大厨和天厨，周大生和周大福。至于各种各样的可乐更是数不胜数。

延用。张小泉以刀剪出名，就会有人把锅瓢碗筷也取名张小泉。

抢注。凡重大事件、社会名流，必有人忙不迭以此去注册。NBA 出了个飞人乔丹，就有人抢注乔丹品牌。

对付实际发生的张冠李戴，应该诉诸法律，寻求法律保护。也可以在法律的帮助之下寻求协调解决。

张冠李戴，还可能是一种认知偏差和理解偏差，是因为误认、误读、误判或者误导的缘故。

很多时候是品牌自己出了问题。不能为自己塑造鲜明个性，弄得既像张三又像李四，既非张三又非李四；不能为自己提供清晰明白的诉求，弄得似是而非，非驴非马。此时此刻，张冠李戴，就是品牌自己戴上去的。这既是认知方面的理论问题，也是实际操作的把控问题。

为了避免张冠李戴，品牌就需要了解和把握受众的认知规律和认知能力，坚持实行"三不"的方针。

一是自己不误导。认对人，说对话，做对事，这是基本要求。说准确话，说明白话，说清晰话，不说糊里糊涂话，不说模棱两可话，不说似是而非话，更为可贵。说话也好，做事也好，都要干净、清楚、明明白白，这是品牌表达和品牌诉求的首要之点。邵隆图先生曾经讲过一个笑话：某人去酒店见客人，大厅内有台新机器，写着"消毒洗手机"，他想也没想，掏出手机就去洗了，事后被作为趣闻报导。后来酒店把"消毒洗手机"，改成"洗手消毒

机"，就避免了误解。

二是用户不误判。弄明白用户的认知能力和认知习惯。只要有助于识别和区分，哪怕土得掉渣也可以。诸如老干妈辣酱、叫化鸡、傻子瓜子、酒鬼酒、黄飞红花生等等。口头语与书面语的表达也不尽相同，有时甚至相差很大，"可见一般"与"可见一斑"读音相同，意思就完全不同，所以必须把握听力与视力的差异。

三是对手不假冒。品牌保护自己，需要动员全体一起参与。"篱笆扎得紧，野狗钻不进"。阿里巴巴为了保护自己，干脆连阿里叔叔、阿里伯伯、阿里爷爷、阿里奶奶、阿里哥哥、阿里弟弟等一并注册。小米也是如此，注册了大米、玉米、紫米、黑米、蓝米、绿米、黄米、米饭、米线、米粉，几乎360度防范，无死角。老干妈为了保护自己，也注册了老干爹、老干爸、老干娘、老干嫂、老干姐等等，连老姨妈也一并注册。方太为了保护自己，就把杨太、李太、周太、赵太、孙太、谢大、许太等等"人间百太"一并注册。与其别人伪冒，不如自己抢先布阵设围。

把张三和李四分得清清楚楚，我们的目标是营造一个政治清明、社会净明、法纪严明、权责分明、个性鲜明的崭新时代。

盲 人 摸 象

　　盲人摸象是个寓言故事。说的是，古时候有四位盲人，很想知道大象是什么样子。可是因为看不见，只好用手去摸。摸到象牙的那位，就说大象如同大萝卜。摸到象耳的，就说大象如同大蒲扇。摸到象脚的，就说大象如同大柱子。摸到象尾的，就说大象如同一根绳子。因为摸到的部位不同，感觉也不同，四位盲人各持己见，争论不休，都说自己摸到的才是大象真正的样子。实际上他们都没有说对大象是什么样子。

　　这个寓言故事告诉我们，观察事物应该从整体上去把握。而不应该只是抓住一个局部，就以为是一个整体。

　　盲人摸象描述的是一种认知偏差。而造成这种偏差，既有客观原因，也有主观原因。客观上，因为失明，信息不全，只知其一，不知其二，把局部当成整体。主观上，努力不够，浅尝辄止，先入为主，固执成见，把想象当成真实。

　　对品牌而言，无论市场调研也好，趋势分析也好，都应该力戒偏面，避免把个别当普遍，把局部当整体，把偶然当必然，把一次当永久，把树木当森林，把微观当宏观。千万不要以为，抓住一两例个案就可以实证出一个普遍规律，具有普遍价值和普通意义。

　　然而，盲人摸象，并非一无是处，也有可取之处。盲人摸象的消极一面是，只见局部，不见整体，以偏概全，并且形成误解和错

觉。而盲人摸象的积极一面，却有三条。一是探求真相，有求知欲；二是亲身实践，对某一局部某一方面印象深刻，特别了解；三是兴趣专注，抓住一点，不及其余，各有所好，坚持己见，不肯动摇。这是不是也有点可爱呢。

对于因为生理和心理原因而产生的认知偏差，是否可以避其害而趋其利，并且在品牌形象塑造和品牌诉求传播中予以利用。我想，应该是可以的。这就是在广告诉求中，不必面面俱到，只抓住最吸引人的那一点。不求全面，只求侧重；不求普爱，只求偏爱，以提高传播的精准性、导向性和有效性。

只求侧重，只求偏爱，具有普遍价值。现实生活中，双目失明者不多，可是盲人摸象的情况却很多。能够从总体上把握、眼观全貌的人，凤毛麟角，为数甚少；能够系统整理信息、筛选信息的人，更是少之又少。

在信息缺乏的年代，信息不全，信息不对称，所以会盲人摸象。在信息太多的年代，又因为信息过多过杂而真假难辨，或者来不及处理而举措无当，产生新的信息不对称，产生新的盲人摸象。由于生活背景的差异和朋友圈交流的局限，偏见和偏差也会经常发生。

明明是全象，却只能获取一小部分甚至极小部分信息，既是能力所限，又是经验所限，还是文化所限，以及生活层次或生活环境所限。认知局限或者认知偏差，经常发生。

对于这个缺憾，品牌完全可以拿来为我所用。在塑造形象、诉求利益、传播推广时，完全不必求大求全，洋洋大观，而是对于信息，进行必要的筛选、提炼、浓缩和聚焦，抓住一点，不及其余。

抓住一点，不及其余，才可能异峰突起，鹤立鸡群，万绿丛中一点红，引起普遍关注。抓住一点，不及其余，才可能投其所好，向其所求，引导偏爱和偏求。抓住一点，不及其余，才可能一俊遮百丑，一花引来蜂蝶飞。

为此，每个品牌应该努力找出这一点：与众不同的一点，最有特色的一点，引人耳目的一点，打动人心的一点。抓住一点，不及其余，做足文章，敲开心灵。这样的操作，不仅效果好，还节省成本，性价比很高。

而这一点正是痛点、痒点、触点和热点的交织点，亦即关心点。关心点才最终决定受众和顾客的取与舍。

一把牙刷，可以讲很多话，诸如柔软适中，口感舒服，经久耐用，把握称手，等等。可是有把牙刷就聚焦一点，只说四个字"一毛不拔"。就足以令人印象深刻，久久难忘。

一双皮鞋，也可以讲很多话，比如造型美观，选料讲究，做工精细，穿着合脚，走路轻快，等等。可是有种皮鞋聚焦一点，只说四个字"足下生辉"。也足以捕获人心。

一件衬衫，也可以讲很多话，比如衣料讲究，熨烫挺括，配搭西装，合身体面，等等。但是有种衬衫聚焦一点，就说四个字"领袖风采"，也给人无限憧憬和想象。

由此看来，既要避免盲人摸象，又要用好盲人摸象。这是不是有点矛盾，哈哈。

居安思危

　　即使太平盛世，也要有一点忧患意识，有一点危机意识，有一些警觉，有一些戒备。更何况，当今世界并不太平，强敌环伺，虎视眈眈。这就更需要居安思危，枕戈待旦。

　　居安思危的思想，在中国历史上很早就出现。最早出自《周易·系辞下》："子曰：危者，安其位者也；亡者，保其存者也；乱者，有其治者也。"强调"安而不忘危，存而不忘亡，治而不忘乱"，唯如此，才"身安而国家可保也"。春秋时期左丘明《左传·襄公十一年》："居安思危，思则有备，有备无患，敢以此规。"历朝历代有识之士无数次提及"居安思危"。唐代魏征曾对唐太宗李世民说："内外治安，臣不以为喜，唯喜陛下居安思危耳。"也就是说，国内国外得到治理安宁，臣不认为值得喜庆，而值得喜庆的是君王的居安思危。宋代郭茂倩也写过这样的话："居高念下，处安思危，照临有度，纪律无亏。"

　　居安思危，就是提醒人们，虽然在安逸的环境里，也要想到可能发生的危险。应该随时要有应对意外事件的思想准备，提高警惕，防止祸患。

　　从古至今，那么多人如此强调居安思危，为什么？是不是无事生非？是不是自寻烦恼？不！

　　任何时候，安，只是假象；危，才是真实。安，只是表面、一时。危，才是恒久，迭出不穷。

"树欲静而风不止"，太平洋上不太平。你安定，有人不安定；你平静，有人不平静。你的进步，就是别人的落后；你的成就，就是别人的威胁。妒忌、仇视、围堵、设伏、造谣、生事、暗箭、中伤……什么都会有。"不怕贼偷，就怕贼惦记"。天下岂会太平？

思危，为什么要思？因为看不见。危机有明危，有暗危，更有潜危。明危易见，而暗危潜危不易见。因为隐藏，因为蒙蔽，所以才要思。思，才会发现。光看不思，不能发现。思与不思，大不一样。思，就是思考，就是洞察。从现象看本质，从苗头看趋势，从反常看动向，从高光看魅影。不思，怎么见？

思危，大有益，大补益。思昨天之危，可以提供教训；思今日之危，可以提供戒备；思明天之危，可以提供预警。

思危，危也有等级。小危、中危、大危。大敌当前，全民动员。小危在前，易于轻敌。但是，小危随时可能会变成中危，甚至变成大危，所以，危险虽小，也不可大意。

忽视危险是最大危险。"敌在我存，敌去我亡"。为什么？因为看不见敌人，就可能麻痹自己，放松自己，不防备，不警惕，不紧张。更可能马放南山，刀枪入库，高枕无忧。岂不知龟兔赛跑，乌龟一直在拼命赶来。

为了不忘危险，很多品牌在企业内部往往采取一种"鲶鱼战术"。一桶黄鳝从甲地运往乙地，要使黄鳝存活，就要放一条鲶鱼进去，在黄鳝群里东窜西窜。黄鳝惊恐不安，反而增强了免疫力。一路下来，反而提高了存活率。

隆图先生说："家庭也好，公司也好，社会也好，太安逸了就会生是非。"

于是，没有敌人，也要造一个敌人；没有危机，也要造一下危机。为什么？激活敌情意识，刺激防范机制，健全应对体系。让企业和品牌的细胞强化免疫力，肌体充满生命活力。

但是，不管怎样强调居安思危，思危，并不是目的。"思则有备，有备无患"，这才是目的。思危，是为了有备，为了无患。无患，也就是对品牌事业不造成危害、祸害或者损害；防危，避危，克危，胜危，发现危机，洞察危机，最终战胜危机，克服危机。

由此，思危，实际上就是思考和准备对付危机的方法、手段、策略甚至技巧。企业和品牌在任何时候都不可把力量用尽，而是留有余力，面对可能的突如其来的变动，有几手准备。包括有多种预备方案，有足够应变力量，有快速反应部队，等等。切实做到"兵来将挡，水来土掩"，不慌不乱，应对自如。

这可能就是居安思危的价值和意义。

第六编

传播之法

知心

关心

动心

对牛弹琴

对牛弹琴，很有名，是一个发人深思的寓言故事。可是，人们往往看重故事的上半段而忽略了故事的下半段。以至流传至今，只知道"琴不投机、曲无响应"的那上半段，既用来讥笑牛不懂琴声，又讥笑弹琴者不懂听众盲目弹琴。

其实，对牛弹琴的完整故事应该是这样的。公明仪为牛弹奏《清角之操》，因为太高雅，牛依旧低着头自顾自吃草，不予理睬。后来公明仪转为弹奏牛虻之声，孤犊之鸣，牛就不再吃草，而是马上摇动尾巴，竖起耳朵，欣赏起琴声，还不安地走来走去。这是因为牛虻叮在牛身上吸牛的血，令牛既讨厌又难受；而牛犊是牛的心肝宝贝，"爱犊之心，牛皆有之"。这两者都涉及牛的切身利益。这样的乐曲，牛怎么会不关心、不动心呢？

看完整个故事之后，我们才发现既不应该讥讽牛，也不应该讥讽弹琴者。

牛是需要音乐的，喜欢音乐的，也是懂得音乐语言的。会欣赏，会共鸣，会互动。别看老牛憨厚，却也精灵。牛并非土得掉渣。君不见，奶牛听了合适的音乐之后，心情就愉悦，产奶量就会大幅提升。

弹琴者，也行。既有自知之明，也有他知之明；知错必改，并且改得很好，是一位优秀演奏者。当他明白牛为什么无动于衷之

后，就去了解牛的想法和牛的习好，就改奏能够打动牛心的曲子，取得了很好的互动效果。

对牛弹琴之所以能够取得成功，核心要旨就是真知牛的心思、牛的爱好、牛的关心点。

什么是关心点？凡是生活中涉及利益相关、利害相关、痛痒相关的那个点，凡是生活中涉及切身利益、生死攸关、荣辱与共、命运相济的那个点，凡是生活中成为迫切需求、急切追求、热切向往的那个点，就会成为人们或者社会关心的焦点、痛点和热点。用一个词组概括表达，那就是关心点。人不关心与己无关的事，不关心与命运、家运、国运、世运无关的事。围观或者看热闹不是关心点。只有迫切、急切、热切的那个点才是关心点，才会导致决心、行动和追求。

当某个点成为关心点之后，关心点就会成为决定性的点，关心点就会淡漠、削减甚至遮盖那些非关心点。具有一叶障目，或者一叶见秋的神奇功能，具有一叶如箭、一叶定胜负的决定性功效。

关心点对于品牌事业有莫大的意义。至少有三大方面。

关心点是品牌诉求的重点。诉求如果不对准关心点，受众就无动于衷。就如同无关痛痒、无关青红皂白、无关轻重缓急的对牛弹琴的那上半段。只有对准关心点，才能让受众动心、动情、动感、动神。既如此，为什么不以关心点作为诉求重点，以求一击即中，一锤定音。"英语愈好，世界愈大""金钱是小，健康是大""真是畅快""足料""快达""随时随地，快速卸妆"等等，都是诉说关心点、激发关心点的上佳之作。

关心点是品牌创意的原点。创意从这里启蒙，创意从这里出发。不呼应或不唤醒关心点的任何创意，都将苍白无力。创意必须从关心点出发，义无反顾，直奔主题，不要回头，才会准确无误，生动有力。最近有帧麦当劳视频的创意，被广为点赞。一位男孩在大巴上热切地望着车窗外，一位女孩在家里期盼地望着大窗外，他们在望什么？玻璃窗上映衬出金黄色的 m。这是人们熟识的麦当劳标志。反映了人们希望疫情快快过去，大快朵颐麦当劳美味快餐的急迫心情。因为击中了关心点，所以强化了品牌形象，激起了热烈反响。

关心点是受众激情的触点。无关痛痒的产品、服务和宣示、展示，不能令受众有所触动、有所激动、有所行动、有所呼应。关心点是画龙点睛的笔尖，是治病点穴的针尖，是织丝成缎的梭尖，是优美舞姿的足尖。抓准并刺激关心点，就能够授权赋能，呼风唤雨，左右情感，点石成金。如同干柴碰上烈火，非燃烧不可。就会有网红，就会有热爆，就会有铁粉。疫情当下，变局之中，人们的关心点集中在抗疫和顺变。于是有心人精选了八个寓意上佳的汉字作为新一年的祝福。分别是福、顺、安、静、谦、心、寿、康。品牌如果以此为主题，也就容易与受众相呼应。

人们天天在用关心点，可是偏偏又不承认关心点。不承认关心点的存在、关心点的意义、关心点的功能和关心点的应用。甚至还老是想用各种外国进口的术语或名词，企图以此去取代或者取消关心点的概念。这就有点不妥了。

正确的态度应该是，共同探讨和发展关心点的理论，形成完整的科学的中国自主理论体系。这也许就是对牛弹琴这个故事的全部价值和意义。

高 山 流 水

高山流水觅知音，说的是，古代俞伯牙与钟子期的故事。伯牙善于奏琴，能够气势磅礴地表现巍巍高山和滔滔江水；而子期善于听琴，能够准确而深刻地领会琴曲的意境和含意，所以，称之为知音。后来，子期去世了，伯牙认为世间再无知音。于是，就悲而毁琴绝弦，从此不再演奏心爱的瑶琴。

就这样，高山流水，就此成为苦苦寻觅知音的代名词。以此形容乐曲的高深和博大，也形容知音的可贵和难得。

高山流水，对于品牌又有什么启示呢？

品牌无论高雅，还是低俗，都应该有自己的知音。能够准确理解，深入领会，爱之甚切，追之甚热。有知音，不是一个两个，而是为数众多；有知音，不是偶然相遇，而是铁杆铁粉。这样的品牌，才能算是成功的品牌。孤芳独赏，应该不算成功；群芳追月，那才算是成功。

但是，知音难觅，像钟子期这样生死相交的资深知音更加难觅。

奇葩知音，倒是不少。

一个例子就是高脚痰盂的奇遇。海外的网站纷纷推介这是来自中国的"花篮"，可以盛放鲜花，也可以盛放面包等食物，还可以盛放酒瓶和酒具等等。而网上标价从 60 美元至 70 美元不等。甚至网上还传来以中国出品的搪瓷痰盂作为饮啤酒的酒具的图片。这些奇遇既令中国观众大出意外，也令原创者们啼笑皆非。

其实，商品奇遇远不止于此。早在 20 世纪 80 年代，我就观察到很多这类奇葩知音的现象。此处仅举 3 个例子。

马桶变米桶。因为木制马桶的种种不便，也为节约宝贵的木材资源，于是就有厂家特地设计制造了白色的搪瓷马桶，希望取而代之。不料，一些顾客买去却做了米桶。因为他们认为，这种桶既清洁又卫生还有盖，用来存米很合适。

痰盂变花瓶。过去的痰盂总是圆柿状的，有设计师跳出旧俗，设计了一种线条简洁造型现代的痰盂，令人眼前一亮。很多宾馆和单位大量订购，生意很好。可是进一步了解，才发现他们不是去做痰盂，而是当作花瓶。因为他们觉得造型别致，富有装饰感。

擦板变古董。一些老外到上海，特地收集居民家弃之不用的马桶撅子、洗衣擦板、门牌号头、自行车扳铃和坐垫等，甚至愿意出高价。居民们奇怪这是为什么？原来老外认为这是古董，是改革开放之前的城市文化寄存。

奇葩知音提出了一个问题：究竟是设计出了偏差，还是用户出了偏差。

对于设计者来说，懂生活、懂文化、懂用户，至关重要。设计的首要前提是，站稳立场，擦亮眼光。此处的立场，不是阶级立场，而是用户立场；此处的眼光，不是专家眼光，而是用户眼光。

隆图先生说："合适就是到五星级宾馆找厕所别叫茅坑，到农村乡下别叫化妆室。找对人，说对话，做对事就行。"

但是，实际工作中，往往有四个偏差。

一是认知偏差。比如上海有一种方便饭，采用蒸煮袋包装，有

各种口味的配菜。食用时只须在沸水里加热就可以食用，很方便。可是在深圳蛇口卖不好。因为当地人认为这是隔夜饭。

二是关注偏差。比如同样是洁厕精，卖到宾馆，老板关心的是成本和效用，服务员关心的是方便和安全，住客关心的是效果和无害。

三是联想偏差。同样一个痰盂，同样一个盛器，设计师想的是排泄物，顾客联想的是观赏物。

四是理解偏差。实用还是收藏，应付还是应对，权宜还是恒久，诸如此类。

而种种偏差来自于文化背景、生活经历、观赏习惯、审美意识的差异。所以，对用户的认识和再认识，理解和再理解，就成为品牌的首要之义。

用户对一些商品用途的改造，体现了对产品的再创造，对生活的再理解，体现了首创精神和自主精神，也体现了再开发能力和纠偏能力。你不纠偏，就让我来纠偏。

得出的结论是：高山流水觅知音，知音，不是单向的，而是双向的，甚至是共向的。双向，是指互为知音，品牌首先是用户知音，用户才可能成为品牌知音。共向，是指品牌和用户对于生活方式的理解是共同的、相同的，于是，在认知、设计和用途各个方面也取得一致。因此，千万不要责怪世上无知音，先问一问自己：有没有成为用户的知音？有没有成为生活的知音？

酒香巷深

有一句俗语一直有争议，就是"酒香不怕巷子深"。

赞成的人说，好酒不怕没人识，巷子再深也会因为酒香而吸引人。因此，酒香不怕巷子深。

批评的人说，巷子太深就闻不到酒香了。再好的酒也得做广告。因此，酒香也怕巷子深。

我却认为，酒香到底怕不怕巷子深，决定性因素有二：首先是酒，香到什么程度；其次是巷，深到什么距离。如果确实香得足够猛烈，那么，一定的巷深恐怕难以阻挡住酒香的传播；而如果香得不够，即使巷子再浅也传不出去。另一方面，如果巷子实在太深，酒香就会止步于一定距离，想要传得更远就会发生困难。总之，酒香和巷深的相互关系和相互比例决定了传播的效果。多争论，也没啥实际意义。

冷静下来再想想，却觉得"酒香不怕巷子深"，其实蕴含了很多道理，可以给我们诸多启示：

一是品牌传播手段应该是多种多样的。酒香，就是一种传播，不失为一种有效的传播。香得浓郁、香得特别、香得很远，就把酒品传播出去了。谁说传播一定要高音喇叭，一定要大幅标语，一定要闪光塔楼，一定要跳动视频。香臭酸辣苦、喜怒哀乐愁、色香味形声、爱恨亲痛仇，等等，都可以也可能成为传播手段。

二是品牌传播应当对准人的五官，让人能够全方位接收。人是用什么感官去品味、去接受、去认可，品牌就可以用什么对应的手段去传播。品牌传播应当是立体的，是可以有效调度五官的，是能够调度人的各种潜能的。酒香就是专门对准鼻子的。当然，传播还可以对准舌头，对准耳朵，对准眼睛，对准手脚，等等。

三是品牌传播如果能够把品质与手段柔和巧妙地结合在一起，以至于让人们忘记这是一种传播，因而在自然而然之中接受，那必定是一种忘我的、无可抗拒的、有效的传播。不是么？酒很香，凭着香气就把酒品远远地传播出去，让人昏昏欲醉，逐香而至，这样的传播手段是不是很高明啊、如此将品质与手段糅和在一起，传播出去，扩散开去，是不是妙得很啊！

上升到最新的营销理论，这就是所谓的"品效合一"。也就是以品质的传递来获取促销的实效。

品牌的传播不应该拘泥于某种固定模式。不能认为某种模式是传播，而某种模式不是传播。很多时候，很多场合，不是模式，恰恰成了模式，创新的模式；不是模式，恰恰成了模式，行之有效的模式。所以，应当允许、鼓励、赞美，乃至积极推进各种各样的创新模式，不拘一格，放开思路，放开手脚。

伟人曾经总结道：人们通过眼、耳、鼻、舌、身去接触世界、认识世界、发现世界、改造世界。事实上，可能还远远不止这五官。人在生活中还会运用自己的各种各样的意念能力和思维能力，包括想象力、联想力、虚拟力、虚构力、梦幻力、情感力、由此及彼力、举一反三力、顺藤摸瓜力等，去认识世界，去体验世界，去把握世界，去权衡世界。

"酒香不怕巷子深"，就从一个侧面体现了人具有多种多样的意念能力。凭着酒香，人们可以想象出酒是好酒，酒是美酒；可以联想到酒店之雅、伺童之勤、礼遇之美；可以猜测到酒是什么品牌，由哪家名企生产，以什么方式经营。甚至还可能虚拟出酒大约用什么包装、配以什么样的酒具，等等。

为什么会这样？这就是人的意念力和思维力在发生作用。千万不要把人看作是病态的、幼稚的、木偶般的人。正常的健康的人，都具有某种主动性和进取性，并且具有由生活经验积累而形成的常识力和判别力。

当代年轻人思想更加活跃，按照"品效合一"的思想，品牌传播方式也可以更加创新、更加出奇、更加立体、更加多方位。

由此，促使我们形成了一个新概念："综合传播力"。或者称之为"立体传播力"。这应该是一种全方位、全过程、全天候、全息、全员的传播力，为品牌传播构筑或营造一种良性的生态环境，让目标受众能够全方位接受品牌信息、加深品牌印象、熟悉品牌内容、培育品牌真诚。传播不再是某种"单打一"。

比如户外广告在色彩和光亮闪烁的同时，也可以散发出相配的气味，甚至可以洒出果汁或水滴，送来温馨的微风，传来和美甜蜜的话语，让您产生身历其境的感受和体验。

您正在电梯里观看分众广告，突然之间依靠 5G 技术而产生的立体感扑面而来。那位年轻貌美的妈妈探出身来，与您娓娓而谈，亲切交流育儿经验、烹饪诀窍、美容之道，等等。

您正在时装店里挑选时装，正在思忖合身不合身，形象是否可人，旁人会否注目。面前的魔镜便启动了演绎，将您穿上新衣的形象，活龙活现展示出来，为您提供真实评判的依据。

如此，如此。这样的"品效合一"是不是太美妙了！

　　而这一切都由那句最不起眼、老是争论的俗话"酒香不怕巷子深"所引起。正是通过创新，把各种各样的"酒香"生动形象地表演出来，传播开去。

　　于是，"酒香不怕巷子深"成了一种启蒙，也成了一种经典。

琴瑟和鸣

　　琴瑟和鸣，从字面上想当然，以为又是谈音乐。殊不料，一查典故，竟发现根本不是讲音乐，而是讲夫妻之间真挚爱情的融合和默契。而琴与瑟，和与鸣，只不过是对爱情之深切、之协调、之甜蜜的一种形容和比喻。

　　琴与瑟都是中国古代著名的拨弦乐器。一般而言，琴为 7 弦，而瑟为 25 弦。琴小些，瑟大些，内中空。那古琴之声苍迈遒劲，而瑟之声调则是柔和典雅，温婉动听。当两者合奏，琴瑟和鸣之时，一似强健的壮士，一似温婉端庄的女子，音色交汇，就会产生既沉稳又响亮清脆的和音，其乐融融，仿如夫妻间的温馨对谈，很是好听。于是，就被大量用来表达男女之间的爱情。

　　琴瑟和鸣的出处，最早见于《诗·小雅·棠棣》："妻子好合，如鼓琴瑟。"又见于元代王子一《误入桃源》四折："今日也鱼水和谐，燕莺成对，琴瑟相调。"还见于明代沈受先《三元记团圆》："夫妻和顺从今定，这段姻缘凤世成，琴瑟和谐乐万春。"也见于李清照与赵明诚夫妇，经常灯前对坐，说笑无间，摩挲展观；闲暇之时，赏花赋诗，倾心而谈；智力游戏，猜谜破题，充满浪漫和温馨。于是这段情缘也用琴瑟和鸣来形容。

　　这些典故讲的全不是音乐，而是爱情。描述的是，夫妻间相知甚笃，情投意合，情深意切；拥有共同话题，共同语言；你来我

住，夫唱妇和，呼应默契，甜美无比。琴瑟和鸣还常用于祝福语，印在喜帖、盈联或名片上。

据说，瑟曾经失传过。后经过近代名师巧匠的潜心研究，又经过历时10年的研制，才重新复古成功。有学者说，古琴是内敛的乐器，自古就是演奏者专门弹给自己或知己亲友听的。演奏古琴，更像是琴与心的对话，心与心的交流。

琴瑟和鸣，不啻就是心灵的诉说，心灵的对话，心灵的协奏，心灵的呼应，心灵的回响。一句话，心灵的交流。高山流水有知音，阳春白雪诉衷情。

琴瑟和鸣，对品牌当然有莫大的意义。

对内聚人心，的确需要心灵交流，琴瑟和鸣。一个品牌内部需要的，就是同舟共济，众志成城，配合默契，协调一致。哪怕一个螺丝，一个音符，都不可以出错。这样才会有运作的可靠，和音的美妙。无论是小曲，还是巨作，都需要和鸣，才会有精到、精准、精致、精美。

对外动人心，更加需要心灵交流，琴瑟和鸣。品牌与受众与用户的关系，好比琴瑟关系。只有会意，只有同心，只有合奏，并且和鸣，才会有成功。如若双方没有深厚的爱，没有透彻的知，没有互动的行，没有和谐的合，品牌怎么会有所建树，有所拓展。人心所向，才是决定成败胜负的根本。

当今世界，真有点太物质、太商业、太金钱、太科技。以为金钱和技术可以解决一切问题。其实，人际关系，最重要的一点，就是心心相印、息息相通。有共知、有共话、有共感、有共题、有互动、有和鸣。"话不投机半句多，酒逢知己千杯少"。有了共同的语言，呼应的情感，距离和隔阂就解决了。

心相通，情相连，语相共，音相和，来自何处？来自于真心和真爱，来自于无保留、无间隙的交心、换心、知心、贴心。

品牌要向受众交心。把自己的心里话向受众诉说。说真话不说假话，说人话不说鬼话，说诚话不说谎话。无底交心，才会有无边信任。

品牌要向受众换心。倾听受众诉说，了解受众心声，知晓受众痛点，理解受众需求。站在受众立场，用受众眼光，去切身体验受众的想法和追求。真诚换心，才会有真切深知。

品牌与受众，既交心，又换心，才可能成为知心密友。互知才会默契协调，心领神会，相向而行。知心知己，互动共鸣。

品牌与受众关系的最高境界应该是贴心。不仅仅是春风拂面，更重要的是无微不至。问寒嘘暖，周到周全。贴心的结果必然是细察，必然是深知，于是就会有不尽的创意，不绝的创新。

如果没有心，不用心，哪里还会有什么琴瑟和鸣。

从这个角度看，品牌成功不在于物，而在于情。不在于推与销，而在于心连心。琴瑟和鸣，让受众和用户与品牌一起演奏，一起和鸣，这才是走向成功的制胜法宝。

直言不讳

直言不讳，见于《晋书·刘波传》。公元383年，东晋军队在淝水之战大败前秦军队，孝武帝命刘波坐镇北方。后刘波身患重病，估计不久就要离开人世，已经无能为力了。于是他上了一道奏疏道："臣鉴先征，窃惟今事，是以敢肆狂瞽，直言无讳。"诉说自己情况和治国建议，并希望孝武帝重用能人守卫疆土。

直言不讳，就是指，说话坦率，毫无顾忌。用来形容为人诚恳，说话毫无隐瞒。

品牌传播也应该直言不讳，这是基本要求，也是基本质素。丑媳妇总要见公婆，干吗躲躲闪闪，瞒瞒藏藏。如果是靓媳妇，那就更应该精彩亮相，完全不必遮遮盖盖。

细细品味"直言不讳"这四个字，觉着还有好几层意思：

一是直言。是一说一，是二说二，是什么说什么，明言直白，清清楚楚。尤其是要说老百姓的话，不要说专家的话。不用查考，不用翻译，不用破密码，不用猜谜语，不用智力测验，不用脑筋急转弯，就能够弄明白。

比如，我们不理解什么是个人数字助理或可移动办公设备，但是说"智能手机"就能听懂。我们也听不懂人体表层皮肤污垢研究，但是讲"搓澡"就能听懂。我们也不明白什么是智能高端数字通信设备表面高分子化合物线性处理，但是讲"手机贴膜"就能听懂。你要让受众和顾客快速进入认知，就要用直白的话，减去理解障碍，减去记忆负担。

二是不讳。应说尽说，不避正反。比如食品，就得标明配方、添加剂、过敏物、卡路里、保质期等等。比如家电，就得标明功率、能耗、使用方法、注意事项、维护保养等等。比如珠宝，就得提供成分、含量、加工度，以及权威机构鉴定证书等等。

不讳，就是既讲特长，也讲不足，不夸大，不缩小，不护短，不隐瞒。比如讲"低脂肪"，就得讲明脂肪含量百分比是多少。讲"高效率"，就得讲多少时间可以到达，或者多少时间可以生效。讲"领先""居前"就得提供权威机构的数据或证据。总之，既要言之充分，又要言之有据。

三是在先。提示用户，保护自己。凡是重要的事项，应该有言在先，预告在先，提示在先，提醒在先，告诫在先。既是对用户负责，也是对自己负责。

对于罐头食品的保质期究竟应该定为多长时间，曾经有过不少争论。因为是高温高压蒸煮而成，在出厂之前又经过严苛的模拟测试，罐头食品的保质期可以很长，5 年甚至 10 年都没有问题。但是现在一般标示为 2 年或者 18 个月。这是为什么？为了预防万一。既是为了保护消费者，更是为了保护制造商，不需要负责那么长的时间。

直言不讳，是品牌传播的真章。真诚率直坦荡，既亲近受众，又建立信任。摘其精粹，直陈要点，还可获得高度注目、印象深刻、容易联想之奇效。

那种故弄玄虚，故作深沉，高深莫测，神乎其神，费尽猜详，费尽思量的表达手法，完全不应该，也完全不可取。

直言不讳，并不是三言两语，草草了事。为了让受众深入了解，就时常需要详细讲解，深入剖析，旁征博引，透明见底。直言不是过简，也需要周详。直白与绕弯，不矛盾，不冲突。该直则直，该弯则弯。该简则简，该详则详。有直有弯，详略得当。这是因为：

不直不明。直白表达如同单刀直入。好比如雷贯耳，又好比锤击背，都有醒目醒示的作用。比如，疫情下的香港，政府规定晚上六点以后饭店食肆不能堂吃，否则将以违法处罚。生意怎样才会不影响？饭店想出了绝招，广告标题是："5点钟开饭"，鼓励食客们提前吃晚饭，赶在关闭前吃完，并且还有9折优惠。最后是食客的感叹："I feel good!"另有一家酒楼则是鼓励外卖，广告标题是"将酒楼带回家"，一直供应到晚上10点。还标明"非常时期，非常优惠"，网上订餐，外卖自取，一律8折。

不绕不解。不止其一，也知其二。既得知识，又得技能。尤其高科技与新品类，更应不厌其烦，不厌其细，不厌其详，充分讲解和演绎。否则，何以理解，何以接受，何以应用，何以保养。原理和方法越透明、越周全，越利于推广。弯弯绕、婆婆嘴，是经常需要的。有时候还要反复告诫，再三叮嘱，甚至还需要专门培训顾客。不仅授人以鱼，还要授人以渔；不仅出售商品，同时还要附带出售技能和方法。

直绕相兼。直与绕，简与详，可以互相辅佐，相得益彰。一般而言，标题要直，内容要绕；主题要简，讲解要详。比方，来自北欧瑞典的优质鸡肉，广告主题是"让生活更健康更美好"。内容则阐明"无抗生素，无添加激素，全天然散养鸡，100%非基因改造饲料，全素食喂饲"。余仁生堂的灵芝产品醒目标明"破壁率超过

99%"，然后又说明"低温物理破壁，有效成分高，易吸收"，还强调取自"专属深山种植基地，由源头开始谨守品质规范"。

直言不讳的宗旨是准确传递信息，一切对用户负责。除此之外，岂有他哉。

心领神会

与直言不讳有所不同，还有一个成语叫做心领神会。意思是无须多言，点到即可；无须透彻，也能心领；只须含蓄，亦可神会；不是明白话，而是寓意话，多关语，也能让人明了，让人体会，并且久久回味、深深品味。这应该是另一种沟通技巧，一种更用心思、更见功夫的沟通技巧。

心领神会，见于唐代田颖《游雁荡山传》："将午，始到古寺，老僧清高延坐禅房，与之辩论心性切实之学，彼已心领神会。"这段典故的意思是，虽然没有明说或者没有详说，却已经能够领会其用意或者精神实质。

少言寡语，也能行得通？犹抱琵琶半遮面，也能让人领会？这与直言不讳的主张，是否有所冲突？

心领神会，之所以行得通，完全是因为建立在人之常情、人之共识的基础之上。只要认知是相近的，心灵是相似的，就会"心有灵犀一点通"，产生"点到即明"的效果。

识，在这里具有关键性的决定作用。至少应该有四个方面的识，可以为之所用。

常识。常识是日常生活中积累起来的知识和经验。比如"小水不防，大水难挡""一顿吃伤，十顿吃汤""满瓶不响，半瓶咣当""人心要实，火心要虚""不怕无能，只怕无恒""有理走遍天下，无理寸步难行""人不可貌相，海水不可斗量"。用常识来创意，即使多复杂的问题、多难懂的问题，也容易让人理解、让人联想、让人呼应。比如有种洗发水的广告不是停留在洗发，而是提出一个新问题："常洗头发，可是您洗头皮吗?"于是引起了大家思考："皮之不存，毛将附焉"，不洗头皮怎么保护头发。这种专洗头皮的洗发水就此打开了销路。

共识。共识是社会共同的认识或者多方公认的认识。用共识来表达品牌、描述品牌，很多事情就容易解释，也容易共鸣。2021元旦那天，看了 APP 平台的主题广告，发现很有意思。比如，拼多多"拼着买，才便宜"，手机淘宝"淘到你说好"，京东"不负每一份热爱"，苏宁易购"好事正当时"，亚马逊中国"一站放心购全球"，闲鱼"闲不住，上闲鱼"，大众点评"发现品质生活"，如此等等，都是应用社会共识，去介绍自己、宣示自己。

见识。见识是指见解、见地、眼光和看法。不同的生活环境、不同的身份地位，就会有不同的见识，观察和思考问题的角度和深度也会有所不同。井底之蛙与山巅之鹰，见识肯定不同。于是，品牌推广就应有不同的诉求重点。比如把洁厕粉推销给宾馆，经理看到的是"效用"和"成本"，服务员看到的是"方便"和"安全"，住客看到的是"清洁"和"可靠"。又比如同样是床垫，年轻人与老年人，体力劳动者与脑力劳动者，选择的眼光也不尽相同。

新识。新识是新近取得的共识或见识。应用新识最大的好处是鼓励人们不懂也要去弄懂。唯恐被别人嘲讽"不识货""不时尚""不领行情""太落伍"。新识对于品牌推广起到推波助澜作用。比如，如果 2010 年您还不会用微信，您就落伍了。如果 2015 年您还不会嘀嘀打车，您就落伍了。如果 2018 年您还不知道喜茶，您就

落伍了。如此等等。

所有这些识可以概括为通识。因为通，所以心领神会。

如果受众没有这些通识，又该怎么办？那就帮助他建立通识。这涉及普及和培训。比如"就应该这样""这样才正确"……等等，以此坚定信念。曾经有个"好味道，没川崎怎么行"，短短一句提问，弄得大家都去追究川崎是什么，迅速提升知晓度，并快速进入生活。而后起的老蔡酱油则借势发力，顺水推舟："好味道，有老蔡就行了"，减少了认知障碍，得出了"做小菜，有老蔡"的结论。

如果不是建立在常识、共识、见识和新识的基础上，去摆弄含蓄，去玩弄半遮面，去耍弄旁敲侧击，就有可能弄巧成拙，适得其反。

平日见到那么多的生搬硬造、牵强附会，就是因为对生活理解不够，对通识把握不够。

能不能把握准确通识，关键是深入生活、体验生活、体会生活、体味生活，深知个中滋味，才会构思精准，造句巧妙，既含蓄，又共鸣，令人回味。好比檀香橄榄，越嚼越有味道。

比如，把照相器材比喻为第三只眼睛，把自行车比喻为不吃草的小毛驴，把智能缝纫机比喻成巧手裁缝，把乘坐电梯说成上上下下的享受，都可以收到心领神会的效果。

心领神会是一种可贵的境界、难得的境界，应该朝这个方向去不懈地努力追求。可惜的是，现在这种巧思妙语见得不多了。毕竟肯用心思肯下功夫的人少了，急于求成的人多了。

四面楚歌

　　四面楚歌这个典故几乎是家喻户晓、人人皆知。但是，您是否知道：

　　四面楚歌，要害是楚歌。以项羽为统帅的楚军，意志力坚强、战斗力剽悍。纵然四面包围又如何，亦不足以吓倒楚军、瓦解楚军。而楚歌一起，却立即动摇了军心。楚歌，本是楚军的家乡之音，应该有亲切感，为什么反而动摇了军心？因为勾起了思乡之情，因为联想到包围自己的竟然是家乡人，因为感受到本土已失，无家可归，再无根基，连最后一点希望也已失去。无根之军，再无斗志。

　　本土是根，爱也是她，痛也是她。爱之愈深，痛之愈切。本土之情、本土之音，用得恰到好处，就会产生巨大的战斗力和杀伤力，战之必胜，甚至可以不战亦胜。

　　本土化，是品牌的一大战略和策略。一些外国品牌进中国，都要放下架子，以中国老百姓喜闻乐见的形式，以至内容与口味，去迎合中国的顾客。

　　肯德基原本以美式家乡鸡为特色，可是进入中国市场之后，随着对中华文化逐渐深入的了解，居然也逐次开发了一系列中式的家乡小食，连粥和油条也出现在快餐桌上，以此吸引顾客。麦当劳原本以美式汉堡包为特色，可是随着对中国风土人情的了解和理解，

居然也挂起了大红灯笼，穿起了中华服饰，舞狮子，舞龙灯，营造一派中华文明的境况。可口可乐原本以清纯或古怪的碳酸汽水而风靡全球，可是现如今，每到一国一地，就会不厌其烦，不遗余力，收购当地有影响力的汽水、果汁、咖啡、茶饮等等，为己所用，以至旗下品牌已有数百上千种。

为什么这样？因为本土化。品牌每到一个新地方新市场，立即陷入本土文化重重包围之中。四面楚歌，不投降不行。而实施本土化，可以拉近距离，倍感亲切；口味一致，投其所好；情投意合，不由自主；如此等等。本土化在无声无息之中，破除心理隔阂，扫除心理障碍，在顺应人心的同时进占人心。

实施本土化，要旨是学习本土文化、理解本土文化、深知本文化、运筹本土文化。对于本土人群喜欢什么、习惯什么、追求自己，或者厌恶什么、忌讳什么、反对什么，都弄得明明白白、清清楚楚，然后才可能有的放矢，为我所用。如若不是，就会画虎成犬，弄巧成拙。

在中国从事品牌事业、从事品牌传播，那就非得懂一些中华文化不可。否则，势必在文化壁垒面前处处碰壁。

中华文化源远流长，博大精深，从何入手才是呢？

不妨寻寻根、探探源。比如节令节气，比如民俗风情，比如待客礼仪，比如吉祥物饰，比如民谚童谣，比如唐诗宋词，比如民歌小曲，比如经典名著，如此等等。以衣食住行为例，也有不少可学之处。做食品的，不妨学一点药食同源。做服饰的，不妨学一点汉服要义。做家居的，不妨学一点古环境学。做车辆的，不妨学一点车轨之秘。

现如今，每逢立春立秋或是夏至冬至，就会有好心人，汇集许多好创意，呈现在公众面前，很值得我们观摩、领会、欣赏，以至学习和仿效。

比如大寒之日，就有一众品牌的问候广告。比亚迪汽车"度此番冰寒，待来年暖春"，启辰汽车"腊八粥到生活，满足全家幸福口味"，东风悦达·起亚汽车"牛起来亚，不得闲"，丰田汽车"聚合众宝，各有味道，相得益彰，每口暖心"，哈啰出行"粥全粥到，顺问冬安"，等等。

大寒之日有暖意，立夏之日有凉风，中秋之日有明月，立春之日有祝福，一年四季常牵挂，节庆假日来问候，谁能不动心？

白狗黑狗

　　有个"杨布打狗"的故事，说的是：著名学者杨朱的弟弟杨布出门访友，身上穿的是一身白色套衫。不料途中下雨，把衣衫淋湿，只得向朋友借了一套黑衫回家。家中那狗竟然一时不认得他，盯着他狂吠不已。杨布大怒，找来一根木棍就要打狗。杨朱连忙把他劝住：这不能怪狗。如果这条狗出门是白的，回来变黑的，你也会一时认不清。

　　故事很短，其中道理却令人深思。同一个人因为衣服颜色变了，狗就认不出来；同一只狗因为毛色变了，人也认不出来。这说明什么？说明认知和记忆这一类心理活动是需要依托一些基本特征的。或者是颜色，或者是外形，或者是气味，或者是声音，或者是其他。有特征，才容易记忆。如果特征发生了变化，认知或记忆也就会发生误差，就有可能发生类似杨布打狗的事件。如果想让认知继续、记忆不断，那就不要轻易去改变事物的那些重要的基本特征。

　　品牌也是一样。首先应当努力去建立让人们容易识别容易、记忆的特征；其次不宜随便去改变这类特征。这样，品牌形象才可能较为深刻、较为持久。

　　比如麦当劳，最鲜明的特征就是红色背景中的黄色 m，犹如一扇金拱门，让人们在很远处就能看到、就能识别，品牌形象相当鲜明醒目，便于记忆。近年麦当劳在香港的资产被某家公司收购之后，背景色由红色变成黑色，让人有些疑惑不解，好在那扇金拱门仍旧不变，依然是人们熟悉的那个造型、那个金黄色。通过金拱门，才保持了记忆的连续性。

比如可口可乐，红色背景和那条白色飘带，也是记忆特征。据说这条飘带是依据可口可乐玻璃瓶造型而形成的，相当美观，富有动感，也相当醒目，便于记忆。近来发现飘带的中间变成了两只牵起的手。尽管细部发生微妙变化，但飘带的整体波纹造型依然不变，即使在远处，依然让人易于识别和记忆。

所以，对于品牌而言，把握认知和记忆的特征十分重要。

从当代心理学研究的新兴领域，我们知道有一种"着装认知"的重要的心理现象。也就是说，着装会影响我们的认知和决策的过程。由于着装的影响，一方面周围的人们会对我们刮目相看；另一方面我们也会在无意之中调整自己的做事方式和态度。

例如，面对清洁而高雅的场合，即使我们喉部有痰也会有所克制，决不肯脱口而出。又如，如果我们穿着正装，出席正式场合，行为举止也会尽量端庄一些，决不肯粗鲁或喧哗。同样，当我们见到麦当劳和可口可乐，或者进入迪士尼乐园，也会产生一种抑制不住的高兴、喜悦和激情，同时也会有一种保持环境清洁的责任。

标志、包装、环境、氛围等等，都会给我们带来种种暗示或提示，让我们产生相应的心理反应。或者好感，或者迷恋，或者自恋，或者自律，或者……

如此这般，品牌标志和品牌形象的功效，就不仅在于识别、认知和记忆，而且还会形成复合和综合的心理反应，会带来自尊、自信和自律等。

比如可口可乐的红色背景和白色飘带，在给人们带来好感的同时，对品牌自身也是一种使命和责任。如果轻易改变，不仅会让人们的记忆中断，还会带走人们的兴奋和激情，同时也带走品牌的自我约束和自我要求。

于是，品牌形象塑造和品牌特征的设计和把握，就有了多重意义。至少需要掌控五个"性"：

识别的简便性。基本特征应该一目了然，富有个性，决不雷同，因而也就不会错认。

情感的亲和性。基本特征应该有助于形成某种好感和追求。比如热情、友爱、贴心、悦目，等等。

记忆的连续性。基本特征应该贯彻始终，坚守不变，严肃纪律，防止走样和中断。

联想的自然性。基本特征应该有必要、合理和生动的阐述，甚至还有故事和历史，具有由表及里、由此及彼的联想空间。

遗忘的克制性。基本特征不怕重复出现，需要时时提醒，处处表达，以求加深印象，克服遗忘。

一次，友人相邀聚餐，拿出一个造型歪七斜八的酒瓶，说道："这是著名的歪脖子葡萄酒"。尽管要多丑就有多丑，甚至还可能被认作是玻璃厂丢弃的废品，却是引来了众人的哈哈大笑。因为它营造了品牌的个性特征，并且让人深刻记忆，久久难忘。

名 正 言 顺

　　名正言顺出自《论语·子路》。子路请教孔子："如果卫国国君请老师您来治国理政，您将先做什么?"孔子说："那一定是先正名。"子路以为这种说法未免太过迂腐。不料，孔子顿时就激动起来，振振有词地说道："名不正，则言不顺；言不顺，则事不成；事不成，则礼乐不兴；礼乐不兴，则刑罚不中；刑罚不中，则民无所措手足。"孔子把名正言顺看得如此重要，看成是治国理政的一个起点、一个基础。

　　这里的名，当然不是名字，而是名分，是理由，还含有理念的成分。一个品牌若要发展顺当，事业久远，也必须名正，亦即理由正当、名分正确、理念清晰。只有名正，才能言顺、才能气盛，才能事成。品牌讲名分、讲名正言顺，与治国理政一样，也是一个重要的前提和基础。

　　品牌讲名分，至少涉及三大方面。

　　给顾客以名分。让顾客倾情品牌，理直气壮。比如，春节到了，各种各样的品牌为着取宠各自的顾客，尽心尽力揣摩和把握顾客的心态，把消费理由描画得如歌如泣、委婉动听，不信您不动心。比如染发膏"神彩飞扬迎新春""新年大红大紫"；保健品"超越每天好体格"；餐馆"吉祥菜贺丰年"；基金"演变带来新姿彩"、滋补品"送礼要得体，首选余仁生"；寿桃面"送礼，有心意，够

体面"；珠宝"鼓动金猪添财气"；糕点"新年欢聚之选"；营养液"新一年，有精神，有可能"，如此等等。总之，理由充分，才会放手大胆去消费。

给品牌以名分。让品牌搏击市场，师出有名。可口可乐圣诞广告的一则视频，描述了一位海上作业的工人，在马达失效、翻身落海，以至被海浪冲上荒岛、陷入困境之际，都不放弃女儿的一封信，揭示的主题是：可口可乐"卖的从来都不是饮料，是感觉"。是什么感觉？是亲情、友情、热情。一百多年来，无论是在休憩时、工作中、困境里，可口可乐都给予人们以乐观、以力量、以鼓舞。这就是可口可乐百年不衰、百年更盛的理由。

给改革以名分。让一切变革更新，自圆其说。隆图先生讲过一个例子：雀巢饮用水把塑料瓶及其瓶盖都减薄了22%，设计了ICON（图标），写明"低碳环保、雀巢有责"。既节约了成本，又提倡了环保，还没人说偷工减料，这才叫高明。"老蔡"酱油原来的牌名是"华南"牌，是隆图先生把它改成"老蔡"的。一开始，老板很不认同，认为把自己的姓氏用在品牌上不甚妥当。可是市场反应很好。"烧小菜，用老蔡"，多简单，多顺口！

品牌讲名分，有两个注意事项：

名分，应当恰如其分，由义赋名，由名达义。为什么中药房大都取名"堂"：同仁堂、胡庆余堂、余仁生堂、蔡同德堂？为什么绸布庄大都取名"祥"：宝大祥、恒源祥、荣昌祥、盛昌祥？为什么酱菜店大都取名"园"：天源酱园、宝瑞酱园、天章酱园？为什么酒店很多取名"坊"：水井坊、好德坊、醉香坊、清风坊？餐饮店多取名"楼"：得月楼、松鹤楼、楼外楼？都是为了取名达义，明晰行业，便于识别。

名分，应当具有正能量，给人以积极向上的鼓舞，倍添光明的感受。设计大师关鸿先生给我讲起，曾经走过天山路，路边一侧延续几百米的镂空围墙引起关注。透过铁栅栏，院内绿树成荫，鸟语花香。乍一看，还以为是一处街边花园。不料走到围墙尽头，却是醒目的"天山污水处理厂"，顿时觉得大煞风景。而相比较龙漕路上原龙华污水处理厂，不仅沿街环境有很大改善，而且厂名令人赏心悦目，是为"龙华水质净化厂"。干同样的活，予人不一样的感觉，同时还反映出工作态度，前者被动，后者主动，体现了对生活的再造、环境的再造，意义完全不同。

即使是一些外文品牌译名，也应再三推敲，由名达义，赋以正能量。如 Tempo 译成得宝；Wellcome 译成惠康；Markn shop 译成百佳。有的还要根据习俗和发音寓意来改过，比如内地叫松下，香港叫乐声；内地叫夏普，香港叫声宝。

名正，不止是言顺，还是心顺、意顺、情顺、事顺。每年春节拜年，人们总是祈求万事顺意，那么，就从名正开始吧！

潜 移 默 化

　　潜移默化，是指人的思想和性格受到环境或别人的影响，在暗中不知不觉地发生变化。最早似乎见于南北朝时北齐颜之推的《颜氏家训·慕贤》："潜移暗化，自然似之。"后来才演化成潜移默化。潜，是指暗中，暗地里；默化，就是无声无息地悄悄地发生变化。

　　常听古人云："入芝兰之室，久而不闻其香；入鲍鱼之肆，久而不闻其臭。"香或臭，并没变；变的只是人，是人的感觉，是人的敏感度。因为同化了、混和了、习惯了、麻木了，成为生活内容，成为其中一员，不再是异类，于是也就没有了异样的感觉。

　　家风民风都是通过潜移默化而形成。大张旗鼓或者急风暴雨式的冲击，可以奏效于一时，却不能巩固于长久，乃至形成风气。

　　一个品牌的形成和建立，也是如此。不可寄望"毕其功于一役"，而应当着眼于文化、境界、氛围、形象的精心营造，坚持数年乃至数十年而不动摇，才能够似和风细雨、滋润心田、改变观念、形成习惯。品牌形象都是一以贯之、长期努力、潜移默化的结果。

　　卡西欧进入中国市场，曾经借助阿童木塑造品牌形象，以大手笔大投入制作并播放大量卡通连续剧。阿童木屡屡以正义和勇敢的化身出现，扶正压邪，上天入地，无所不能。正是经年累月的坚持，始在年轻一代中形成良好印象。

迪士尼借助米老鼠和唐老鸭塑造品牌形象，一篇篇精心构划的生动有趣而又快节奏的故事演绎，直把孩子们逗弄得如痴如醉，深度入迷。这才有了后继而入的大批衍生商品，从而成为儿童娱乐世界的霸主。

肯德基借助山度士上校塑造品牌形象，白头发，白胡子，系着领结，笑容可掬。比这更动人的是这位上校的创业故事。煞有其事地告诉公众，美味香脆的肯德基家乡鸡，是山度士上校反复试验并经历多次失败之后才取得的成功，来之不易，由此感动着无数食客。

麦当劳则是借助一系列严苛的品质保证来影响顾客。诸如，一律现点现做，保证温度和口感；薯条炸成后，3分钟内未售出，一律作为废品处理掉，如此等等。以坚持不变的原则和美味，树立品牌形象。

乐高最初是由丹麦一个小镇上的家具店主所创立。偏于一隅，可谓冷僻。但是，借助电影、拆分玩具和场景搭建玩具等一系列活动，使它成为可以比肩苹果、法拉利和索尼的知名品牌。因为塑造了有趣、亲民和快乐的品牌形象，所以，不仅儿童，甚至成人也深深喜爱。

所有这一些，都不是急风暴雨，而是和风细雨。细心策划、细心营造、细心培育、细心传播，这才修成正果。

正如唐代大诗人杜甫先生在诗中所云："好雨知时节，当春乃发生，随风潜入夜，润物细无声。"这首诗的奥妙就在于，既描述自然又寓意精准。她赞美春雨有三大益处：一是恰逢其时，二是恰得其法，三是恰如其分。时机、技法、效果，三者俱全，相互协调，恰恰正好。这何止是歌颂春雨，简直是树立了营销推广的典范

和样板。

好风气好形象依靠细细营造，坏风气坏习惯也会暗暗滋生。同样是潜移默化，却足以引起我们警惕。所以，杀歪风邪气务必在苗头之初，决不可让它悄悄蔓延扩散，不可任由它成气候、成习惯、成风气。重在净化，去除劣根。重在静化，陶冶情操。

社会变革，需要急风暴雨般的大冲击，非如此，不能破除那盘根错节的旧制度。而建设新秩序，则需要和风细雨般的细腻和细致。品牌事业重在潜移默化，蔚然成风，平和演化，水到渠成，这才是长久的制胜之道。

闻 鸡 起 舞

闻鸡起舞说的是，东晋时祖逖和刘琨同为司州主簿，常互相勉励，振作精神，报效国家。每天凌晨，天还未亮，仍是漆黑一片，但只要听到雄鸡啼鸣，他俩即翻身起床，舞剑习武。可见之于《晋书祖逖传》。后人常用闻鸡起舞比喻刻苦努力，即时奋起。

闻鸡起舞，主要是肯定和鼓励人的勤奋和毅力。可是，我却以为，还应该给司晨的雄鸡记上一功。你看它，每天司晨，及时提醒；忠守职责，从不忘记；自觉鸣啼，不收利益；一鸣齐鸣，形成气势，"一唱雄鸡天下白"。这难道不值得歌颂和赞扬吗？

司晨，是雄鸡的最大优点，也是品牌学习的榜样。品牌能不能也成为那只司晨的鸡？能不能守时啼鸣，唤醒公众，让顾客与品牌共舞，迎接新一天，歌唱新生活？能不能由浅入深、由近至远、由窄到广，引领或丰富生活方式和生活潮流？这是不是也应该属于品牌的应有之责、应有之义？

品牌司晨，似乎应该内涵丰富多彩、样式多种多样，比雄鸡更胜一筹。

小处，关注时分，司提醒。诸如"饮早茶，一份报纸，两粒蜂胶""今天晚上吃什么，黑五类啊""假日哪里玩，森林公园""看小说哪里最好，番茄网""劲酒虽好，可不要贪杯哦""烧小菜，用老蔡"，如此等等。

大处，关注节令，司换季。诸如二十四节令，元旦、春节、五一、国庆等都有值得司晨的内容。"寒潮来了，别忘了添衣""雨季不短，不会只下一天雨，请选好雨具""烟花三月下扬州，不负春光勤换衣"，"陌上杨柳方竞春，塘中鲫鲋早成荫"（江小白），"一鼓轻雷惊蛰后，共饮美酒微雨天"（五粮液），等等。

广处，关注比较，司知情。"好东西值得分享"（奥利奥），分享情报、分享信息、分享趣味，给予公众必要的知情权、鉴别权、筛选权。比如香港有份杂志《选择》，就专门提供家电食品等各类商品的同行业情报，让读者可以掌握多方面数据，进行比较，决定取舍。

高处，关注全局，司处境。品牌可以从生态处境的角度，提醒公众是否应时、是否落伍，等等。比如，"再不改变就落伍了""很多朋友已经捷足先登，可不要落后哦""正式场合穿海螺（衬衫）""我和世界挺搭的"（利郎商务男装），"家在，爱在，成功才在"（欧派），"小蓝杯，谁不爱"（瑞幸），等等。

远处，关注趋势，司愿景。有适当的提前量，提供趋势情报，引导公众改变观念，追寻趋势。比如"未来已来""永不落后""太空时代用……""精彩才刚刚开始"（天猫），"保持自信，哪儿挡得了我们"（耐克），"活得精简些"（京东），"即使时代再怎么变化，照片也是不变的情感表达"（尼康），等等。品牌同时也应该提供更多的新内容和新场景，以引导消费。

品牌司晨，应有种种提示。包括场景提示、样板提示、示范提示、体验提示、体会提示，等等。现在不少装修公司或房产公司都会提供各种风格的样板房，任顾客观赏和挑选，就起到提示作用。

品牌司晨，也应有种种警示。让公众避害、避骗、避假。很多时候，警示甚至比提示更为重要。警示可包括注意事项、使用方法、日常保养、鉴别方法、关注焦点等等。比如现在食品包装，除了注明保质期和保存条件，还要注明敏感物、注明各种添加剂。

品牌司晨，其核心要旨应该是，恰逢其时，恰如其分，恰到好处，一鸣百鸣，形成气势，引领潮流，改变想法。

品牌司晨，过早不行，过迟也不行。恰恰正好，为公众所需要。这是一门艺术，更是一门科学。

三 人 成 虎

　　战国时，庞恭奉旨陪太子去邯郸做人质，临行前庞恭希望魏王不要听信谗言，并且举了一个比喻。"如果有一个人说京城大街上有了一个老虎，您信不信？"魏王说："我不会信。""那么有两个人同时说有老虎，您信不信？"魏王说"我会怀疑。""那么有三个人同时说街上有老虎，您信不信？"魏王说："那我会信。"果然庞恭还没出发，就已有很多人在魏王面前说庞恭的坏话。等庞恭回国后，魏王就把他搁置一边，再也不予理睬。

　　三人成虎，这个成语就是由此而来。

　　故事里蕴含了两个力量，一个是重复的力量，另一个是口碑的力量。

　　重复，有很大的力量。大街上有老虎，明明是不太可能存在的事情，可是因为再三重复，不仅加深印象，而且从不信变成了可信。

　　我相信重复有力量。但是又不太信重复必有力量。早先就听说过"狼来了"的故事，也听说过"烽火戏诸侯"的故事，这两个故事都演绎过重复，但是换来的并不是信任，而是抵制。结果一再吆喝"狼来了"的那个小孩被狼吃了，一再点燃烽火示警求救的那个周幽王没人来救而灭亡了。故事正巧与三人成虎相对立、相矛盾。

　　同样重复，不同结果：深信不疑与坚决不信。可见，若要重复而让人信，应该有条件。

首先，重复需要实证。不能实证，那就是谎言，没人能信。同理，品牌的任何推广和诉求也应有实证。毕竟品牌就是有责任的承诺，就是负责任的兑现。

同时，这种重复与实证，又需要一定的频率和周期。因为人的记忆有限，存在遗忘曲线。没有一定量的重复，没有合适的周期和频率，就容易淡忘。不过，周期和频率也须合理，以不引起反感、讨厌和厌烦为边界。

三人成虎，似乎并不完全符合上述条件，既无实证，也无频率，只是举例而已，那魏王为什么又信了？

因为不是一个人诉说，而是很多人接二连三重复，异口同声。这就是口碑的力量。

人传人，威力无比。这是另类实证。不是物证，而是人证。众口一词，众口成碑，不信也信。所以，著名导演谢晋先生会说："金杯，银杯，比不上老百姓的口碑。"

于是，品牌就得关注舆情、影响舆情、引导舆情。在舆情面前不可无所作为。就得重视口碑、营造口碑、引导口碑。

于是，就有了意见领袖，有了头部平台，有了网红直播，有了名人带货，有了品牌使者，等等。

再深究下去，虽然同是重复，同是实证，同是引导，在实际生活中，诉求和传播的效果仍然会有差异。有的信，有的不信，有的深信不疑，有的将信将疑，有的甚至毫无反应，犹如石沉大海无消息。这又是为什么？

三人成虎，其实还蕴含了一个隐藏的力量：关心点的力量。这是决定重复成效的决定性力量。重复是否对准受众的关心点，效果

大为不同。如果重复只是泛泛而过，并没对准关心点，就好比隔靴搔痒，激不起一星半点的浪花。

三人成虎，说到底，并不是真实的虎，而是心中的虎。魏王心里怕这样的虎：越权的虎、擅权的虎、觊权的虎。于是，虚拟的虎就变成真实的虎。不信也就信了。

同样，老百姓心里也有自己牵挂的虎，或者畏惧的虎。如若重复的虎，与老百姓心中之虎相吻合相呼应，涉及老百姓的切身利害关系，老百姓就必然会有所反响，不信也信。

重复，在品牌策略中无疑是品牌诉求和推广的一个重要武器。但是，重复也须运用得法，应该把握四条：一是实证确凿，二是众口成碑，三是合理密度，四是对准关心点，四者缺一不可。缺了哪一条，都不能收到理想效果。重复的生命力就取决于此。

至于希特勒的那个宣传部长戈培尔说什么"谎言重复一千遍就成了真理"，那只是自欺欺人，根本经不起时间的考验，必然被无情戳穿，体无完肤，身败名裂。

穿 井 得 人

穿井得人是个寓言故事，选自《吕氏春秋》。说的是宋国有一位姓丁的汉子，因为家里没井而常常外出汲水，为此一个人居住在外面。直至后来打了一口井，才解决了这个问题。于是他高兴地对别人说："我因为打井而得了一个人。"意思是因为省了劳力而多出一个人。但是别人听了却误以为"丁汉打井得了一个人"。越传越广，国都的人都在传这件事，直至宋王也听到了，就命人去查，究竟怎么回事。丁汉就说："是得到一个劳动力，而不是在井里得到一个人。"于是，有人就感慨：求闻之若此，不若无闻也。

对这个故事的解读，一般是强调应该注重调查研究，而不可轻听传言，盲目传播。

而从品牌的角度看，这是信息传播中非常典型的误解、误传、误导。首先是错误理解：得人，是真的得人，还是因为节省了劳力而相当于得人。这是截然不同的。如果连这一点也没弄清楚，就匆匆忙忙去传播，结果就必然以讹传讹，弄得大家都信以为真，直至惊动朝野各方。

品牌传播就忌讳一个"误"，不仅不能达到预期效果，还会造成反效果。品牌内部沟通也忌讳一个"误"，工作指令发生误差，小则造成损失，大则贻误全局。误解、误传、误导，往往会致命，危害极大。

为何会误？既有客观原因，也有主观原因。从穿井得人这个故事分析，至少有四方面原因。

言语上，不甚明了。得人二字，意思表达不完整、不清晰、不恰当，很容易误解。如是只知其表，不知其里，就容易以讹传讹。而且，语言文字中，还有同音异义的差别、口头与书面的差别、标点符号的差别、语气语调的差别、处境时空的差别、方言俗语的差别，等等，一不留神，就容易形成误解。

心态上，猎奇偏差。凡事往奇里想，往偏处编，把原本平常变成不平常。道听途说，不求甚解，自以为是，自作聪明，自以为掌握奇闻趣事，添油加酱，越弄越离奇，越弄越离谱，哗众取宠，表现价值。

组织上，交接走样。层次过多，路线过长，差之毫厘，失之千里。一不小心，丁点走样就会逐层放大，直至面目俱非，牛头不对马嘴。

文化上，思维差异。不同人群会有各自所习惯的思维方法、理解能力、处事原则、行为逻辑。异地异域传播还会有各种不同的忌讳。在甲地是高兴，到乙地就可能是扫兴。

君不见，网上经常传播一些笑话。老头给儿子买房，去现场办理分期付款手续。银行业务员问："先生，您是季付还是月付"。老头一听就发火："我不是继父，也不是岳父，我是父亲。"于是，业务员就在申请表上给他打了个钩：一次付清。有位大妈上了空调车，投币一块钱。司机说："两块。"大妈说："是的，凉快。"司机说："空调车两块。"大妈说："空调车是凉快。"司机说："我告诉你钱投两块。"大妈说："我觉得后头人少，更凉快。"笑翻了一车人。

所以，无论内部传递、外部传播，还是相互间沟通，都得防范走样、避免走样，尽可能减少走样。而一切的关键，在于熟悉人、了解人。既熟悉人的优点，也熟悉人的弱点和缺点；既熟悉信息传递的高速与有效，也熟悉信息传递可能会出现的各种偏差与误解。信息传播过程就是与这些偏差和误解作无情斗争的过程。无论何种方式方法都要尽可能周详妥帖，避开误区盲区，减少不必要的人为误差。

在遣词造句方面，应该尽可能使用恰当的语言，以免误解。我们提倡使用：明白的语言，不必猜谜，直截了当；规范的语言，统一简明，公认规定；适用的语言，心领神会，不会异义；详尽的语言，多说一句，避免曲解；直接的语言，精简环节，减少误差。

在心态上，则力求朴实无华、明白无误，杜绝哗众取宠、猎奇斗艳。任何创新创意都以准确为根基，以明白为尺度，以清晰为目标。如果信息表达只是求奇、求新、求惊，而不求清晰、准确、完整、无误，那真是：求闻之若此，不若无闻也。

在组织架构上，应该直线传递，避免多头传递、多层传递、多向传递。政出一门，而不可政出多门。还要有反馈、有检查，以求万无一失。

准确传递和传播是一门艺术，更是一门科学。科学的事情就得用科学的方法去解决吧！

102

欲 扬 先 抑

欲扬先抑是营销品牌的一种巧妙手法。意思是说：若要张扬，不妨先压抑一下，压抑反而有助于张扬。

且看一段民间传说。一次纪晓岚为一位朋友的老母亲祝寿，当场作诗一首。劈头第一句竟是"这个老娘不是人"，惊得满堂宾客吓了一大跳。但见纪晓岚又念出第二句："九天仙女下凡尘"，顿时引得满座叫好。第三句又变调："生个儿子却是贼"，弄得主人勃然变色。不料纪晓岚又从容念出第四句："偷得蟠桃献娘亲。"这一抑一扬，又一抑一扬，直弄得波澜起伏，高潮迭起，喜庆无比。

可见，欲扬先抑，效果奇好。扬与抑，原本就是一对相反相成的好哥们。扬与抑，也会变换位置，互相转化。就好像唱双簧，一个台前，一个幕后。又好像演京剧，一个白脸，一个红脸。只要抑扬相配，就会互相烘托，营造氛围，生动演绎，博出彩头，让人印象深刻，且久久回味。

品牌营销运用欲扬先抑手法，会有哪些剧情效果？数一数，至少有四大类：

意外之喜。因为抑，可以让人沮丧和疑惑。尔后扬，又可以让人惊喜和振奋，这是一种倍加的感动。纪晓岚的祝寿诗可算是其中的佼佼者。又如，雨季到了，"屋顶保护不了我们"，令人沮丧，但品牌随之推介各种顺手好用的雨具，又让人眼前一亮。

恍然大悟。因为抑，会让人们去思考去追寻，从而加深对品牌真谛的认识。《水浒传》中有个"三碗不过冈"，明言限量供应。为什么有生意不做？为什么限定三碗？全是因为酒太醇厚，喝多易醉，遇上景阳冈的猛虎，就过不去了。日常生活中，还经常见到"某某不是酒"，那是什么？是一份亲情；"某某不是水"，那是什么？是一份健康，如此等等。

深究悬念。因为抑，所以就制造了悬念。世界第一名表的品牌口号是"没人能真正拥有百达翡丽"。那买这么贵重的表干什么？"只不过为下一代保管而已"。一抑一扬，彰显了第一名表的珍贵超然、历久弥新和恒久价值。

贴心亲和。因为抑，放下身段、降低身价，就有助于产生自己人效应。2015年，耐克在纪念第一双 Superstar 运动鞋发布 45 周年之际，推出全新的传播活动。请来贝克汉姆等 4 位巨星讲述心中的故事，而主题竟是"I'm not Superstar（我不是超级明星）"。惊讶之余，人们顿悟：超级明星也是从平民而来，连巨星们都说不是超级明星，更不必浮夸虚荣，而应追求实在，从而维系和增进对品牌的爱。

正是欲扬先抑，营造了平民化、大众化、普及化，让人们对于品牌不是敬而远之，而是亲而近之。至于"劲酒虽好，可不要贪杯"之类的名句，更是体现了关心、体贴和爱护。说是限酒，可更像是劝酒，还烘托了酒品之劲。

因为欲扬先抑，让平淡变得出奇，让藐视变得重视，让寻常变得非常，让无视变得深究。只要能够调度受众的眼神和脑洞，品牌效果就达到了。

欲扬先抑的实质是：逆向思维，逆向表达。为了赢得顾客而诚

意告诫顾客。为了表扬自己而故意贬低自己。为了引起关注而故意强化设问。

其原理是深知受众心态和消费心理：一是欲速不达，二是熟视无睹，三是习以为常，四是自以为是，五是警惕怀疑，如此等等。受众的这些心态往往对品牌传播形成压力和挑战。所以，品牌必须应变。变招、变式、变题、变策。

心急吃不成热粥，火急煲不成靓汤。疑虑不会轻易消失，防范不会轻快解除，挑拣、比较、反复也是常态。于是，欲扬先抑的手法应运而生。其效能是：胜过直白表达和高调自夸，也胜过一马平川和平铺直叙。它能帮助顾客醒悟、领悟、觉悟，造就刺激、反差、出其不意。留给受众和顾客思考和回味的时间与机会。这实际上就是对受众和顾客的一种尊重。

最后要说的是，无论是抑，还是扬，都应该是有分寸的，是有限度的，是恰如其分的。并不是无限度的抑，也不是无限度的扬。在追求巧妙、追求奇特的同时，更应该追求的是准确与精细。既是意料之外，又是情理之中。这就需要科学策划和创意。收放自如，合乎逻辑，才是正道。

103

人心叵测

　　品牌的首要之义应该是，说服人心、扎根人心，赢取人心红利。"得人心者得天下，失人心者失天下"。人心，是决定品牌成败的决定性力量。

　　但是，成语"人心叵测"却告诉我们，人心是很难捉摸的，也是很难把握的。这里的叵测，就是不可推测的意思。

　　人心叵测出于《新唐书·尹愔传》："吾门人多矣，尹子叵测也。"清代纪昀《阅微草堂笔记·滦阳消夏录》："夫人心叵测，险于山川，机阱万端，由斯隐伏。"一般都认为，人心叵测是贬意的，说的就是人心险恶，难于推测。这也算是一种世间实情。

　　《京本通俗小说·错斩崔宁》说："只因世路窄狭，人心叵测，大道既远，人情万端，熙熙攘攘，都为利来；蚩蚩蠢蠢，皆纳祸去。"《花月痕·第二十二回》也有："这回用兵以少胜多，极有布置。只人心叵测，见谗如以二百兵败了采石矶三万多贼，收复了九洑洲，转触人忌。"

　　这些描述，写透了人心的变化多端，难以预料。"知人知面难知心""相识容易相知难"，说的就是这个情况。

　　人心叵测，是因为人心至少有四大特征：

　　复杂。既有言行一致、表里一致，也有口是心非、阳奉阴违、同床异梦、面和心不和，"假作真来真亦假"，反映的都是人心的

复杂。

各异。"一娘生九子，连娘十条心""萝卜青菜，各人所爱""人生百味，众口难调"，反映的都是人心的多样。

多变。朝是白露暮是雪，"两草犹一心，人心不如草"（李白《白头吟》），"酌酒与君君自宽，人性翻覆似波澜"（王维《酌酒与裴迪》），"长恨人心不如水，等闲平地起波澜"（刘禹锡《竹枝词九首》）。反映的是心思的多变。

造能。境由心造，物由心转，相由心生，感由心止，情由心消；心急火燎，心急如焚，心想事成，心花怒放，心潮澎湃，反映的都是心的能量。而谁能调度这种心能，谁就能收获意想不到的果实。

既然有意做品牌，人心再复杂再难推测，也不可望而生畏。从某种意义上看，人心叵测，反倒成了一件好事。因为无形之中，提高了做品牌的门槛，减少了与之争锋的对手。

其实，人心既难测，又不那么难测，应该有规律可寻。所谓叵测，是说不可推测，不可主观武断，但是，并没有否定探测，并没有否定深入研究和客观把握。依靠大数据，可以解决"一般"和"大概"，而要了解"个别"和"深入"，还须依靠小数据，深入一线，亲身体验，细致调研。一切的关键在于亲心、知心、贴心。亲心，就是亲近人群、亲近人心、亲临其间、深交朋友。知心，就是深知人心、知其需求、知其爱好、知其趣味、一览无余。贴心，就是贴近人心、向其所好、谋其所求、问寒问暖、无微不至。因为亲，才有知；因为知，才有贴。这是把握人心的三部曲。

人心是动态的，不是静止不变的。于是，这个三部曲也应该是动态的。固定不行，还得跟踪；被动不够，还得主动；把握不够，还得调度。以变求变，以新求新。品牌与人心合拍，才可能调情调味，煽风点火，把热情和欲望调动起来，提振心的能量，提升心的能级。

今天，真正的竞争已经从生产端、渠道端，移到了心智端。这不是我说的，而是《上瘾》这本书的序言作者余晨先生在 2017 年说的。而后，分众传媒的江南春先生又一再重复了这个观点。余晨先生说，苹果的产能不算疯狂，经常断货，还被称为饥饿营销。苹果的专卖店开得也不多。那是什么造就了这个市值第一的高科技公司呢？是唯美极致的产品本身。为了最新的 iphone，果粉可以提前一晚在苹果店门口打地铺排队，可以多加数千元购买香港水货。这是一种类宗教的情感。撩动了用户情感的产品，就占据了用户的心智。所有的外在阻碍，都不足挂齿了。

所以，江南春先生会提出"人心红利"这个概念。他说，真正的"道"是人心。算准人心，让品牌在消费者心智中牢牢驻扎，才是更高级的算法。为什么钟睒睒先生可以成为中国新首富，这不仅因为产品好，更重要的是他把"农夫山泉有点甜"的认知牢牢印刻在消费者心智中。人们一旦口渴，就会想起"农夫山泉有点甜"。现在，只怕是你花 1 000 亿元，也不能把这句话从消费者心智中抹去了。

见过世态炎凉，依然内心向暖，终能赢得结果和丰收。

参考资料

［1］Cavan 设计：《设计 logo 花了 14 亿！这些大牌 logo 哪个能值回票价?》，logo 研究所，2019 年 12 月 14 日。

［2］Dr 潘的心理话：《让着装认知告诉你，你穿对了衣服没?》，搜狐网，2019 年 4 月 11 日。

［3］Foodaily：《同为无糖饮料的元气森林火了，早 10 年上市的东方树叶为何错失机会?》，腾讯网，2021 年 1 月 2 日。

［4］(美) 艾.里斯、(美) 杰克.特劳特：《定位：争夺用户心智的战争》，邓德隆、火华强译，北京：机械工业出版社，2017 年 10 月。

［5］(美) 马丁.林斯特龙：《痛点：挖掘小数据满足用户需求》，陈亚萍译，北京：中信出版集团，2017 年 4 月。

［6］(美) 尼尔.埃亚尔、(美) 瑞安.胡佛：《上瘾：让用户养成使用习惯的四大产品逻辑》，钟莉婷、杨晓红译，北京：中信出版集团，2017 年 5 月。

［7］阿愚 (李嘉宝)：《广告人之旅》，北京：新华出版社，1996 年 10 月。

［8］爱酷：《西铁城手表的故事》，新浪博客，2010 年 4 月 18 日。

［9］恩格斯：《自然辩证法》，北京：人民出版社，1971 年 4 月。

［10］步尘观察：《为什么说志高是中国空调行业当之无愧的奇葩，没有之一?》，2019 年 2 月 7 日。

［11］斑马知识产权：《为什么知名品牌都会进行商标防御性注册? 原因实属无

　奈!》，搜狐网，2020 年 11 月 18 日。

[12] 陈永东：《大寒 X 腊八数字海报秀》，新媒体创意营销，2021 年 1 月
　　　21 日。

[13] 池映波 Hw：《为什么说一山不容二虎》，百度知道，2020 年 8 月 4 日。

[14] 都教授：《朋友母亲大寿请纪晓岚作诗，第一句居然是：这个婆娘不是
　　　人!》，百度，2018 年 8 月 1 日。

[15] 方圆：《飞鹤：牧场每日对牛弹琴　奶牛喝苏打水　有专属身份证》，人
　　　民日报，2018 年 11 月 30 日。

[16] 风言闲语：《中国治理成功的沙漠，让沙漠边缘的这座城市，变成了"大
　　　漠绿洲"》，腾讯网，2020 年 5 月 26 日。

[17] 何丹琳：《可口可乐一年团灭 700 多个产品但却专门设了个"庆祝失败
　　　奖"》，新浪财经，2019 年 12 月 6 日。

[18] 黑马（张小平）：《大惊小怪：一个广告人的手记》，广州：，广东人民出
　　　版社，2003 年 7 月。

[19] 华商韬略. 杨凯：《诺基亚：你以为它死了，其实它已重回世界第二!》，
　　　A 轮学堂，2021 年 3 月 10 日。

[20] 黄芷菲、吴容：《可口可乐要变成轻资产公司，这是好事吗》，搜狐网，
　　　2016 年 3 月 30 日。

[21] 黄志澄：《从"弯道超车"到"换道超车"》，战略前沿技术，2017 年 10
　　　月 11 日。

[22] 郝铭鉴：《"厚积"才能"薄发"?》，《咬文嚼字》，2016 年第 10 期。

[23] 好皓先生：《你想成为富人还是穷人?》，腾讯网，2021 年 3 月 22 日。

[24] 江南春：《与其追随主流不如自成主流》，湖畔大学演讲，2017 年 4 月
　　　6 日。

[25] 蒋东文：《波司登羽绒服，经历两次"生死劫"，终市值 400 多亿!》，百
　　　度 APP，2019 年 10 月 24 日。

[26]《解读熹茶成功背后的四大秘籍》，每人店，转引自经理人网，2018 年 8

月 17 日。

[27] 金梅，韩需阳：《上市百年可口可乐的危局和自救》，《砺石商业评论》，
2019 年 12 月 24 日。

[28] 京博国学：《自律到极致的人，才是最可怕》，悦文天下，2020 年 8 月
25 日。

[29] 家教智慧博览：《2021 年寓意最好的八个汉字，八种生存智慧》，搜狐
网，2021 年 1 月 5 日。

[30] 老司机侃侃车：《中国为什么会支持美国车企特斯拉？知道真相后所有人
都闭嘴了》，百度，2020 年 12 月 11 日。

[31] 罗贯中：《三国演义》，北京：人民文学出版社，2012 年 1 月。

[32] 毛泽东：《矛盾论》，《毛泽东选集（第一卷）》，北京：人民出版社，
1951 年 4 月。

[33] 毛泽东：《实践论》，《毛泽东选集（第一卷）》，北京：人民出版社，
1951 年 4 月。

[34] 毛泽东：《人的正确思想是从哪里来的》，北京：人民出版社，1963 年
5 月。

[35] 毛泽东：《中国的红色政权为什么能够存在?》，《毛泽东选集（第一
卷）》，北京：人民出版社，1951 年 4 月。

[36] 毛泽东：《为人民服务》，《毛泽东选集（第三卷）》，北京：人民出版社，
1951 年 4 月。

[37] 毛泽东：《愚公移山》，《毛泽东选集（第三卷）》，北京：人民出版社，
1951 年 4 月。

[38] 马未都：《一个人之所以能成功，是因为他的纠错能力》（视频），bilibili，
2020 年 7 月 24 日。

[39] 匿名用户：《琴瑟和鸣具体解释例子》，百度知道，2014 年 1 月 3 日。

[40] 倪梦撮：《大白兔情牵六十载》，香港：《大公报》，2019 年 6 月。

[41] 宁向东：《家族精神，李锦记传承百年的力量》，香港：香港经济日报出

版社，2016年6月，第2版。

[42] 彭彭：《1年爆粉420万，只做线下的"林清轩"为什么这么猛？》，IP智库，2021年15期。

[43] 齐善鸿：《和谐的真意》，《宁夏教育》，2013年第11期。

[44] 上海名企实习：《毕马威官方回复！早鸟、精英计划全方面答疑！》，搜狐网，2019年4月10日。

[45] 邵隆图：《微观》，九木传盛杂言堂，2013年6月。

[46] 覃仕勇：《名剧背后的故事：由三十六个伤病员发展成一个师》，覃仕勇讲史，2020年10月26日。

[47] 唐忠朴：《我的广告生涯》，北京：中国友谊出版公司，2004年9月。

[48] 唐仁承：《正确把握消费者的关心点——在1986年全国广告学术研讨会上的发言》，《中国广告年鉴1987》，北京：新华出版社，1987年。

[49] 唐仁承：《广告策划》，北京：轻工业出版社，1989年4月。

[50] 唐仁承：《论消费链》，复旦大学研究生学位论文，1991年10月。

[51] 唐仁承：《先找市场，后建工厂》，《党政论坛》，1996年4月。

[52] 唐仁承：《夸张与真实》，《上海轻工业》，2012年4月。

[53] 唐仁承：《平凡与非凡》，《上海轻工业》，2012年6月。

[54] 唐仁承：《生而卓越　不错之选》，《中国制笔》，2021年第3期。

[55] 提灯照路：《自律，人生自由必经之路》，搜狐网，2019年4月2日。

[56] 习近平：《决战全面建成小康社会，夺取新时代中国特色社会主义伟大胜利——在中国共产党第十九次全国代表大会上的报告》，《人民日报》，2017年10月18日。

[57] 小镜秀秀：《2020年迅速崛起的美妆零售界新物种，你知道几家？》，搜狐网，2021年1月6日。

[58] 欣风（唐仁承）：《金山丝毯，五福临门：专访新科中国工艺美术大师程美华》，《上海轻工业》，2018年8月。

[59] 欣风（唐仁承）：《传奇"绿亮"加亮再加亮》，《上海轻工业》，2019年

1 月。

[60] 欣风（唐仁承）：《短袖也善舞，双鹿再崛起——记品牌运作"四两拨千
斤"的能人陈泉苗》，《上海轻工业》，2011 年 12 月。

[61] 欣风（唐仁承）：《志存高远，弯道超车——记张敏领军上工申贝海外并
购经营，攀登缝制设备技术高峰的事迹》，《上海轻工业》，2014 年 3 月。

[62] 欣风（唐仁承）：《让品牌立起来——"亚振家具"创立经典家具品牌的
实践》，《上海轻工业》，2015 年 9 月。

[63] 欣风（唐仁承）：《有梦不怕远——记"玖申"搪瓷的创业者》，《上海轻
工业》，2017 年 7 月。

[64] 欣风（唐仁承）：《擦亮"英雄"这张名片》，《上海轻工业》，2018 年
3 月。

[65] 欣风（唐仁承）：《雄鸡一唱天下鲜——记"上海轻工振兴奖"获得者荣
耀中》，《上海轻工业》，2019 年 3 月。

[66] 欣风（唐仁承）：《一杯暖人心，一生思乐得——记上海思乐得不锈钢制
品有限公司总经理张斌》，《上海轻工业》，2019 年 5 月。

[67] 欣风（唐仁承）：《九十华诞仍青春，一往无前创奇迹》，《上海轻工业》，
2020 年 11 月。

[68] 肖田（唐仁承）：《抗疫抢先机，创新夺主动》，《上海轻工业》，2020 年
11 月。

[69] 芯智讯：《中芯国际内斗的背后：蒋尚义为何而来？梁孟松为何要走？》，
科技狐头条，2020 年 12 月 18 日。

[70] 吴晓波：《甲午之后的三位知识分子》，吴晓波频道，2014 年 7 月 27 日。

[71] 吴晓波对谈江南春：《人心红利的时代到来了》，吴晓波频道，2021 年 4
月 26 日。

[72] 万年欢：《庄氏隆兴？蟹粉面道匠心精制传承美味》，《食品与生活》，
2020 年 9 月 14 日。

[73] 汪建新：《毛泽东诗词的字斟句酌》，人民网-中国共产党新闻网，2020 年

10 月 2 日。

[74] 谢伟山：《深度解析飞鹤逆势增长的奥秘，中国经济的新机会》，每日食品，2019 年 8 月 21 日。

[75] 肖明超：《从"网红"到"主流品牌"，2021 新消费品牌如何进阶?》，肖明超趋势观察，2021 年 3 月 12 日。

[76] 徐中远：《毛泽东读〈二十四史〉》，人民网－中国共产党新闻网，2013 年 1 月 9 日。

[77] 徐廷华：《毛泽东用典："人不通古今，马牛而襟裾"》，学习时报，2020 年 1 月 16 日。

[78] 杨硕：《三只松鼠　四面楚歌》，亿欧网，2020 年 10 月 7 日。

[79] 杨福泉：《〈蜀相〉"频烦"辨正》，江山携手，个人图书馆，2018 年 11 月 22 日。

[80] 一种新的角度：《卖梳子给和尚的启示》，个人图书馆，2013 年 8 月 19 日。

[81] 洋洋说史：《司马懿中了诸葛亮的"空城计"是故意的?》，百度知道，2018 年 5 月 20 日。

[82] 伊任伟：《耐克诠释品牌核心价值 Just Do It》，慧聪鞋网，2011 年 12 月 6 日。

[83] 玉蝴蝶：《商业启示：卖鞋的故事》，个人图书馆，2014 年 8 月 25 日。

[84] 有一种明白叫糊涂 592：《31 省省委书记竟有一半是知青，毛主席的人才战略令人叹服!》，微博，2021 年 1 月 30 日。

[85] 张海江：《论：世界上本有路，走的人多了，也便没了路》，谁温婉了谁的岁月，2019 年 1 月 14 日。

[86]《钻石是怎么形成的》，拍玉网，2020 年 9 月 29 日。

[87] 痴迷 2011：《自由女神像下的垃圾》，新浪博谷，2012 年 3 月 27 日。

[88] 职场阿良：《位置决定价值，位置不同、价值不同》，简书，2019 年 8 月 6 日。

后 记

品牌到底是什么？各人自有各人的理解和认识。

有人说，品牌是价值和使用价值的结晶。如果没有价值，没有使用价值，品牌还有什么用处？

有人说，品牌是人际关系，是经营者和消费者和谐稳定关系的印记。如果没有人群的认可，算什么品牌？

也有人说，品牌是立场和利益的交织体。品牌既交换利益，也交换理念。如果没有这两项，品牌又有什么意义？

还有人说，品牌是文化和智慧的催生儿。品牌如果没有文化，没有智慧，岂不是成了没有灵魂的马大哈？

而中国古代智慧给予我们种种启迪和指点。本书对100个中国成语做了研读和诠释，从中感悟品牌的定义、意义、职能、功效、管控和策略。

灵感来了，挡也挡不住。许多文稿是在车船、卧榻和餐桌起草或成篇的。其中的"对牛弹琴""高山流水""守株待兔""拐弯抹角"诸篇已分别在《新民晚报》《上海轻工业》《中国制笔》等报刊上发表，并获得好评与转发。好友们鼓励我汇编成册，加以出版。

为方便阅读，本书分成六编，分别是立牌之本、待客之道、发展之路、管理之律、竞争之策和传播之法。

感谢朋友圈内高人云集，奇文迭出，给予我诸多提示和实例。

依仗无所不能的百度，让我有了查索和核对的种种便利。

得益于上海远东出版社从社长到责任编辑的全力支持和辛勤劳动，本书才得以在较短时间内跟读者诸君见面。

在此，我对所有为本书的形成而付出过智慧和劳动的各方人士表示由衷的感谢，同时也欢迎广大读者为本书的修订和再版提供宝贵意见。

于 2021 年 5 月 30 日晨记